"十 三 五" 国 家 重 点 图 书 出 版 规 划 项 目

中国减贫研究书系／**案例研究**
CHINA'S POVERTY ALLEVIATION SERIES

精准扶贫

寻甸县创新扶贫模式研究

THE TARGETED POVERTY ALLEVIATION:
A Research on the Innovative Poverty
Reduction Model of Xundian Hui and
Yi Autonomous County

云 南 财 经 大 学 精 准 扶 贫 与 发 展 研 究 院
寻 甸 回 族 彝 族 自 治 县 人 民 政 府 扶 贫 开 发 办 公 室

杨子生　朱石祥／主编

社会科学文献出版社
SOCIAL SCIENCES ACADEMIC PRESS (CHINA)

热烈祝贺寻甸回族彝族自治县荣获二〇一八年全国脱贫攻坚奖——组织创新奖

兹授予云南省昆明市寻甸回族彝族自治县

全国脱贫攻坚奖组织创新奖

国务院扶贫开发领导小组

2018年10月

2017 年 7 月 26 日杨子生教授一行赴寻甸县调研时，
正值寻甸县脱贫攻坚倒计时 158 天

2018 年 10 月 12 日，中共寻甸县委书记（现兼任昆明市人大常委会副主任）何健升
在县委大楼三楼书记办公室手捧全国脱贫攻坚奖奖杯与杨子生教授分享脱贫攻坚硕果

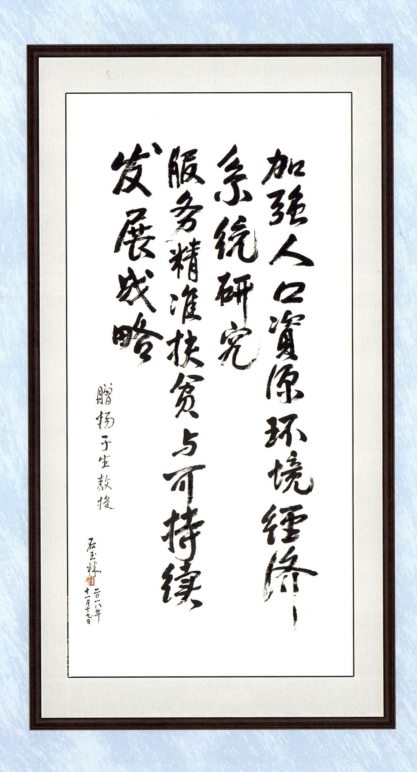

加强人口资源环境经济系统研究
服务精准扶贫与可持续发展战略

赠扬子生教授

石玉林
二〇一六年
十一月十九日

我国著名自然资源科学家、中国工程院院士　石玉林先生　题词

《精准扶贫：寻甸县创新扶贫模式研究》
编委会

序

贫困是全球面临的最严峻的挑战之一。我国作为世界上最大的发展中国家，农村发展基础差、底子薄，贫困化问题严重，脱贫解困成为复杂而艰巨的重大任务。党的十八大以来，我国实施了精准扶贫战略。《中共中央　国务院关于打赢脱贫攻坚战的决定》（中发〔2015〕34 号）和《"十三五"脱贫攻坚规划》明确提出了脱贫攻坚的总体目标：到 2020 年，稳定实现农村贫困人口不愁吃、不愁穿，义务教育、基本医疗和住房安全有保障；确保我国现行标准下农村贫困人口实现脱贫，贫困县全部摘帽，解决区域性整体贫困。

寻甸回族彝族自治县（以下简称寻甸县）是云南省昆明市下辖的 3 个国家级贫困县之一，其贫困面广，贫困程度深，扶贫难度大，减贫任务艰巨。近年来，中共寻甸县委、寻甸县人民政府坚持以新时代扶贫开发战略思想为指引，紧紧围绕精准扶贫、精准脱贫要求，严格按照"两不愁、三保障"目标任务，编制完成《寻甸县扶贫开发规划（2016—2020 年）》，制定出台《关于举全县之力打赢扶贫开发攻坚战的实施意见》等一系列配套文件，确立了脱贫攻坚的基本思路。通过实施"四个百日会战"，从锁定目标任务、制定时间表、细化任务图，到全盘布局、全面发力，扎实推进脱贫攻坚，取得了脱贫攻坚战的决定性胜利。2018 年 9 月 29 日，云南省人民政府印发《云南省人民政府关于批准寻甸县等 15 个县退出贫困县的通知》（云政发〔2018〕53 号），正式批准寻甸县退出贫困县的序列，成为全省首批摘帽县。

云南财经大学精准扶贫与发展研究院和寻甸县人民政府扶贫开发办公室组织撰写的《精准扶贫：寻甸县创新扶贫模式研究》（杨子生、朱石祥主编）一书，本着实事求是、客观分析的原则，对寻甸县精准扶贫、精准脱贫模式进行了深入调查、整理、总结和凝练，形成了富有特色、符合实际的"寻甸模式"，为国内外同类型的其他地区打赢打好脱贫攻坚战，提供了案例参考和经验借鉴。

本书体例完整、全面系统、特色鲜明，共分为三篇十二章。第一篇"基于中国精准扶贫战略的寻甸县脱贫攻坚特色与经验"，通过阐述中国精准扶贫战略，分析了寻甸县的贫困特点与致贫原因、脱贫攻坚难点与不利因素，以及脱贫攻坚面临的机遇与有利条件，阐明了寻甸县脱贫攻坚的安排部署与主要特色，梳理了寻甸县贫困退出路径、稳定退出、后续巩固提升和脱贫摘帽的成功经验。第二篇"寻甸县创新扶贫模式研究"，结合实地调查、素材挖掘与整理工作，总结和凝练了寻甸县脱贫攻坚的"六个创新模式"，即"党支部＋"助推产业脱贫模式、务工增收脱贫模式、产业发展夯实易地搬迁扶贫模式、健康扶贫"5＋5"模式、"五个一批"破解独居老人扶贫模式、"三讲三评"激发内生动力扶贫模式，详细分析了每个模式的基本做法、主要成效与成功经验。第三篇"寻甸县脱贫攻坚其他典型经验与案例"，科学甄别和分析了寻甸县脱贫攻坚战中的六个典型经验，即党建与扶贫"双推进"，凝心聚力促脱贫；真情帮扶，用心用情践行党的群众路线；打好农村致富带头人三张牌，闯出增收致富新路径；创新实施产业收益保险，保驾护航群众稳定增收；多措并举，强化就学保障；"十个一＋"外助内引，助力脱贫攻坚。此外，本文书列举了六个典型案例，即巾帼结对子，聚力助脱贫；"16＋16"市县乡医院结对帮扶；扶残帮残，助残脱贫；有序输出劳力，助推脱贫攻坚；电商扶贫促增收；建设农村远程医疗平台，共享三甲医院诊疗服务。

本书聚焦于一个国家级贫困县——云南省寻甸县的精准扶贫、精准脱贫典型案例。通过作者的深入调查、科学分析和研究，全面展现了寻甸县打赢脱贫攻坚战的诸多鲜活事例、许多感人事迹，系统彰显了寻甸县广大干部和群众"贫困不除、愧对历史，群众不富、寝食难安，小康不达、誓不罢休"的坚定信心与决心，整体展示了寻甸县决胜脱贫攻坚战的重大"战果"和成功模式。我十分乐意把本书推荐给从事精准扶贫、农村经济、乡村振兴等领域的科研和教学工作者，以及各级扶贫部门、相关帮扶干部等，希望本书能在国内外精准扶贫、消除贫困的工作实践中起到重要的参考与借鉴作用。

发展中国家科学院（TWAS）院士

国际地理联合会农业地理与土地工程委员会主席

中国科学院精准扶贫评估研究中心主任

2019 年 7 月 25 日

目　录

|| 第一篇 ||

基于中国精准扶贫战略的寻甸县脱贫攻坚特色与经验

第一章　世界减贫背景下的中国精准扶贫战略 ……………………………… 3

　　第一节　联合国《2030 年议程》反贫困目标与中方落实方案的对比 …… 3

　　第二节　中国精准扶贫方略 …………………………………………… 4

第二章　寻甸县贫困特点、成因与扶贫开发的基础优势 ………………… 8

　　第一节　贫困特点与致贫原因 ………………………………………… 8

　　第二节　脱贫攻坚的难点与不利因素 ………………………………… 15

　　第三节　脱贫攻坚面临的机遇与有利条件 …………………………… 19

第三章　寻甸县脱贫攻坚的安排部署与主要特色 ………………………… 24

　　第一节　脱贫攻坚的安排部署 ………………………………………… 24

　　第二节　脱贫攻坚的主要特色 ………………………………………… 29

第四章　寻甸县贫困退出路径与脱贫摘帽的成功经验 …………………… 44

　　第一节　贫困退出路径 ………………………………………………… 44

　　第二节　稳定退出和后续巩固安排 …………………………………… 52

　　第三节　脱贫摘帽的成功经验 ………………………………………… 59

‖ 第二篇 ‖
寻甸县创新扶贫模式研究

第五章　"党支部＋"助推产业脱贫模式 ·················· 67
　第一节　研究目的与意义 ····························· 67
　第二节　"党支部＋"助推产业脱贫模式的具体做法 ·········· 68
　第三节　"党支部＋"助推产业脱贫模式的主要成效 ·········· 70
　第四节　"党支部＋"助推产业脱贫模式的成功经验 ·········· 72
　第五节　"党支部＋"助推产业脱贫模式的推广应用举措 ······· 73

第六章　务工增收脱贫模式 ························· 77
　第一节　研究目的与意义 ····························· 77
　第二节　务工增收脱贫模式的具体做法 ··················· 78
　第三节　务工增收脱贫模式的主要成效 ··················· 81
　第四节　务工增收脱贫模式的成功经验 ··················· 85
　第五节　务工增收脱贫模式的建议 ····················· 88

第七章　产业发展夯实易地搬迁扶贫模式 ··············· 92
　第一节　研究目的与意义 ····························· 92
　第二节　典型易地扶贫搬迁项目区的产业发展实践 ··········· 93
　第三节　易地扶贫搬迁项目区产业发展的成功经验 ··········· 96
　第四节　政策启示 ······························· 98

第八章　健康扶贫"5＋5"模式 ···················· 100
　第一节　研究目的与意义 ···························· 100
　第二节　健康扶贫"5＋5"模式的具体做法 ··············· 101
　第三节　健康扶贫"5＋5"的主要成效 ················· 103
　第四节　健康扶贫"5＋5"模式的成功经验 ··············· 105
　第五节　健康扶贫"5＋5"的启示与借鉴 ················ 106
　第六节　健康扶贫"5＋5"存在的问题 ················· 107
　第七节　对策建议 ······························ 108

第九章　"五个一批"破解独居老人扶贫模式 ························· 110

第一节　研究目的与意义 ·································· 110

第二节　"五个一批"破解独居老人扶贫难题的具体做法 ·········· 111

第三节　"五个一批"破解独居老人扶贫难题的主要成效 ·········· 112

第四节　"五个一批"破解独居老人扶贫模式的成功经验 ·········· 113

第五节　"五个一批"破解独居老人扶贫难题的启示与借鉴 ········ 115

第十章　"三讲三评"激发内生动力扶贫模式 ····················· 117

第一节　研究目的与意义 ·································· 117

第二节　"三讲三评"模式的由来 ·························· 118

第三节　"三讲三评"激发内生动力的具体做法 ················ 119

第四节　"三讲三评"激发内生动力模式的主要成效 ············ 121

第五节　典型村"三讲三评"活动开展情况 ·················· 123

第六节　"三讲三评"激发内生动力的机制分析 ··············· 125

第七节　"三讲三评"激发内生动力模式的经验与借鉴 ·········· 126

‖ 第三篇 ‖
寻甸县脱贫攻坚其他典型经验与案例

第十一章　脱贫攻坚其他典型经验 ···························· 131

第一节　党建与扶贫"双推进"　凝心聚力促脱贫 ············· 131

第二节　真情帮扶　用心用情践行党的群众路线 ············· 135

第三节　打好农村致富带头人三张牌　闯出增收致富新路径 ····· 142

第四节　创新实施产业收益保险 保驾护航群众稳定增收 ······· 144

第五节　多措并举　强化就学保障 ······················ 146

第六节　"十个一＋"外助内引　助力脱贫攻坚 ·············· 148

第十二章　脱贫攻坚其他典型案例 ···························· 156

第一节　巾帼结对子　聚力助脱贫 ······················ 156

第二节　"16＋16"市县乡医院结对帮扶 ··················· 158

第三节　扶残帮残　助残脱贫 ·························· 160

第四节 有序输出劳力 助推脱贫攻坚 …………………………………… 162

第五节 电商扶贫促增收 …………………………………………………… 164

第六节 建设农村远程医疗平台 共享三甲医院诊疗服务 ……………… 167

后 记 ……………………………………………………………………… 170

第一篇

基于中国精准扶贫战略的寻甸县脱贫
攻坚特色与经验

第一章
世界减贫背景下的中国精准扶贫战略

第一节 联合国 《2030 年议程》 反贫困目标
与中方落实方案的对比

一 联合国《2030年议程》反贫困目标

贫困是全球面临的最严峻的挑战之一，反贫困是世界人民共同肩负的一项历史任务。1992 年第 47 届联合国大会把每年的 10 月 17 日确定为"国际消除贫困日"。1997 年 10 月 17 日，时任联合国秘书长的科菲·安南在"国际消除贫困日"发表的文告里指出："1987 年至 1993 年，每天生活费不足 1 美元的人口增加了近 1 亿人。在发展中国家，目前有 13 亿人生活在每天生活费不足 1 美元的贫困线以下；在发达国家，也有 1 亿多人生活在贫困线以下。贫困人口都集中在农村，特别是发展中国家的农村地区"[1]。2000 年联合国千年首脑会议明确提出了以消除贫困为核心内容的人类发展目标。十多年来，在联合国等国际组织的积极倡导和协调下，各国政府和相关组织加强了扶贫领域的合作，扶贫工作取得了积极的进展。然而，实现全球减贫和发展的目标任重道远。2015 年 9 月，联合国召开的可持续发展峰会上通过了《变革我们的世界：2030 年可持续发展议程》(*Transforming Our World: The* 2030 *Agenda for Sustainable Development*)（以下简称《2030 年议程》）。该议程设定了 2030 年的可持续发展目标（SDGs），提出到 2030 年在世界各地"消除一切形式和表现的贫困"(End poverty in all forms and dimensions)[2]。

二 中国反贫困目标方案

消除（或减少）贫困，是人类社会发展的基本要求[3]。我国是世界上最大的发展中国家，同样面临严峻的农村贫困问题，肩负着反贫困的重大使命和艰巨任务。2014 年以来，我国开始实施精准扶贫战略。联合国制定《2030 年议程》反贫困目标之后，我国政府及时制定了《中国落实 2030 年可持续发展议程国别方案》[4]，提出了精准脱贫中国方案[4-6]。《中共中央 国务院关于打赢脱贫攻坚战的决定》（中发〔2015〕34 号）（以下简称《决定》）和《"十三五"脱贫攻坚规划》（以下简称《规划》）明确提出了脱贫攻坚的总体目标：到 2020 年，稳定实现农村贫困人口不愁吃、不愁穿，义务教育、基本医疗和住房安全有保障（简称"两不愁、三保障"），确保我国现行标准下农村贫困人口实现脱贫，贫困县全部摘帽，解决区域性整体贫困[5-6]。这也是《中国落实 2030 年可持续发展议程国别方案》中关于消除贫困目标的落实方案（见表 1-1）。

表 1-1　联合国《2030 年议程》反贫困目标与中方落实方案的对比

联合国《2030 年议程》目标	中方落实举措
目标 1：在世界消除一切形式的贫困	
1.1 到 2030 年，在全球所有人口中消除极端贫困，极端贫困目前的衡量标准是每人每日生活费不足 1.25 美元	到 2020 年，确保中国现行标准（"两不愁、三保障"）下的 5000 多万农村贫困人口全部实现脱贫，贫困县全部摘帽，解决区域性整体贫困
1.2 到 2030 年，按各国标准界定的陷入各种形式贫困的各年龄段男女和儿童至少减半	按照"扶贫对象精准、项目安排精准、资金使用精准、措施到户精准、因村派人精准、脱贫成效精准"的要求，对农村贫困人口实行分类精准扶持，确保实现 2020 年全部脱贫的目标

资料来源：《中国落实 2030 年可持续发展议程国别方案》（2016 年 9 月）。

表 1-1 表明，与联合国《2030 年议程》反贫困目标相比，中国反贫困目标方案（精准脱贫中国方案）呈现四大鲜明的特色与创新：一是减贫目标上的超前性，中国反贫困目标方案在时间上比联合国《2030 年议程》反贫困目标整整提前了 10 年；二是扶贫的精准性，坚持按照"六个精准"（即扶贫对象精准、项目安排精准、资金使用精准、措施到户精准、因村派人精准、脱贫成效精准）的要求，对农村贫困人口实行分类精准扶持；三是扶贫标准的多维性，中国方案不仅仅消除极端贫困（联合国《2030 年议程》反贫困目标对目前极端贫困的衡量标准是每人每日生活费不足 1.25 美元），让贫困人口人均纯收入稳定超过国家贫困线标准，还要稳定实现"两不愁、三保障"。

实施精准扶贫、精准脱贫政策，已经成为我国推进、落实"十三五"规划和实现全面建成小康社会目标的时代使命[7]。中共十九大报告将精准脱贫列为决胜全面建成小康社会的三大攻坚战之一[8]。

第二节　中国精准扶贫方略

一　精准扶贫思想形成的背景

中国是世界上减贫人口最多的国家[9]。改革开放 40 多年来，我国持续开展了以农村扶贫开发为中心的减贫行动，在全国范围内开展有组织有计划的大规模开发式扶贫，先后实施了《国家八七扶贫攻坚计划（1994—2000 年）》[10]《中国农村扶贫开发纲要（2001—2010 年）》[11]《中国农村扶贫开发纲要（2011—2020 年）》[12]等中长期扶贫规划，取得了举世公认的辉煌成就。然而，长期以来，我国贫困人口底数不清、情况不明、针对性不强、扶贫资金和项目指向不准的问题较为突出[13]。在扶贫对象上，20 世纪 80 年代中期，我国扶贫主要针对县级贫困区域；2001 年，扶贫重点对象转向 15 万个村级贫困区域，实施整村推进扶贫；2011 年，划定了 14 个集中连片特困地区进行重点扶贫。扶贫工作的对象主要是区域贫困人口。以区域贫困人口为对象的扶贫工作，虽然有助于在短期内集中政策和资金资源，改善发展的基础条件，让有能力的贫困人口尽快脱贫，但对"谁是贫困居民""贫困的原因是什么""如何针对性帮扶""帮扶效果怎么样"等问题的界定是模糊的。

归纳起来，大水漫灌式的区域扶贫方式主要存在四个问题：一是贫困人口底数不清，扶贫对象常由基层干部推测估算，扶贫资金"天女散花"，以致"年年扶贫年年贫"；二是重点贫困县舍不得"脱贫摘帽"，数字弄虚作假，挤占、浪费国家扶贫资源；三是人情扶贫、关系扶贫，造成应扶未扶、扶富不扶穷等社会不公现象，甚至滋生腐败；四是不少扶贫项目粗放"漫灌"，针对性不强，受益多的主要还是贫困乡村中的中高收入农户，低收入农户受益的相对较少[13]。

鉴于此，原有的扶贫体制机制必须修补和完善。也就是：要解决钱和政策用在谁身上、怎么用、用得怎么样等问题。扶贫必须要有"精准度"。

二　精准扶贫思想的提出

2012 年 11 月 15 日，在中共十八届中央政治局常委与中外记者的见面会上，习近平同志掷地有声地说："人民对美好生活的向往，就是我们的奋斗目标"[14]。

粗放扶贫的反面是精准扶贫。2013 年 11 月，习近平同志到湖南省湘西州十八洞村考察时首次提出了"实事求是、因地制宜、分类指导、精准扶贫"的重要思想。2014 年 1 月，中央办公厅详细规制了精准扶贫工作模式的顶层设计，推动了"精准扶贫"思想落地[15]。2014 年 3 月 7 日，在参加十二届全国人大二次会议贵州代表团审议时，习近平同志指出："精准扶贫，就是要对扶贫对象实行精细化管理，对扶贫资源实现精确化配置，对扶贫对象实行精准化扶持，确保扶贫资源真正用在扶贫对象身上、真正用在贫困地区。"[16]之后，习近平同志多次对精准扶贫做出重要论述，精准扶贫思想不断得到丰富和完善，精准扶贫成为我国脱贫攻坚的基本方略。习近平同志提出的精准扶贫思想的最大突破点体现在扶贫脱贫对象由区域贫困人口转到精准的贫困家庭和贫困人口[17]。

三 精准扶贫精准脱贫基本方略

2015年11月27日，习近平同志在《在中央扶贫开发工作会议上的讲话》中指出，脱贫攻坚已经到了啃硬骨头、攻坚拔寨的冲刺阶段，要坚持精准扶贫、精准脱贫，重在提高脱贫攻坚成效，坚决打赢脱贫攻坚战，确保到2020年所有贫困地区和贫困人口一道迈入全面小康社会[18]。在这次讲话中，习近平同志系统阐述了我国精准扶贫精准脱贫的基本方略。

精准扶贫精准脱贫基本方略的主要内容，就是做到"六个精准"，实施"五个一批"，解决"四个问题"[19]。践行习近平扶贫思想，就是要真正落实这一基本方略，把"精准"理念落到实处，不断提升精准识别、精准帮扶、精准施策、精准退出质量，将扶贫扶到点上、扶到根上。

做到"六个精准"：扶持对象精准、项目安排精准、资金使用精准、措施到户精准、因村派人精准、脱贫成效精准。

实施"五个一批"：发展生产脱贫一批、易地搬迁脱贫一批、生态补偿脱贫一批、发展教育脱贫一批、社会保障兜底一批。此外，还要实施就业扶贫、健康扶贫、资产收益扶贫、危房改造等。

解决"四个问题"：扶持谁、谁来扶、怎么扶、如何退。

习近平精准扶贫精准脱贫基本方略是扶贫领域的重大创新，"六个精准"是基本要求，"五个一批"是根本途径，"四个问题"是关键环节，充分体现了目标导向与问题导向相统一、战略性与可操作性相结合的方法论。

参考文献

[1] 罗涵先. 扶贫与移民 [J]. 群言，1999 (9)：20-23.

[2] The United Nations. Transforming Our World：The 2030 Agenda for Sustainable Development，General Assembly，United Nations [EB/OL]. [2015-10-21]. http://www.un.org/zh/documents/view_doc.asp? symbol = A/RES/70/1.

[3] 王小林. 贫困测量：理论与方法 [M]. 2版. 北京：社会科学文献出版社，2017：1-282.

[4] 国务院. 中国落实2030年可持续发展议程国别方案 [EB/OL]. (2016-10-12) [2019-07-29]. http://www.fmprc.gov.cn/web/ziliao_674904/zt_674979/dnzt_674981/qtzt/2030kcxfzyc_686343.

［5］中共中央，国务院．中共中央国务院关于打赢脱贫攻坚战的决定［M］．北京：人民出版社，2015：1－33．

［6］国务院．"十三五"脱贫攻坚规划［M］．北京：人民出版社，2016：1－79．

［7］刘彦随，周扬，刘继来．中国农村贫困化地域分异特征及其精准扶贫策略［J］．中国科学院院刊，2016，31（3）：269－278．

［8］习近平．决胜全面建成小康社会　夺取新时代中国特色社会主义伟大胜利——在中国共产党第十九次全国代表大会上的报告［M］．北京：人民出版社，2017：1－71．

［9］国务院新闻办公室．改革开放40年中国人权事业的发展进步［N/OL］．人民日报，（2018－12－13）［2019－07－29］．http：//paper. people. com. cn/rmrb/html/2018－12/13/nw. D110000renmrb_20181213_1－13. htm．

［10］国务院．国家八七扶贫攻坚计划［EB/OL］．（2018－06－14）［2019－07－29］．https：//baike. so. com/doc/6436685－6650365. html．

［11］国务院．中国农村扶贫开发纲要（2001—2010年）［EB/OL］．（2001－06－13）［2019－07－29］．http：//www. gov. cn/gongbao/content/2001/content_60922. htm．

［12］国务院扶贫开发领导小组办公室．中国农村扶贫开发纲要（2011—2020年）干部辅导读本［M］．北京：中国财政经济出版社，2012：1－18．

［13］王思铁．精准扶贫：改"漫灌"为"滴灌"［J］．四川党的建设（农村版），2014，（4）：16－17．

［14］习近平．习近平谈治国理政［M］．北京：外文出版社，2014：4。

［15］百度百科．精准扶贫［EB/OL］．（2019－01－01）［2019－07－29］．https：//baike. baidu. com/item/精准扶贫/13680654？fr＝aladdin．

［16］中共中央党史和文献研究院．习近平扶贫论述摘编［M］．北京：中央文献出版社，2018：1－164．

［17］李国祥．习近平精准扶贫精准脱贫思想的实践和理论意义［EB/OL］．（2016－02－09）［2019－07－29］．http：//news. china. com. cn/cndg/2016－02/09 /content_37761756. htm．

［18］习近平．在中央扶贫开发工作会议上的讲话［C］//中共中央党史和文献研究院．十八大以来重要文献选编（下）．北京：中央文献出版社，2018：29－51．

［19］刘永富．习近平扶贫思想的形成过程、科学内涵及历史贡献［J］．行政管理改革，2018，（9）：4－7．

第二章
寻甸县贫困特点、成因与扶贫
开发的基础优势

寻甸县作为山区少数民族自治县,绝大部分建档立卡贫困人口分布于山区、半山区、高寒山区,需要深入细致研判,拿准吃透贫情,明确脱贫攻坚重点难点,认清弱项,为全县脱贫攻坚工作有序、有力、有效开展奠定坚实基础。

第一节　贫困特点与致贫原因

一　寻甸县概况

寻甸县是云南省昆明市辖县,地处云南省东北部,位于东经 102°41′~103°33′、北纬 25°20′~26°01′,横跨金沙江、南盘江两大流域。它东临马龙县、沾益区、会泽县,有公路穿山越岭相连;西与富民县、禄劝县相依;北与东川、会泽县接壤,有东川铁路相通;南接嵩明县,川原平衍。全县从东到西纵距 80 余千米,由南至北绵延 60 余千米。第二次全国土地调查显示,全县土地总面积 3588.38 平方千米[1]。

截至 2018 年末,寻甸县辖 3 个街道、9 个镇、4 个乡,即仁德街道、塘子街道、羊街镇、柯渡镇、倘甸镇、功山镇、河口镇、七星镇、金所街道、先锋镇、六哨乡、鸡街镇、凤合镇、联合乡、金源乡、甸沙乡,共计 174 个村(居)委会、1668 个自然村。在 174 个村(居)委会中,仁德街道月秀社区居委会没有农业人口,因而没有扶贫任务;全县有扶贫任务的行政村(社区)共计 173 个。

概括起来,寻甸县是一个集"山区、民族、老区、农业、贫困"为一体的县份。

1. 寻甸是山区县

寻甸县地势西北高、东南低,呈向东南倾斜阶梯状。以乌蒙山系的梁王山、小海梁子等山脉为主,山间点缀着低凹谷地或湖盆。全县有大小山峰 90 座,海拔最高的山峰是阿旺和金源两地交界处的巨龙梁子,高达 3294 米;海拔最低的山峰是金源乡小树棵,海拔仅有 1450 米[2]。县内虽有大小山间盆地(俗称坝子)80 余个,但总面积仅为 446.21 平方千米,占土地总面积的 12.43%。山区、高寒山区占了土地总面积的 87.57%[1]。

2. 寻甸是民族县

寻甸县是昆明市的三个少数民族自治县之一，境内居住着回、彝、苗等 24 个少数民族。2016 年少数民族人口共计 13.30 万人，占总人口（56.28 万人）的 23.63%。其中有少数民族建档立卡贫困户 1021 户 38251 人，占少数民族人口的 28.76%。全县有宗教场所 216 个（其中清真寺 82 所、基督教堂 100 所、寺庙 34 所），有信教民众 8.9 万人。

3. 寻甸是老区县

寻甸县是云南省 59 个革命老区县之一。1935 年 4 月和 1936 年 4 月，中国工农红军长征两次路经寻甸，留下了光辉的足迹和许多可歌可泣的动人故事，并发布了抢渡金沙江的"4·29"渡江令，长征精神代代相传。

4. 寻甸是农业县

寻甸县是云南省第一批 40 个高原特色农业示范县、首批 20 个"云药之乡"之一，是昆曲绿色经济示范带 16 个发展县的主要区域，是云南省粮食产粮大县和生猪调出大县监测重点县。全县有农业人口 474197 人，占总人口的 84.23%。2017 年，全县粮食播种面积 6.25 万公顷，粮食总产量 24.62 万吨；蔬菜播种面积 1.20 万公顷，产量 45 万吨；马铃薯播种面积 1.97 万公顷。2017 年末，全县生猪存栏 57.06 万头、出栏 82.88 万头，肉牛存栏 22.66 万头、出栏 13.89 万头，肉羊存栏 32.35 万只、出栏 23.55 万只，家禽存栏 245.45 万羽、出栏 9256.66 万羽，肉类总产量 10.68 万吨，禽蛋产量 1.04 万吨。全县共有农民专业合作社 866 个。2017 年，全县种植烤烟 0.98 万公顷，收购 40.8 万担，产值达 5.91 亿元，实现烟叶特税 1.3 亿元。

5. 寻甸是贫困县

寻甸县是全国 592 个国家扶贫开发工作重点县、乌蒙山区 38 个连片开发县之一[3]。1986 年，全国第一次确定贫困县，寻甸被列入省级扶持的 26 个贫困县之一；1994 年，国家第二次调整确定贫困县，寻甸被列入全国 592 个扶贫攻坚贫困县之一；2001 年，国家第三次调整贫困县，按照中央"把贫困人口集中的中西部少数民族地区、革命老区、边疆地区和特困地区作为 2001 年至 2010 年扶贫开发工作重点"的原则，作为红军长征经过和战斗过的地方，又是少数民族自治县，加之尚未摆脱贫困，寻甸县继续被列为全国 592 个、全省 73 个、全市 3 个国家扶贫开发工作重点县之一。2014 年，全县有 8 个贫困乡、64 个省级贫困村（2017 年调整后，全县贫困村增至 134 个，其中深度贫困村达 7 个），总计建档立卡贫困人口 33477 户 130193 人，贫困发生率（这里指总计建档立卡贫困人口数占 2014 年公安系统农业户籍人口数的百分比值，下同）达 27.39%。

二　寻甸县的贫困特点

从贫困现状来看，寻甸县主要呈现贫困面广量大、贫困人口分散、贫困发生率高等三个显著特点。

1. 贫困面广量大

据统计，全县有8个贫困乡镇，占全县16个乡镇（街道）的50%；有贫困村（社区）134个，占全县行政村（社区）总数（174个）的77.01%。从16个乡镇（街道）来看，贫困村最多的是河口镇和功山镇，分别有14个贫困村和13个贫困村；柯渡镇、六哨乡、凤合镇、鸡街镇均有9~11个贫困村；羊街镇、联合乡、甸沙乡、塘子街道、金所街道、金源乡、七星镇、先锋镇均有6~8个贫困村；仁德街道和倘甸镇均有5个贫困村。从贫困村比例来看，联合乡所辖8个村均为贫困村，贫困村比例达100%；六哨乡和鸡街镇贫困村比例均超过90%；甸沙乡、塘子街道、河口镇、七星镇、柯渡镇和功山镇贫困村比例均达80%~90%。在134个贫困村中，有7个为深度贫困村，即：柯渡镇长箐村、磨腮村，先锋镇白子村，甸沙乡兴隆村，联合乡落水洞村、松颗村，六哨乡五村（见表2-1）。

表 2 - 1　寻甸县贫困村一览

乡（镇）	村（社区）总数（个）	贫困村数（个）	贫困村名称	贫困村比例（%）
仁德街道	10	5	和平村、道院村、中桥村、北观村、建设村	50.00
塘子街道	8	7	塘子村、麦场村、团结村、云集村、易隆村、三支龙村、坝者村	87.50
羊街镇	12	8	甸心村、甸龙村、多合村、清水沟村、大刘所村、新街村、甜荞地村、长冲村	66.67
柯渡镇	13	11	可郎村、新庄村、乐朗村、木刻村、松林村、长箐村、新村、猴街村、新沙村、磨腮村、柯渡村	84.62
倘甸镇	12	5	鲁嘎村、竹园村、骂秧村、虎街村、计施宽村	41.67
功山镇	16	13	八岔哨村、朵马嘎村、横山村、羊毛冲村、杨柳村、白龙村、尹武村、云龙村、以则村、哨上村、三保村、纲纪村、棵松村	81.25
河口镇	16	14	化桃箐村、海嘎村、白石岩村、米德卡村、十甲村、糯基村、北大营村、黑箐村、沙谷渡村、水冒天村、撒米落村、双龙村、鲁撒格村、鲁冲村	87.50
七星镇	7	6	腊味村、必寨村、戈必村、江格村、高田村、江外村	85.71

续表

乡（镇）	村（社区）总数（个）	贫困村数（个）	贫困村名称	贫困村比例（％）
金所街道	10	7	泽铁村、小多姑村、草海子村、清海村、新田村、摆宰村、张所村	70.00
先锋镇	9	6	鲁土村、大竹箐村、打磨箐村、木龙马村、白子村、大窝铺村	66.67
六哨乡	11	10	马鞍山村、恩甲村、拖期村、五星村、大村、龙泉村、柏栎村、横河村、五村、板桥村	90.91
鸡街镇	11	10	鸡街村、泽和村、耻格村、极乐村、四哨村、古城村、彩己村、拖姑村、南海村、黑山村	90.91
凤合镇	13	9	务嘎村、发来古村、新城村、大麦地村、多姑村、驻基村、杨家湾村、合理村、大箐村	69.23
联合乡	8	8	马店村、北河村、联合村、三界村、发安村、凹子村、松棵村、落水洞村	100.00
金源乡	9	7	妥托村、小村、安秧村、高峰村、龙潭村、瓦房村、安丰村	77.78
甸沙乡	9	8	甸沙村、海尾村、治租村、鲁六村、红果树村、老村、兴隆村、苏撒坡村	88.89
合计	174	134	—	77.01

2. 贫困人口分散

从贫困人口分布来看，离县城最远的联合乡总计建档立卡贫困人口有 1715 户 6388 人，贫困发生率达到 48.56％；偏远的甸沙乡和六哨乡，贫困人口发生率分别达 57.73％ 和 59.05％；凤合镇、金源乡、鸡街镇、先锋镇、七星镇、功山镇、河口镇、倘甸镇、柯渡镇、金所街道贫困发生率在 17％～40％；羊街镇、塘子街道、仁德街道 3 个乡镇（街道）贫困发生率均在 10％以下，其中，县城所在地仁德街道总计建档立卡贫困人口有 452 户 1585 人，贫困发生率相对最小，为 3.84％（见表 2－2）。

表 2－2　寻甸县各乡镇贫困发生率

乡镇（街道）	总计建档立卡贫困人口		2014 年公安系统农业户籍人口数（人）	贫困发生率（％）
	户数（户）	人口数（人）		
仁德街道	452	1585	41251	3.84
塘子街道	628	2307	25868	8.92
羊街镇	1050	4099	43235	9.48
柯渡镇	1957	7609	36380	20.92
倘甸镇	2557	11264	40408	27.88

乡镇（街道）	总计建档立卡贫困人口		2014 年公安系统农业户籍人口数（人）	贫困发生率（%）
	户数（户）	人口数（人）		
功山镇	3157	11299	37871	29.84
河口镇	2682	9474	32638	29.03
七星镇	1405	5617	17294	32.48
金所街道	1436	5629	31938	17.62
先锋镇	2028	7057	20316	34.74
六哨乡	2238	9578	16219	59.05
鸡街镇	2657	10558	29795	35.44
凤合镇	3588	15815	40402	39.14
联合乡	1715	6388	13156	48.56
金源乡	3139	11838	31022	38.16
甸沙乡	2788	10076	17453	57.73
合计	33477	130193	475246	27.39

3. 贫困发生率较高

在全县有贫困人口的 173 个村（社区）中，均有不同数量的贫困户和贫困人口，但各村（社区）的贫困发生率差异很大：村（社区）贫困发生率较高的是多姑村、大麦地村、小多姑社区、鲁六村，其贫困发生率均超过 90%，其中以多姑村贫困发生率最高，达 95.53%；贫困发生率较低的是南钟社区、云集社区、学府社区、建设社区、东发社区，贫困发生率均在 3% 以下，其中以东发社区贫困发生率最低，仅为 0.57%。

根据各村（社区）贫困发生率的大小，将全县有农业人口的 173 个村（社区）的贫困发生率分为 5 个级别，分级标准见表 2 - 3。分级结果表明，全县村（社区）贫困发生率≥50% 的有 31 个，占统计村（社区）总数（173 个）的 17.92%；贫困发生率为 30% ~50% 的村（社区）有 58 个，占统计村（社区）总数的 33.53%；贫困发生率为 10% ~30% 的村（社区）有 61 个，占统计村（社区）总数的 35.26%；贫困发生率为 5% ~10% 的村（社区）有 15 个，占统计村（社区）总数的 8.67%；贫困发生率 <5% 的村（社区）有 8 个，占统计村（社区）总数的 4.62%（见表 2 - 3 和图 2 - 1）。

表 2 - 3 寻甸县村级贫困发生率分级及村数量统计

贫困发生率（%）	分级体系				
	≥50	50 ~ 30	30 ~ 10	10 ~ 5	< 5
贫困发生率分级	I	II	III	IV	V

续表

贫困发生率 （%）	分级体系				
	≥50	50～30	30～10	10～5	<5
行政村数（个）	31	58	61	15	8
比例（%）	17.92	33.53	35.26	8.67	4.62

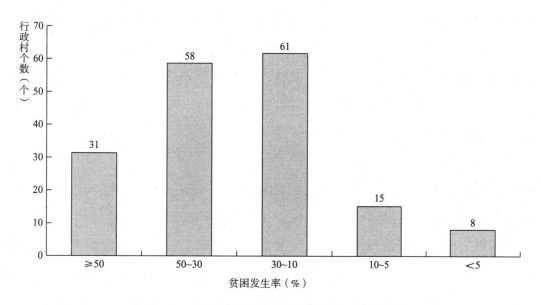

图 2-1　寻甸县各贫困发生率等级的村数对比

三　寻甸县致贫原因简析

从贫困现状来看，寻甸县主要呈现贫困面广量大、贫困人口分散、贫困发生率高等三个显著特点。

由于寻甸县具有贫困面广量大、贫困人口分散、贫困发生率高等显著特点，导致农户致贫原因复杂多样且相互交织，主要表现在四个方面。

1. 基础条件差

寻甸县是全国 592 个国家扶贫开发工作重点县、乌蒙山区 38 个连片开发县、云南省 59 个革命老区县、昆明市 3 个少数民族自治县之一，位于昆明市北部的高寒山区。在全县山地河谷地区和高寒偏远山区，特别是少数民族聚居地区，由于基础设施薄弱、交通条件不便、自然灾害频繁、生存环境恶劣，致使全县贫困状况易发多发。

2. 贫困人口文化素质偏低

贫困群众文化水平较低，是导致贫困的重要因素。据统计，2014～2016 年全县脱贫人口中，按照文盲半文盲、小学、初中、高中和大专及以上文化程度进行划分，全县脱贫人口受教育情况最多的为小学文化程度，占此三年脱贫总人口数的 53.37%；其次为初中文化程度，占此三年脱贫总人口数的31.78%；再次为文盲半文盲，占此三年脱贫总人口数的10.33%；高中文化程度占此三年脱贫总人口数的3.35%；大专及以上文化程度的人口仅占此三年脱贫总人口数的1.17%。

3. 贫困人口内生动力不足

全县有的贫困户因为"老、弱、病、残"丧失或部分丧失劳动能力导致贫困，有的贫困户则是"慵、懒"所致，如"等、靠、要"思想严重，"靠着墙根晒太阳，等着别人送小康"。表现为干部作用发挥有余、群众作用发挥不足，干部埋头干、群众站着看。因此，要想从根源上解决贫困户的思想问题，就必须引导贫困户转变观念，唤醒增收致富的主体意识，激活其发展的内生动力，引导贫困户彻底改变"等、靠、要"的依赖思想，激活依靠劳动增收致富的内在动力。

4. 多重致贫因素交织

全县贫困人口致贫原因主要体现为"四缺三因一滞后"，即缺技术、缺资金、缺劳力、缺乏自身发展能力，因病、因残、因学，交通条件滞后（见表2-4）。

从自身能力来看，因缺技术和自身发展能力不足而致贫。自身发展能力居致贫原因第一位，占50%；缺技术居致贫原因第二位，占比25.03%。该类贫困户由于文化素质低，学习能力差，缺乏生产技术，自身发展能力不足，收入来源单一，增收无门路、脱贫无渠道，需要通过增强发展生产和务工就业能力来脱贫。

从发展条件来看，因缺资金导致增收无助力而致贫。缺资金居致贫原因第三位，占比23.41%。该类贫困户由于缺资金导致发展项目无法实施，增收渠道较窄，所以需要通过提供资金、项目支持来帮助脱贫。

从健康状况来看，因病因残缺少劳动力而致贫。因病居致贫原因第七位，占比2.88%；缺少劳力居致贫原因第四位，占比8.64%；因残居致贫原因第十位，占比1.02%。该类贫困户，有的长期生病或患重大疾病，医疗费用高、负担重，有的身有残疾或年老体弱，不能通过劳动获得收入或收入极低，需要通过社会保障兜底来帮助脱贫。

从交通情况来看，因交通条件滞后而致贫。因交通条件滞后居致贫原因第五位，占比6.14%。全县贫困人口主要分布在边远山区、高寒地区、干热河谷地区、生态环境脆弱地区，自然条件恶劣，交通极不便利，严重制约了当地贫困户生产、生活水平的提高。

从教育支出来看，因上学支出较大而致贫。因学致贫居致贫原因第八位，占比1.89%。有的农户由于要供养子女上高中、职高或大学，支出大幅增加，在收入本就偏低的情况下，导致贫困或返贫。该类贫困户随着子女完成学业并且就业后，一般能摆脱贫困，但目前需要采取教育帮扶措施来解决因学致贫的问题。

上述致贫原因中，均涉及少数民族，民族因素和贫困因素相互交织、贫情复杂。

表 2 - 4　寻甸县 2014 ~ 2016 年脱贫户直接致贫原因及所占比例

致贫原因	脱贫户所占比例（%）			
	2014 年	2015 年	2016 年	3 年平均
因病	5.91	1.15	1.58	2.88
因残	1.31	0.96	0.78	1.02
因学	2.06	1.05	2.57	1.89
因灾	0.56	0.09	0.31	0.32
因婚	0.02	0.11	0.16	0.10
缺土地	3.75	3.23	5.51	4.16
缺水	1.81	0.16	0.63	0.87
缺技术	21.6	24.22	29.28	25.03
缺劳力	9.9	7.7	8.33	8.64
缺资金	13.91	25.36	30.96	23.41
交通条件滞后	6.88	4.95	6.6	6.14
自身能力不足	46.13	54.5	49.33	50.00
其他	0.06	0.3	3.72	1.36

第二节　脱贫攻坚的难点与不利因素

一　寻甸县脱贫攻坚的难点简析

总体上看，寻甸县脱贫攻坚受产业弱、基础差、财政难、程度深、任务重、动力不足等因素制约，全县脱贫攻坚的难点尤为突出，主要表现在六个方面。

1. 产业弱

寻甸县作为传统农业大县，农业发展在迅速壮大的同时，仍然存在小、软、散的情况，单打独斗、自种自养情况普遍，龙头企业、种养殖大户还存在数量相对较少、产业产品层次低、辐射带动能力相对有限等问题，农特产品精深加工、产业链条延伸及带动能力仍需进一步提升。

2. 基础差

2016 年，全县仅有普通高中 3 所，而且欠账 2 亿多元；水利化程度仅为 62%，还有10.53 万人存在饮水困难和饮水安全问题；有 D 级危房 53901 户，其中建档立卡贫困危房户达 2.08 万户；有 75 个自然村不通公路、498 个自然村不通硬化道路、650 个自然村不通村内硬化道路，农副产品运输、储存、销售困难。

3. 财政难

2016 年，一般公共财政预算收入仅为 6.8 亿元，财政自给率仅为 26%，面对脱贫摘帽的压力，地方财政无力投入。

4. 贫困程度深

相比昆明的其他县区，寻甸县贫困人口基本处于高寒冷凉山区、边远少数民族地区，生态环境脆弱，生产生活条件恶劣，广种薄收，多为少数民族，条件极其艰苦。同时，因病、因残和自身缺乏劳动能力的人员占比较大。这些群体普遍文化素质不高，发展无门路、生产无条件、外出务工无技能，实现稳定脱贫能力差，是脱贫攻坚工作中最难啃的"硬骨头"，脱贫攻坚成本高、难度大、见效慢。

5. 脱贫任务重

2016 年，全县有 8 个建档立卡贫困乡镇、64 个省级建档立卡贫困村（2017 年调整为 134 个贫困村，其中深度贫困村达 7 个），总体有建档立卡贫困人口 130193 人，贫困发生率达 27.39%。自身发展能力不足、因病、因学、缺技术、缺资金、缺劳力等"一个不足、两个原因、三个缺少"占比较大，要实现减贫目标，需要更多的投入。

6. 内生动力不足

全县境内居住着 25 个民族，不同民族受传统观念、风俗习惯、受教育程度等不同因素影响。部分贫困群众保持着"守旧"的固有思想，依靠发展致富的意识不强，尤其是部分少数民族贫困群众仍然存在"等、靠、要"的惰性思想，自我发展意识不强，增收致富能力不足。少数非贫困户还有"争当贫困户"的情况，内生动力仍需进一步激发。

二 寻甸县脱贫攻坚的不利因素简析

1. 自然方面的因素

（1）资源短缺和禀赋不足导致贫困地区扩大再生产困难

寻甸是典型的山区县，一般山区、高寒山区面积占全县面积的 87.5%。县内海拔相差较大，小区域气候比较复杂，立体气候极为明显，且干湿季分明，每年 5～10 月为雨季，11 月至次年 4 月为旱季，水资源年内变化幅度大，加之蓄水设施不完备，常出现雨季用水有余、漫流成灾，旱季缺水的局面，严重影响农业生产发展。

农业生产受自然因素的影响较大，在全县山地河谷地区和高寒偏远山区，特别是少数民族聚居地区，由于基础设施薄弱，交通条件差，要素聚集困难，加之自然灾害频繁，导致农业生产效率低下，农业收入低而不稳，而农业的低收入又导致农业现代化水平低，积累水平低，因此不能实现扩大再生产，致使贫困状况易发多发。

（2）贫困地区地理位置偏远、村落分散、环境闭塞导致非农产业发展困难、市场发育不足

寻甸境内绝大多数地方为山地河谷地区和高寒冷凉山区，呈现山高、坡陡的地势地貌特点，致使县内群众居住分散、村庄散乱。特别是 134 个贫困村，几乎位于山区，生产生活条件极为艰难。以省级贫困村河口镇海嘎村为例，该村距离集镇达 25 千米，3000 多名人员被分为 18 个村民小组散居在 68 平方千米土地上，海拔在 2250 米以上，交通不便，群众辗转到集镇都需要几个小时。2014 年前全村农民人均纯收入不足 1800 元。全县其他贫困村也都大同小异，远离县城和集镇，非农产业难以发展，农民无法从非农经营活动中获得收入以弥补由农业收入的不足和生产波动造成的损失。同时偏远地区交通不便，信息不灵，市场条件往往发育不足，外部可达性差，导致农户生产经营的经济效益差。

（3）生态环境保护责任重大，产业发展受限

寻甸自然资源丰富，生态系统复杂，承担着重要的生态保护责任，特别是寻甸的贫困地区多处于生态脆弱区，农户肩负着经济发展和环境保护的双重使命。作为昆明市的生态功能涵养区和重要水源地，"一江一海一区"（牛栏江水源保护区、清水海水源保护区、黑颈鹤省级自然保护区）的保护责任重大。其中，牛栏江—滇池补水工程每年从寻甸取水 5.67 亿立方米。牛栏江寻甸段属于牛栏江上游源头区，径流面积 1345 平方千米，占寻甸面积的 1/3，流经 6 个乡镇（街道）、59 个村委（社区），涉及农户 13.6 万人。"引清济昆"工程于 2012 年 4 月 1 日建成并开始供水，每年可向昆明市供水 1.1 亿立方米，清水海水源保护区面积 314.81 平方千米，涉及 4 个乡镇（街道）、14 个村委会、3.75 万农户。云南寻甸黑颈鹤省级自然保护区面积 72.17 平方千米，保护区所涵养水源为清水海主要汇水区之一，其水源涵养功能的稳定与否将极大影响昆明市和寻甸县的饮水安全。据统计，牛栏江水源保护区、清水海水源保护区、黑颈鹤省级自然保护区合计面积占县域面积的 48.27%，有 37.6% 的建档立卡贫困人口分布于保护区内。保护政策实施后，项目落地受限，产业发展受限，难以形成产业带动，增收困难直接导致贫困发生。

2. 社会方面的因素

（1）基础设施不足，发展基础条件欠缺

2016 年底，全县仍有 75 个自然村不通公路，498 个自然村不通硬化道路，650 个自然村不通村内硬化道路，交通道路修建不足导致贫困地区难以与外界市场融为一体。在农村贫困地区发展乡村旅游业、种植业、养殖业等产业，交通成本较高，难以吸引外界市场资源。交通不便也在一定程度上阻碍农村贫困地区劳动力外出务工。在非农收入日益成为农户主要收入来源的情况下，外出务工比例低是农户贫困的重要原因之一。此

外，道路条件差还导致运输成本高，进而导致贫困地区农户建设房屋、购买商品、外出就学和务工等成本较高，加重了贫困农户的支出负担。水利工程和安全饮水设施建设不足，导致贫困地区生产生活用水困难，也对农户的身体健康造成影响。网络基础设施发展滞后，导致贫困地区农户不能分享"互联网＋"经济所带来的"低交易成本、大交易市场"的红利。

（2）农业支撑不足，其他产业发展滞后

寻甸是典型的农业县，全县户籍总人口 56.28 万人。其中，农业人口 47.42 万人，占总人口的 84.26%，农民经济收入主要是靠传统的种植业和畜牧业。但全县农业综合效益不高，以家庭为单位进行的小生产、小规模导致生产效率低、经营方式粗放；产业结构不合理，传统农业占比偏大，特色产业发展滞后，区域优势不够明显；基础设施薄弱，农业基础设施差、工业园区进展缓慢、服务行业未成气候。农民持续增收乏力。2016 年，寻甸县农村常住居民人均可支配收入仅为城镇常住居民收入的 1/4，且在昆明市 14 个县（市、区）中排名第 12 位，在云南省 129 个县（市、区）中排名第 111 位[4]，处于绝对的倒数水平。

其他产业发展方面，全县产业规模小、层次低，结构不合理、转型升级难。一产大而不强、杂而不精，二产量少质低、结构单一，三产发展滞后、弱小散乱。特别是工业产业，在宏观经济持续低迷的情况下，以重工业为主的工业产业结构发展难以维系。以 2016 年为例，全县 36 户规上工业企业中，停产企业有 3 户，减产企业有 11 户，减停产面达 30.6%。先锋煤业、南磷集团等重点企业受各种因素影响，发展举步维艰。同时，市场及原材料不稳定，部分企业生产增长空间有限，已接近或达到所核定的生产能力，企业要实现增长十分困难。商贸业整体情况不理想，仅靠个别企业支撑，24 家限额以上商贸企业中，负增长企业有 12 家；建筑、房地产企业增长乏力。集中体现就是第二、第三产业发展不够充分，产业结构布局不合理，发展较为滞后。

（3）历史因素导致贫困问题的长期性

寻甸作为一个少数民族自治县，少数民族的贫困情况尤其突出。在少数民族地区的贫困形成原因中，历史性因素起着重要作用。如彝族和苗族从历史上就生活在偏远地区，难以接受系统的基础教育，与外界接触较少，不善于与外界交往，缺乏参与市场竞争和基层社会公共事务的主动性和积极性，从而形成了封闭保守的思想价值观念。加之历史上的政治、经济、社会等因素影响，导致贫困问题的解决绝非短期之功。

3. 主体方面的因素

（1）贫困人口文化程度低，缺乏劳动技能培训

尽管寻甸县的基础教育事业在不断发展，但由于经济社会条件以及民族文化等多种

因素的制约，农村人口（尤其是成年劳动力）的文化素质一直难以提高。特别是贫困山区的农户普遍在学龄时期接受基础教育较少，成年劳动力大多数只有小学文化程度，50岁以上的人大多数是文盲或半文盲，未成年人也基本只有初中文化程度或初中肄业。同时，由于劳动力文化素质较低，普遍缺乏有针对性的现代农业技术培训和非农就业培训。大部分贫困地区仍然沿袭传统的农业生产方式，采用传统的生产技术种植玉米、马铃薯以及荞麦等。

由于文化程度低以及语言等因素的影响，村民们（尤其是妇女）普遍对乡镇、村的社会公共事务知晓度不够、参与度很低，对新型农业生产技术和新的价值观念接受较慢。村里的年轻人由于缺少非农技术培训，很少外出打工。即使有些年轻人曾短暂外出打工，也由于难以适应城市化和工业化的生产生活方式而重新返乡。尤其是已经结婚成家的年轻人，出于照顾老人和孩子的家庭责任意识，更不愿意外出打工。缺乏技能导致贫困家庭经济收入来源单一，主要依靠农业生产获取收入维持生存所需，多数家庭年收入没有结余。

（2）内生发展动力不足，贫困文化代际传递

贫困人口长期生活在贫困之中，形成一套特定的生活方式、行为规范、价值观念体系。贫困文化安于现状的特性，对贫困群体产生了"自我设限"作用，扼杀了贫困群体行动的欲望和潜能，使贫困群体丧失了锐意革新的勇气和能力。而且在外界干预不足的情况下，贫困文化将通过代际传递影响下一代，致使贫困人口很难走出贫困的循环。

第三节　脱贫攻坚面临的机遇与有利条件

寻甸是全国592个国家扶贫开发工作重点县、乌蒙山区38个连片开发县之一。作为昆明市脱贫攻坚战的主战场，中央和省市各项政策、项目和资金集中汇聚，给寻甸带来了前所未有的历史性发展机遇。同时，作为革命老区县，全县干部群众更是"宁愿苦战，不愿苦熬"，用长征精神点燃脱贫攻坚激情，昂首决战贫困，奋力实现小康。

一　国家精准扶贫精准脱贫方略的正确指引

中共十八大以来，以习近平同志为核心的党中央高度重视扶贫工作，逐步形成了完整的精准扶贫精准脱贫方略。2015年11月，中共中央办公厅、国务院办公厅印发了《决定》，提出"确保我国现行标准下农村贫困人口实现脱贫，贫困县全部摘帽，解决区域性整体贫困"的目标[5]。2016年，国务院编制了《规划》，明确提出"贫困地区农民人均可支配收入比2010年翻一番"的目标，明确了产业发展扶贫、就业脱贫、易地

扶贫搬迁、教育扶贫、健康扶贫、生态保护扶贫和社会扶贫的具体要求和内容等。根据《决定》和《规划》，中共中央办公厅、国务院办公厅出台了 12 个配套文件，对扶贫工作管理、脱贫创新机制、退出机制、成效考核等具体脱贫工作制定了相应政策。各部门出台了 173 个政策文件和实施方案，各地也相继出台和完善了"1 + N"的脱贫攻坚系列文件，对解决贫困问题有了更为精准的针对性措施。除了部门政策之外，国家还针对革命老区、深度贫困地区、特困地区等制定了一系列更有针对性的政策，为寻甸县打赢脱贫攻坚战提供了强有力的保障。

二 民族地区的精准扶贫政策

民族地区是我国政府进行农村扶贫开发工作的重点区域。自 20 世纪 80 年代进行有组织的大规模扶贫开发工作开始，少数民族地区就一直是中国扶贫开发的主战场。2001年，《中国农村扶贫开发纲要（2001—2010 年）》把少数民族地区确定为重点扶持对象，在新确定的 592 个国家扶贫开发重点县中，民族自治地方增加为 267 个，占重点县总数的 45.1%。2011 年的新纲要，依然将少数民族地区作为扶贫攻坚的重点区域。2012 年确定的 592 个国家扶贫开发工作重点县中，232 个属于民族地区县。2012 年 11 月党的十八大提出了"到 2020 年全面建成小康社会"的宏伟目标，习近平同志明确提出"全面实现小康，少数民族一个都不能少，一个都不能掉队"，并制定了民族地区在 2020 年全面脱贫、与全国同步实现全面小康社会的战略规划，进一步提高了扶贫效能，为民族地区进一步做好扶贫开发工作、打赢脱贫攻坚战指明了方向。《中共中央关于制定国民经济和社会发展第十三个五年规划的建议》也提出，把革命老区、民族地区、边疆地区、集中连片贫困地区作为脱贫攻坚重点[6]。《决定》中指出要重点支持革命老区、民族地区、边疆地区、连片特困地区脱贫攻坚。加快推进民族地区重大基础设施项目和民生工程建设，实施少数民族特困地区和特困群体综合扶贫工程。

三 寻甸县扶贫开发的基础优势

1. 区位优势

寻甸是云南省通往川、渝、黔三省市的重要通道，县城距昆明主城 92 千米、距昆明长水机场 78 千米、距曲靖 83 千米，属现代新昆明一小时经济圈范畴。境内渝昆高速、杭瑞高速、213 国道、320 国道、轿子雪山旅游专线、贵昆铁路、东川铁路支线纵横交错，形成了四通八达的交通网络。

2. 土地和矿产资源优势

寻甸县土地面积居昆明市第二，耕地总面积居全市第一，草地、林地面积广阔，森林覆盖率达 47.65%；有褐煤、磷矿、硅藻土、铁、钴、石膏、重晶石等矿产，其中褐煤、磷矿、硅藻土三大主要矿产资源已探明储量分别为 3.6 亿吨、1.26 亿吨、0.78 亿吨；附子、草乌、重楼等中药材和牛干巴、虹鳟鱼等土特名产驰名远扬。

3. 水资源优势

寻甸县江河较多，水系发达，境内有牛栏江、小江、普渡河 3 大干流 20 余条支流和 1 个天然湖泊（清水海），全县多年平均水资源总量为 16.7 亿立方米（不含过境水量 5.15 亿立方米）。全县共建成各类库塘蓄水设施 239 座，其中：大（二）型水库 1 座，中型水库 1 座，小（一）型水库 13 座，小（二）型水库 62 座，小坝塘 162 座。全县水资源开发利用率达 17%，水利化程度达 63.5%。

4. 旅游资源优势

寻甸县旅游资源丰富、种类齐全，拥有资源单体 173 个，集山水江湖、林海草原、古寺古庙、革命纪念地与浓郁的民族风情为一体，是昆明乃至滇中、滇东北地区的旅游资源大县。寻甸县有自然风光景色旅游资源，如钟灵山国家森林公园、北大营万亩草原、白石岩溶洞群、凤龙湾、凤龙山景区等；有红色革命故地旅游资源，如柯渡红军长征纪念馆、先锋"六甲之战"纪念塔、鸡街红军纪念亭、七星鲁口哨渡江令发布纪念地、云南农业大学旧址"红色庄园"等；有极具特色的民族风情旅游资源，如回族的开斋节、彝族的火把节、苗族的花山节等。

四　县域经济发展的积极因素不断积累

寻甸作为一个典型的农业大县，一产长期占据主导地位，二产和三产发展起步晚。但是，通过历届县委、县政府和全县广大干部群众的不懈努力，全县产业结构不断优化，产业发展取得了显著成效。特别是近年来，紧紧围绕把寻甸打造成为云南民族团结进步示范区、昆明绿色经济发展区、休闲养生旅游度假区、城市生态涵养区和具有民族特色的滇中北部山水生态宜居新城的目标，坚持把"绿色＋"理念贯穿到产业发展全过程，加快"一带一廊一圈一格局"（高原特色农业经济带、嵩待工业经济走廊、城市经济发展圈和三线三片四带文化旅游产业格局）产业布局和"166"产业体系建设，着力推进产业转型升级。2016 年，全县农林牧渔业总产值达 42.5 亿元，其中畜牧业产值 14.43 亿元，占农林牧渔业总产值的 43.5%。烟叶生产提质增效，产值达 5.58 亿元。烟叶种植面积、收购总量、产值、税收居全市第一。马铃薯产业发展势头强劲，蔬菜、花卉种植规模不断扩大，淡水渔业养殖、中药材等产业快速发展。精细煤磷化工业、生物及农特产品加工业、林业及家居制造业等主导产业稳步推进，装备制造、新能源、新材料等新兴产业快速发展。全域旅游、文化、商贸物流等服务业快速发展，农村电子商务实现新突破，创成市级电子商务综合示范县。全县主要经济指标止跌回升，完成地区生产总值82.23亿元，增速从3.4%回升到8%；规模以上工业增加值增速从－22.6%回升到6%；规模以上固定资产投资105.97亿元，增速从－41.5%回升到25.9%；一般公共预算收入6.77亿元，增速从－21.8%回升到9.6%；社会消费品零售总额31.5亿元，同比增长14.3%；城镇和农村常住居民人均可支配收入分别达29430元、7524元，同比增长8.6%、10.6%；三次产业结构比为27.2∶30.4∶42.4。同时，随着国家"一带一路""长江经济带""中国制造2025"等重大战略的深入推进，各项稳增长措施的陆续落地，云南正在从开放的末端变成开放的前沿，一些积极因素不断积累，新产业不断涌现，新业态加速孕育。滇中城市经济圈一体化发展和滇中新区开发建设上升为国家战略，为昆明提供了广阔空间，也必将辐射和带动寻甸的发展。随着省市"五网"建设的加快推进、昆明市"188"现代产业体系的构建、沪昆高铁的开通运营，以及渝昆高铁、武倘寻、寻沾、易白公路的开工建设，寻甸的区位优势、资源优势、交通优势、产业优势将更加明显，寻甸将成为资源流动和发展要素聚集的新高地。

五 各级各界倾力帮扶，全县干群凝心奋战汇聚攻坚合力

1. 上级支持方面

云南省委、省政府连续下发了《关于举全省之力打赢扶贫开发攻坚战的意见》等一系列重要文件，明确了一系列具体措施。昆明市委、市政府明确提出把"两区两县"作为全市扶贫攻坚的主战场，将更多的人才、资金、资源向"两区两县"倾斜，省、市共选派7名县处级领导挂职驻县对口支持、帮扶寻甸。

2. 社会帮扶方面

全县汇聚了中央、省、市、县（区）共315家帮扶力量定点帮扶，累计投入帮扶物资折币2.49亿元，实施脱贫攻坚项目831项。全县深入开展"千名志愿者帮扶万名贫困学生"和"泛海基金"帮扶行动，分段实施教育帮扶，资助学生共计567797人次，发放资助经费达39022.731万元。

3. 干部帮扶方面

全县持续加大对挂联帮扶单位脱贫攻坚实绩的考核力度，制定出台了《寻甸县"挂包帮"工作考核实施细则》，从严从实考核挂联单位帮扶实绩。全县有帮扶干部11627人，结对帮扶全县33358户建档立卡贫困户，实现了干部结对帮扶精准到户、责任到人。实行帮扶成效动态考核，紧盯帮扶责任人的10项主要工作任务，每两个月动态考核1次，奖优罚劣，压实帮扶责任。

4. 包村联户方面

从全县科级领导职务中选派1800名优秀干部，围绕脱贫攻坚"六包六保"的工作职责，定点包干村民小组脱贫攻坚任务；积极开展"万名小红帽结对帮扶万名贫困户行动"，围绕脱贫攻坚工作，佩戴"寻甸精准扶贫"小红帽、党徽（团徽）和胸挂工作证，进村入户精准落实扶贫措施，亮身份、树形象；印制包村干部《工作手册》和《管理台账》，全程记录包村干部的工作轨迹，建立科学规范的工作痕迹管理体系；印制30000多册建档立卡贫困户《帮扶手册》，一户一册，由帮扶责任人填写帮扶轨迹，做到结对帮扶有记录、有表册、有签字、有依据，实现结对帮扶"全记录""可追溯"。

5. 凝聚共识方面

作为国家级贫困县，寻甸全县干部群众充分发挥"人"这一主动因素，树立"宁愿苦战，不愿苦熬"的观念，立下"宁可干部脱皮掉肉，也要换来群众脱贫摘帽"的誓言，坚定"苦干、实干、拼命干，坚决打赢脱贫攻坚战"的信心和决心，弘扬革命老区县新时代长征精神，紧紧围绕"两不愁、三保障"和"三率一度"任务指标，自觉增强"四个意识"，积极践行"十心"工作法，用心、用情、用脑、用智慧，做细做实干部结对帮扶工作。

总之，虽然困难重重，但有中央和省市的大力支持和帮助，有全体干部职工的共同努力，有全县各族群众的合力攻坚，寻甸县委县政府始终坚信：一定能够在脱贫攻坚战中换挡加速、打赢新时代第一场攻坚战——脱贫摘帽攻坚战！

参考文献

［1］杨子生，赵乔贵，辛玲. 云南土地资源［M］. 北京：中国科学技术出版社，2014.

［2］百度文库. 寻甸简介［EB/OL］.（2017 - 12 - 07）［2019 - 07 - 29］. https：//wenku. baidu. com/view/d87ddada690203d8ce2f0066f5335a8102d266bc. html.

［3］寻甸县人民政府. 寻甸县精准扶贫攻坚行动计划［EB/OL］.（2016 - 12 - 26）［2019 - 07 - 29］. http：//xd. km. gov. cn/c/2016 - 12 - 26/1420408. shtml.

［4］云南省人民政府办公厅，云南省统计局，国家统计局云南调查队. 云南领导干部手册 - 2017［M］. 昆明：云南人民出版社，2017：151 - 262.

［5］习近平. 在深度贫困地区脱贫攻坚座谈会上的讲话［M］. 北京：人民出版社，2017：13.

［6］中共中央. 中共中央关于制定国民经济和社会发展第十三个五年规划的建议［M］. 北京：人民出版社，2015：1 - 60.

第三章
寻甸县脱贫攻坚的安排部署与主要特色

第一节　脱贫攻坚的安排部署

2014 年以来，中共寻甸县委、县政府坚持把脱贫攻坚作为头等大事和第一民生工程来抓，坚持以新时代扶贫开发战略思想为指引，紧紧围绕精准扶贫、精准脱贫的要求，以脱贫攻坚统揽经济社会发展全局，围绕"两不愁、三保障"目标任务，高位统筹谋划，实施"四个百日会战"，确定"七个一批"脱贫措施，从锁定目标任务、制定时间表、细化任务图，到全盘布局、全面发力，以最大的决心、最明确的思路、最精准的举措、超常规的力度，坚决打好新时代脱贫攻坚战，确保决战决胜。

一　学习贯彻新思想，确定脱贫攻坚"总纲领"

寻甸县深入加强新时代扶贫开发战略思想学习，促进理论指导脱贫攻坚新实践，科学合理确定脱贫攻坚目标任务。

（一）学习贯彻新思想，凝聚攻坚共识

全县以党的群众路线、"三严三实"等系列活动和"两学一做"学习教育为契机，深刻学习领会习近平总书记新时期关于扶贫开发的战略思想[1-3]、视察云南时的重要讲话[4]、对脱贫攻坚的重要批示指示精神；深入学习贯彻中央扶贫开发工作会议[1]、东西部扶贫协作等会议和相关文件精神。通过学习，全县各级各部门自觉把思想和行动统一到中央和省市的决策部署上来，统一到坚决打赢脱贫攻坚战上来，实现全县党政领导、干部职工、基层群众多层次思想的高度统一。

（二）落实上级部署，确立脱贫思路

寻甸县认真贯彻落实中共中央和省市关于脱贫攻坚的各项部署[5-8]，结合全县实际，编制完成《寻甸县扶贫开发规划（2016—2020 年）》，制定出台《关于举全县之力打赢扶贫开发攻坚战的实施意见》等一系列配套文件，确立了攻坚思路。即要始终坚持"一个统领"（以脱贫攻坚统揽全县经济社会发展各项工作），凝聚"两股力量"（政府主导和社会各界帮扶力量），紧盯"三个目标"（计划贫困人口脱贫、贫困村贫困乡镇出列、贫困县摘帽），抓好"四个环节"（扶持谁、谁来扶、怎么扶、如何退），聚焦"六个精准"（扶贫对象精准、项目安排精准、资金使用精准、措施到户精准、因村派人精准、脱贫成效精准），落实"七个一批"（发展生产脱贫一批、易地扶贫搬迁脱贫一批、生态补偿脱贫一批、务工增收脱贫一批、发展教育脱贫一批、社会保障兜底脱贫一批、健康救助脱贫一批），向脱贫攻坚发起总攻。

（三）结合县域实际，确定摘帽目标

结合寻甸县发展现状，通过多方论证，合理确定了脱贫攻坚目标，即通过实施精准扶贫攻坚计划，确保到 2017 年底实现脱贫、摘帽、增收，到 2020 年实现建档立卡贫困人口稳定增收。确定了脱贫攻坚的总目标和"时间表"。

二　聚焦目标任务，打响脱贫攻坚"八大战役"

围绕 2017 年贫困县摘帽这一目标，寻甸县绘制了脱贫攻坚"路线图"，举全县之力，靠全民参与，实施四个"百日会战"，全面打响脱贫攻坚"八大战役"，向贫困发起总攻。

（一）打响易地扶贫搬迁攻坚战

在脱贫攻坚战中，寻甸县积极统筹省市下达的"十三五"易地扶贫搬迁任务和全县脱贫攻坚计划，聚焦贫困地区"一方水土养不活一方人"的 6 类区域，对符合易地扶贫搬迁条件且有搬迁意愿的建档立卡贫困户实行"应搬尽搬"政策；对集中居住 30 户以下、贫困发生率 50% 以上、基础设施和公共服务尚未达到脱贫出列条件的村庄实施整村搬迁工程；坚持"挪穷窝"与"换穷业"并举，统筹财政涉农资金、社会帮扶资金等各类资金资源，强化贫困地区搬迁群众后续脱贫措施，加大产业扶持、转移就业、生态扶贫、兜底保障等政策的落实力度，提高搬迁质量和增强脱贫效果，确保"搬得出、稳得住、能致富"[9]。

（二）打响产业就业攻坚战

产业扶贫是解决生存和发展的根本手段，是脱贫的必由之路[10-12]，位居我国精准扶贫方略"五个一批"之首[6]。寻甸县认真制定产业扶持实施办法，明确"一带一廊一圈一格局"产业发展布局，加快全县第一、二、三产业融合发展。加快特色农业产业发展、新型农业经营主体培育、产品加工转型升级等工程建设，培育壮大村集体经济。大力发展"一乡一业、一村一品"，在贫困村推进实施"菜单式"产业发展增收工作，确保每个贫困村有 1～2 个产业发展项目，有条件的贫困户至少参与 1 个增收项目；推广"党支部＋龙头企业（合作社）＋贫困户"等经营发展模式，培育一批贫困人口参与度高的特色农业产业；开展"百企万岗"入寻计划和"百千万"劳务输出工程，全方位推动产业就业精准扶贫工作，让更多贫困人口参与产业发展、就业创业，从而增加收入，实现脱贫、致富、可持续发展目标。

（三）打响生态扶贫攻坚战

牢固树立"绿水青山就是金山银山"的发展理念[13]。寻甸县积极建立完善生态补偿机制，推动"一江一海一区"生态补偿全覆盖。着力推进退耕还林、荒山造林、森林抚育管护、经济林果提质增效、特色林产业等项目，通过支持造林大户或组建造林合作社等措施，吸纳贫困人口参与造林、抚育管护。实施公益林森林生态效益补偿制度，认真落实好草原生态保护补助奖励政策。加强贫困村人居环境综合整治，实施农村"七改三清"（改路、改房、改水、改电、改圈、改厕、改灶，清洁水源、清洁田园、清洁家园）工作，推进农村生活垃圾和污水治理、公厕建设、镇村集中供水等，使农村人居环境指标基本达标，到脱贫摘帽时实现贫困村"垃圾不落地、污水不乱流"，村容村貌干净、整洁、有序。

（四）打响健康扶贫攻坚战

在实施精准扶贫战略中，"基本医疗有保障"是"三保障"的重要组成部分。因此，健康扶贫是一个非常重要的扶贫方式[14]。寻甸县在实施脱贫攻坚战的过程中，及时打响了健康扶贫攻坚战，分类实施医疗救助，在减免费用、提高标准上下功夫，确保建档立卡贫困人口看得起病，不因病致贫、因病返贫，力争贫困人口医疗保险覆盖率、大病保险覆盖率、家庭医生签约服务率达到100%；实施乡镇卫生院和村卫生室标准化建设，优化医疗服务、改善患者就医体验，推行县级公立医院及16个乡镇（街道）卫生院开展"先诊疗、后付费"及"一站式"结算服务；确保建档立卡贫困人口100%参加城乡居民基本医疗和大病保险。

（五）打响教育扶贫攻坚战

"义务教育有保障"同样是"三保障"的重要组成部分。从根本上说，教育扶贫是彻底稳定脱贫的重要推手[15]。为此，寻甸县高度重视教育扶贫工作，积极实施义务教育均衡发展，确保通过省市验收和国家督导评估。全面落实控辍保学"双线十人制"和承包责任制、动态归零督导制，制定出台《贫困学生资助实施方案》，积极落实高中以上（含高中）各项资助政策，通过职教托底就学等措施确保贫困户初、高中毕业生不受贫困影响继续接受相应阶段教育；深入开展"千名志愿者帮扶万名贫困学生"和"泛海基金"帮扶行动，分段实施教育帮扶，确保义务教育阶段学生"零辍学"；积极动员建档立卡贫困家庭的学生就读职业院校，落实好建档立卡贫困户家庭在中等职业学校就读学生的补助政策，加大职业能力的培训力度，提升就业率和就业质量。

（六）打响素质提升攻坚战

寻甸县认真完善社会帮扶制度，采取"一企帮一村""一企帮多村"或"多企帮一村"的措施，带动一批项目、带强一批产业、带活一批市场、带建一批基础设施，增强贫困村及贫困户的自我发展能力。坚持物质脱贫与精神脱贫并重，每月常态化在全县16个乡镇（街道）173个村（社区）开展驻村队员和贫困户面对面交流扶贫成效的"三讲三评"活动。通过第一书记和驻村扶贫工作队员讲帮扶情况，建档立卡贫困户讲脱贫情况，干部群众评第一书记和驻村扶贫工作队员的扶贫成效、评建档立卡贫困户的脱贫内生动力，讲出了村庄生活变化、评议了支部先锋作用、激发了群众内生动力。全县全面部署开展学文化、学技能，比就业、比创业、比贡献的"两学三比"活动，大力开展"推普攻坚"专项行动，提高村民的文化知识素养，增强生产生活、脱贫致富能力。加大就业培训力度，根据建档立卡人员的培训意愿和就业需求，开展针对性技能培训，扩大培训工种，实现"培训一人、就业一人、脱贫一户"的目标。

（七）打响农村危房改造攻坚战

农村危房改造不仅是关系到广大农村群众的民生工程，更是打赢脱贫攻坚战的重大工程[16]。寻甸县以解决贫困残疾人安全稳固住房问题为重点，消灭全县农村危房，按照"一户一卡（表）、一户一方案、一户一承诺"的标准，结合实际制定《寻甸县农村住房安全改造实施方案》《寻甸县农村住房安全改造实施细则》，切实加大市县农村危房改造投入力度，全面推进县域存量危房改造工作，确保县域内符合条件的C、D级危房改造全覆盖，住房安全保障不漏一户。

（八）打响贫困村脱贫振兴攻坚战

在脱贫攻坚工作中，寻甸县紧扣脱贫摘帽指标，加快补齐基础设施短板。畅通路网，实施农村公路建设和通村道路硬化、路基改造工程，确保174个村（社区）的道路硬化率达100%。升级电网，研究制定电力扶贫实施方案，实施农网升级改造项目，确保村（社区）通10千伏以上的动力电覆盖率达100%。联通互联网，力争全县174个村（社区）（含134个贫困村）及所在地学校和卫生室光纤网络、广播电视覆盖率达100%。改造水网，实施"五小"（小水窖、小水池、小泵站、小塘坝、小水渠）水利工程建设，确保全县174个村（社区）通自来水或饮水安全有保障，饮水水质符合农村生活饮用水卫生标准。

三　实行战区作战，建立脱贫攻坚"指挥部"

在这场倾尽全力的脱贫攻坚战中，寻甸县始终把党的力量挺在脱贫攻坚最前沿，强化党建引领，建立严密的组织体系，确保各个战役打得响、打得赢。

（一）统一指挥，战区作战

在县级层面，成立由县委书记和县长担任"双组长"的扶贫开发工作领导小组和脱贫攻坚总指挥部，加强对脱贫摘帽工作的全程领导、全面统筹、全域跟踪；成立由县级分管领导分别担任指挥长的12个县脱贫攻坚行业分指挥部，确保县委、县政府班子成员人人肩上有责任、个个身上有任务。在乡级层面，按照有固定机构编制、固定工作人员、固定办公场所、固定工作经费的"四个固定"的要求，将16个乡镇（街道）划分为16个战区，派出所有县级领导担任指挥长、副指挥长，推进战区工作，实行分指挥部和战区指挥部"双线"负责，形成上下联动、条块结合的脱贫攻坚作战指挥体系。在村级层面，统筹"第一书记"、驻村工作队员和各级帮扶干部力量，以"六包六保"为主线，做到全县贫困村和贫困户包保全覆盖。

（二）人人参与，万人会战

寻甸县坚持举全县之力，靠全民参与，广泛进行全民总动员，通过县级领导包乡、部门包村、科级领导包组、一般干部包户，实现贫困乡、村、组、户帮扶全覆盖。组织开展万名干部"包村联户""万人会战"活动，全县47名县级领导、1800名包村科级领导和11627名机关干部利用双休日和节假日进村入户帮扶，896名驻村队员真蹲实驻。全县万名党员干部始终坚持下沉到村到户开展工作，全面开展县级领导率先垂范深入战区指挥、科级干部以身作则深入村组驻村、帮扶干部深入群众真情帮扶的"三深入"专项行动和补强精气神、补齐台账材料、补准数据库、补查问题户、补全安居房、补缺收入账，确保全面完成脱贫攻坚目标任务的"六补一确保"工作。激发群众自我发展的内生动力，破除"等、靠、要"思想，解决群众精神贫困的难题。同时，以开展好扶贫战略思想大学习、干部结对帮扶大走访、扶贫政策大宣传、贫困人口技能大培训等活动为载体，动员全社会掀起聚力脱贫新高潮。

（三）定期研究，整体推进

组织实施脱贫攻坚"四个百日会战"，将县、乡、村脱贫攻坚目标任务进行细化，按月、按周制定下发脱贫攻坚任务清单，挂图作战、对账销号，构建起横向到边、纵向到底的工作落实体系。建立每周召开脱贫攻坚工作例会制度，一方面传达学习中央和省市精准脱贫相关会议、文件精神，另一方面及时研究解决脱贫攻坚工作中遇到的困难和问题，确保全县扶贫工作整体把控、整体推进。对例会部署工作严格执行一周一安排、一周一督查、一周一销号、一周一通报的"四个一"工作机制，及时协调解决遇到的困难和问题。同时，针对脱贫攻坚中的重点环节、重要工作和特殊情况，适时召开全县脱贫攻坚领导小组和总指挥部会议、脱贫攻坚专题会议，及时研究、解决相关问题。

（四）落实责任，实时督查

建立县、乡、村三级党组织书记负总责的脱贫攻坚工作责任制，明确各级书记在精准扶贫"思路谋划、任务部署、资金筹措、进度督办、问题协调、难点解决"等方面的具体任务。研究出台《关于在脱贫攻坚第一线考察识别干部的意见（试行）》，树立正确的用人导向，激发各级干部投身脱贫攻坚的积极性。组成检查组开展脱贫攻坚重点工作专题调研督查，对扶贫工作不务实不扎实、脱贫结果不真实、发现问题不整改等问题严肃依纪问责。部署开展"廉洁脱贫问效年"活动，组织开展扶贫领域专项巡察，加强和规范对财政专项扶贫资金的管理，以"零容忍"的态度，为廉洁脱贫提供保障。

第二节　脱贫攻坚的主要特色

回顾寻甸县这几年来脱贫攻坚的奋斗历程，该县坚持党建引领、精准为先，牢牢把握产业增收、住房安全、基础提升、民生保障、廉洁脱贫等五大关键，在决战决胜脱贫攻坚、全面建设小康社会的征程中迈出了新步伐，跑出了加速度，写下了新篇章。

一　实干、苦干、拼命干，以"咬定青山不放松，撸起袖子加油干"的忘我和担当聚全县之力决战脱贫攻坚

（一）产业为根，紧扣"不愁吃、不愁穿"基本要求，找准路、开对方，勤劳群众持续增收，衣食无忧

一是推进"农业+"，实现"一村一品，一户多产"。2017年，全县以推进农业供给侧结构性改革为主线，以发展高原特色都市现代农业为引领，通过政策拉动、能人带动、服务促动、科技推动、龙头舞动，大力发展烟、薯、菜、畜、禽等特色产业，实现每个贫困村有1~2个主导产业，每户贫困户有1~2个产业增收项目，全县农户持续增收。栽好烤烟，5295户建档立卡贫困户20975人种植烤烟2246.67公顷，户均增收6102元；排好洋芋，16136户贫困户54590人种植马铃薯4157.93公顷，户均增收2266元；种好蔬菜，1566户贫困户4533名贫困人口种植蔬菜479.43公顷，户均增收2687元；插好水稻，5770户贫困户21160名贫困人口种植水稻617.13公顷，户均增收680元；育好肥猪，2017年，生猪出栏65.8万头，带动建档立卡贫困户4688户15693人，户均增收700元；催壮牛羊，2017年，肉牛出栏11.06万头，带动建档立卡贫困户2797户9179人，肉羊出栏19.9万头，带动建档立卡贫困户427户1493人，户均增收700元以上；养好土鸡，家禽出栏227万羽，带动建档立卡贫困户1807户5970人，户均增收700元；厚植特色，积极推广中草药、工业辣椒、香瓜、食用菌等特色种植和稻田养鱼等新型养殖，带动建档立卡贫困户 722 户 2407 人，平均每户贫困户增收近 1500 元。

二是推进"龙头＋"，实现"龙头带动减贫，政府撬动致富"。2017 年，寻甸县抓好规划龙头，制定了全县产业扶贫的总体规划，特色产业专项规划和到乡、到村、到户产业扶贫方案和具体措施，以规划引领产业发展，促进脱贫攻坚。抓好项目龙头，实施粮食作物高产创建项目、中央生猪调出大县项目、中央草原牧业示范项目和粮改饲试点项目，不断地改善农业生产条件，提高农业综合生产能力。抓好企业龙头，全县遴选农业企业（合作社、大户）187 家，因地制宜，采取"党支部＋企业（合作社）＋基地＋建档立卡贫困户""党支部＋能人大户＋建档立卡贫困户"等方式，通过土地流转、资金入股、合作经营、就地务工等生产经营模式，与贫困户建立合理、紧密、稳定的利益联结机制，实现资源变资产，资金变股金，农民变股民、变工人。抓好基地龙头，积极培育和壮大农业生产基地，充分发挥基地辐射作用，推动优势产业向优势区域集中，使重点产业上规模、上档次、上水平。抓好科技龙头，以科技为指导，依靠科技进步，依托云南农业大学科研基地、省种羊繁育推广中心和园区科技示范园，发挥种薯、种苗、种树、种子、种羊、种牛等种业优势，大力发展优质烟薯、特色渔牧、新兴花药等产业，促进农业生产向产业化、规模化、商品化和现代化转变。抓好园区龙头，以寻甸农特产品深加工园区为载体，着力引进和建设"农垦""天使""晟农"等农特产品深加工项目，推进第一、二、三产业融合发展。抓好宣传龙头，广泛宣传产业扶贫、群众脱贫增收的先进做法和发展经验，让帮带企业、贫困户现身说法，引导群众转变生产观念，改善生产方式，加快推进高原特色现代农业发展。

三是推进"就业＋"，实现"一人外出务工，全家不再受穷"。寻甸县广泛拓展群众增收渠道，对全县 23.4 万适龄劳动力的情况进行精准摸底调查、分类实施扶持。对有劳动力但缺乏技能的贫困户进行免费技能创业培训，对有劳动力但没有就业渠道的贫困户加强组织协调促进就业，对有劳力、缺技能、外出务工难的"零务工"家庭，开辟公益性岗位实现就近就业，实现对有劳务意愿的贫困户就业全覆盖。全面实施就业行动计划，与北京朝阳区、昆明主城区实行双向对接机制，在主城区设立 3 个劳务工作服务站，出台稳岗补贴办法，对由组织转移到县外城区稳定务工 6 个月的劳动力，每人每月发放 300 元稳岗补助，确保输得出、留得住、能致富。2017 年，寻甸县举办了 142 个技能培训班，培训农村劳动力 20000 余人次，开展了 39 场供需见面会，批量组织输出 23 次，实现农村劳动力转移就业 32028 人，其中建档立卡贫困户 7210 人；农村劳动力转移收入 8.32 亿元，其中建档立卡贫困劳动力转移收入 6004 万元。

四是推进"补助＋"，实现"有扶有补，有保有包"。寻甸是农业大县，农业人口众多，各级各类惠农扶持政策、补助资金为全县农业发展和群众增收提供了稳妥的基础保障。产业扶持全覆盖。2017 年，寻甸县投入农业产业扶持资金 1.94 亿元，为每户贫困户提供 7000 元产业扶持资金，给予每个带动贫困户发展的龙头企业 3 万元至 5 万元奖励资金。通过企业带动、合作经营等方式，每户贫困户至少年增收 700 元。致富能手广帮带。寻甸县首创并推广农村致富带头人帮扶协会，先后成立农村致富带头人帮扶协会 173 个，吸纳会员暨致富带头人 3947 人，带动 11072 户贫困户开展合作经营，贫困户累计经营收入 775.04 万元；流转 832 户贫困户土地 266.67 公顷，带动贫困户就业 11380 人，促进农户增收 500 余万元。金融扶贫助创业。对有贷款发展产业意愿、符合贷款条件的建档立卡贫困户进行精准识别、精准放贷。2017 年，寻甸县按每户不超过 5 万元的标准向 2303 户贫困户发放小额贷款 1.12 亿元，帮助 8776 名贫困人员创业创收，确保金融扶贫"贷得到、用得好、还得上、能脱贫、逐步富"。生态补偿促增收。寻甸县有清水海、牛栏江、黑颈鹤自然保护区等三个生态保护区，该县始终牢固树立"绿水青山就是金山银山"的发展理念，实现"一江一海一区"生态补偿全覆盖。2017 年，寻甸县直接兑付生态补偿资金 1.61 亿元，其中补偿建档立卡贫困户 2587 万元。同时在贫困人口中选聘 500 名生态护林员，年人均增收 1 万元；选聘 202 名常设护林员，年人均增收 8000 元。收益保险控风险。大牲畜养殖，风险最大的就是疾病和价格。该县通过认真研究分析，主动作为，投入 180 万元为养殖户购买了大牲畜价格收益指数保险，以市场保底价对生猪、肉牛、肉羊养殖收益（收入）进行保险，兜住价格底线，降低产业扶持资金及养殖户风险，确保稳定增收可持续。兜底保障守底线。按照"应扶尽扶、应保尽保"的原则，将有劳动能力的低保家庭，全部通过扶贫措施实现脱贫。对建档立卡贫困户中享受农村低保补贴的 1710 人发放最低生活保障金 564.4 万元；对特困供养对象 183 人发放特困供养金 131.76 万元；临时救助 6695 人，发放救助资金 646.06 万元。确保绝对兜底，不漏一户、不漏一人。

（二）安居为要，围绕"农村危房全改造"奋斗目标，建新房、修老屋，家家户户窗明几净、焕然一新

一是精准实施易地搬迁，全面消除"一方水土养不活一方人"的隐患。严格按照"六类地区"标准，优先搬迁地质灾害多发、频发，居住深山区、生存条件恶劣等"一方水土养不活一方人"、不具备基本发展条件的贫困群众，精准锁定搬迁对象。以"搬得出、稳得住、能致富"为目标，组建易地扶贫搬迁分指挥部，因地制宜，精准制定搬迁方案，做到村庄规划与周边环境相映衬，与当地文化相融合，与产业发展、公共服务相衔接，充分体现村庄特色。坚持"往好处搬"的原则，严格开展评估论证，做到"搬迁一个点、脱贫一个村、带动一批人"，科学确定安置点选址。结合群众意愿兼顾民族特色，坚守建设面积"底线"，设计多种户型选择，相对统一建筑风格，充分体现地域

特色和民族风貌。同时，科学编制产业发展规划，明确"时间表"、制定"路线图"、拓宽"致富路"，为搬迁对象量身定制产业扶持措施，着眼长远保障增收。2017年，寻甸县共实施并完成23个易地搬迁点976户3669人、13个宜居农房集中安置点1039户，所有搬迁群众喜上眉梢、乔迁新居。

二是科学建设安居住房，全面清零符合改造条件的农村危房。2017年，寻甸县以清零符合改造条件的50582户农村危房为目标，精准聚焦建档立卡贫困户、低保户、农村分散供养特困人员、贫困残疾人家庭等"四类重点对象"，全面覆盖其他符合条件但无改造能力的危房住户，开展"消灭危旧土房、建设美丽乡村"的攻坚行动。结合实际制定《农村住房改造工程工作操作流程》，通过公开招投标的方式，选择有鉴定资质的中介机构逐村逐户开展危房鉴定工作，出具权威鉴定结果。对符合改造条件的农户，针对性编制改造方案，做到"一户一卡（表）、一户一方案、一户一承诺"。用好用足上级补助政策，依法依规整合各类资金，优先用于经济上最困难、住房上最危险的贫困农户，兼顾覆盖改造愿望强烈、工作积极主动的危房住户，兜底统建无地可置、无钱可筹的低收入群众，构建"各炒一盘菜、共办一桌席"的农村危房改造工作格局。针对群众"想省钱以传统方式建房"和"想争面子扩大建房面积"的问题，该县在媒体宣传的基础上，充分利用帮扶干部和第三方鉴定机构的力量，引导和改变群众建房观念，大力推广造价低、工期短、安全可靠的农村危房加固技术，鼓励采用修缮加固改造，严格控制新建比例，减少盲目攀比行为，切实减轻贫困群众的建房负担。积极鼓励农户将更多的资金用来发展产业、增收致富，真正做到"建房为安居、安居好创业"。2017年，全县对"四类重点对象"农户农房拆除重建每户补助5.1万元，对非"四类重点对象"补助4万元；对修缮加固户均补助2.1万元。真正实现"建房为安居、安居好创业"的农村安全住房改造目标。

三是整体打造美丽乡村，全面改变脏乱差和破残污的现状。该县坚持整村提升与脱贫攻坚紧密结合，以农村"七改三清"为抓手，借助"七改"补齐农村基础设施短板，聚力"三清"优化农村环境。采取统规统建、统规自建等方式，结合民族特色、自然条件和历史风貌，实行"一村一规划、一村一方案"，对120个深度贫困自然村配套实施通水、通电、道路硬化、集中排污以及修建垃圾焚烧炉或垃圾房、改造外观风貌等基础设施建设，改变脏乱差的环境和破墙残壁的原貌，实现人畜分离、村庄整洁、干净卫生。引导群众树立自筹自建为主、扶持为辅的观念，共建美好家园，提高群众认可度。同时，在工程项目建设过程中，同步推进拆旧及环境整治工作，聘用低收入贫困户为乡村保洁员，全面提升村容村貌，实现"群众增收"和"家园美丽"双促进。

（三）教育为先，聚焦"阻断贫困代际传递"历史使命，改薄项、提质量，适龄学生一个不少，专心求学

一是出台一批好政策加强控辍保学。寻甸县共有在校学生85261人，其中处于义务教育阶段的学生有56576人。2017年，寻甸县紧紧围绕"提高入学率，降低辍学率"的要求，不断强化"义务教育阶段零辍学"的底线意识。制度保障上，寻甸县制定了《寻甸回族彝族自治县发展教育脱贫一批工作实施细则》《寻甸县义务教育精准控辍保学工作方案》，从依法控辍、精准控辍等方面制定具体措施。责任落实上，寻甸县按照"精准识别、动态管理"的原则，摸清底数、瞄准对象，采取签订责任状、划片、驻点、联校、包生等方式，落实控辍保学"双线十人制"、承包责任制、动态归零督导制和"一票否决"制等，层层落实责任，把控辍保学目标任务纳入对村委考核的内容。工作方法上，寻甸县动员全县所有学校全面开展走访劝学活动，根据辍学原因，按照"一校一策、一生一案、一生一责任人"的方式解决问题，按时间节点扎实推进，实行动态销号，确保辍学学生及时返学和使控辍保学工作形成长效机制。目前，县内义务教育阶段的学生无一辍学。

二是实施一批重大工程改善办学条件。全县共有各级各类学校293所，其中义务教育阶段的学校有175所。寻甸县始终把义务教育基本均衡发展作为全县脱贫摘帽的前置条件，坚持问题导向、挂图作战、倒逼销号、强力推进。落实公共财政预算教育拨款增长、在校学生人均公共财政预算教育事业费支出和公用经费支出增长的财政对教育投入的"三个增长"。整合资金实施标准化校安工程，建设中小学安防监控系统和校园广播系统，扩建校园面积等，实现教育"全面改薄"，办学条件大幅改善。2017年，寻甸县财政部门又专项安排7673万元用于义务教育均衡发展专项支出，12月，该县义务教育基本均衡发展以接近满分的成绩顺利通过了国家督导评估。同时，寻甸县切实落实乡村教师补助政策，由市、县两级共同出资，按乡村学校的生活条件和边远艰苦程度，对在校教师给予500～1900元不等的乡村教育补助，并对少数民族教师、双语教师分别提高20%、30%的补助标准，推进教育教学质量全面发展。

三是落实一批惠民措施强化资助救助。落实政策补助，完善学生资助服务体系，认真落实寄宿生生活补助、营养改善计划、"两免一补"等教育扶贫政策。2014～2017年寻甸县累计资助学生56.76万人次，补助资金达3.91亿元，其中2017年资助学生16.3万人次，发放补助资金1.377亿元。争取社会资助，积极争取以泛海集团、昆明市城市投资集团为主的社会资助。全县广大干部职工开展"爱心助学"捐款活动，2017年共争取资助资金3727.57万元，资助学生19250人次，确保学生不因贫失学、因贫辍学。建立公益基金，通过北京市朝阳区的牵线搭桥，由泛海公益基金会出资5000万元，在

寻甸建立"泛海公益助学基金"。自 2016 年至 2020 年连续 5 年，基金会对寻甸建档立卡户、优抚家庭、城市低保户家庭、因灾因病致贫家庭当年考入大学和在校大学生 2000 名，每人每年资助 5000 元，确保建档立卡贫困户学生不因贫辍学、初中和高中毕业后不因贫困影响继续接受相应阶段教育。

（四）健康为本，对标"没有全民健康就没有全面小康"基本保障，聚齐力、施好策，使"健康扶贫30条"全面覆盖，人人受益

一是构筑"五重保障"，让贫困群众"看得起病"。基本医疗保险保障。建档立卡贫困人口在乡镇卫生院住院实施零起付线，按照分级诊疗、转诊转院的规范在定点医疗机构住院，合规医疗费用在一级、二级、三级联网结算医疗机构的报销比例分别达到95%、85% 和 80%。大病保险保障。建档立卡贫困人口大病报销起付线由原来的 2 万元降低为 1 万元，最高支付限额由原来的 9.8 万元提高到 18.3 万元。民政医疗救助保障。取消建档立卡贫困人口民政医疗救助起付线，年度累计救助封顶线不低于 10 万元。政府兜底保障。建档立卡贫困人口接受基本医疗保险、大病保险、民政医疗救助后，自付部分仍然较高的，由政府进行兜底保障，确保住院医疗费用个人自付比例不超过 10%，门诊费用个人自付比例不超过 20%，年度个人自付累计费用不超过当地居民人均可支配收入。临时医疗救助保障。对建档立卡贫困人口和农村低收入人口，就医费用经各种保险报销和救助措施后，个人年度累计自付部分还有可能造成"因病致贫、因病返贫"的，通过申请审核再给予每人每年不超过 2 万元的临时医疗救助。2017 年，建档立卡贫困人口健康扶贫医疗救助达 155257 人次，医疗总费用 9257.68 万元，医保报销 6986 万元，民政救助 501.2 万元，政府兜底 891.9 万元，临时救助 61.3 万元，享受健康扶贫政策后个人实际支付 817.28 万元，仅占总费用的 7.98%。

二是落实"五项服务"，让贫困群众"方便看病"。全员免费参保服务。建档立卡贫困人口全员参加城乡居民基本医疗保险和大病医疗保险，个人缴费部分由政府全部兜底。2017 年，财政补助 2303.2 万元，为全县 127960 名建档立卡贫困人口购买城乡居民基本医疗保险和大病医疗保险，确保建档立卡贫困人口全部享受城乡基本医疗保险和大病保险等相关待遇。"先诊疗、后付费"及"一站式"结算服务。建档立卡贫困人口在"健康扶贫定点医院"（县第一人民医院、县中医医院和 16 家乡镇卫生院）看病就医实行"先诊疗、后付费"服务，无须缴纳住院押金，直接治疗。"健康扶贫定点医院"均开设"建档立卡贫困人口服务窗口"，实行"一站式"结算服务。医院对各类报销补偿资金统一进行垫付，建档立卡贫困患者只需缴清个人自付费用即可。大病集中救治服务。建档立卡贫困人口患 9 类 20 种大病的，优先安排集中救治。2017 年，全县罹患此类大病的建档立卡贫困人口 1100 人，均由县第一人民医院联合省、市级医院，按照

"病人不动专家动"的原则,实现 100% 救治,做到"一人一档一方案"。家庭医生签约服务。建档立卡贫困人口享受家庭医生签约服务,由家庭医生团队提供基本医疗、公共卫生和约定的健康管理服务。2017 年,全县组建家庭医生团队 179 个,签约建档立卡贫困户 127960 人,随访服务 511828 人次。巡回医疗帮扶服务。由市、县级医院派出专家,与乡、村医生组成医疗帮扶小分队,定期对建档立卡贫困人口进行义诊、健康指导等巡回医疗帮扶服务。2017 年,该小分队累计巡回接诊贫困患者 26192 人次,免费发放的药品价值 15.5 万元。

三是实现"四个提升",让贫困群众"看得好病"。提升基础设施建设。该县投入 470 万元推进村卫生室标准化建设,实现 174 个村(社区)卫生室全部达标并投入使用;投入 3000 万元对 4 个乡镇卫生院进行业务用房扩建,增加面积 7500 平方米,实现 16 个乡镇(街道)卫生院全部达标,并均建有中医馆(或中医科);县第一人民医院和县中医医院均达到二级甲等医院标准。提升乡村医生执医能力。通过招录新增乡村医生 53 人,全县乡村医生共计 524 人,达到"每千服务人口不少于 1 名乡村医生"的标准,并组织乡村医生 468 人到昆明学院进行能力提升培训。提升医疗设备水平。全县投入 348 万元为 174 个村(社区)卫生室配备健康一体机、诊疗器械等医疗设备,极大地改善了基层医疗卫生硬件设施,有效提升了村卫生室的服务水平。提升县、乡两级医疗服务水平。通过医院结对帮扶,昆明市 16 家城市医院与寻甸 2 家公立医院、16 家乡镇(街道)卫生院建立了长期稳定的对口支援和协作关系。上级医院派出医疗技术指导人员 1059 人次,培训基层人员 1821 人次,捐赠现金及医疗设备合计 475.4 万元,有效提升了县、乡两级医疗机构的业务能力和硬件水平。

(五)基础为重,建强"基础设施配套"弱项短板,修好路、接通水,村村寨寨五网交织、旧貌换新颜

一是畅通路网。推进武倘寻、寻沾、功东高速建设,建成寻甸北收费站并投入使用。提升改造国道、完善县乡道路、硬化农村公路,使全县 174 个村(社区)的道路硬化率达 100%,自然村道路硬化率达 80%、通达率达 100%。通村道路危险路段均有防护措施。

二是升级电网。制定电力扶贫方案,实施农村电网升级改造项目 33 项,行政村通 10 千伏以上的动力电覆盖率达 100%,全部自然村均通 380 伏动力电且具备新增用户接入能力。

三是联通互联网。全县 174 个村(社区)及所在地学校和卫生室光纤网络实现全覆盖。全县广播电视用户达 124878 户,行政村及所辖自然村的广播电视覆盖率达 100%。

四是改造水网。全面完成 108 个村(社区)425 个村(居)民小组 18.513 万人的饮水安全巩固提升工程,实现农村饮水安全全覆盖。对照水利部、国家卫生健康委员会对人饮安全提出的水质、水量、方便程度、供水保障率等四方面标准，完成覆盖全县的1224个水源点的水质检测工作，使饮水安全有保障工作全面达标。

五是打造服务网。完成121个行政村村级活动场所、503个村民小组活动场所建设。推动111项便民服务事项进入综合服务平台办理。结合农村党员冬春训，分片对贫困村村组干部进行集中轮训，提高村级便民服务水平和增强经济发展能力。2017年，实现了包括134个省级贫困村在内的所有村（社区）集体经济全覆盖。

二 会干、能干、创新干，以"用心、用情、用脑、用智慧"的全心和投入，汇全民之智打造寻甸示范

（一）坚持党的领导、强化组织保证，落实脱贫攻坚一把手负责制，县、乡、村三级书记一起抓，为脱贫攻坚提供坚强的政治保证

一是高位统筹、系统指挥，坚持政治引领上下"一条心"。县级组建总指挥部，由县委书记、县长担任指挥长；分行业和乡镇（街道），成立12个分指挥部和16个战区指挥部，由县处级领导担任指挥长或副指挥长。总指挥部统揽全局，分指挥部和战区指挥部"双线"负责，形成上下联动、条块结合的"1+12+16"指挥体系，深入贯彻落实中央、省、市的部署和政策要求。同时，建立工作同安排、同部署、同落实，数据统一、标准统一、步骤统一，领导力量融合、帮扶力量融合、督查力量融合的"三同、三统一、三融合"工作机制，确保"全县一盘棋，不落一个人"。

二是党建先行、提振精神，先锋示范引领干群"一家人"。坚持党建扶贫"双推进"，建立健全"书记抓、抓书记"的责任机制，调整撤换不合格的村党组织负责人9人，择优选派村（社区）党组织第一书记173名。实施农村党员带头致富、带领群众致富的"双带"工程，教育、带动并帮扶贫困户通过勤劳增收，实现脱贫目标。全面加强村级活动场所建设，提高村（社区）工作经费和村组长待遇。全面开展县级领导率先垂范深入战区指挥、科级干部以身作则深入村组驻村、帮扶干部深入群众真情帮扶的"三深入"专项行动和补强精气神、补齐台账材料、补准数据库、补查问题户、补全安居房、补缺收入账，确保全面完成脱贫攻坚目标任务的"六补一确保"工作。党员亮身份、干部转作风，标配党徽、团徽和寻甸精准扶贫小红帽，始终坚持下沉到村到户在一线拼搏，以政治之心、责任之心、务实之心、担当之心、创业之心、创新之心、为民之心、奉献之心、服从之心、廉洁之心等"十心"努力工作，争做"懂政治""懂纪律""懂业务""懂规矩""懂法治"的"五懂干部"，以"钉钉子"的精神，推进脱贫攻坚工作，传递正能量。

三是广泛宣传、个个出力，强化队伍建设全员"一股劲"。高速公路、干道沿线、

乡镇村组刷有标语、绘有墙画。《汇编应知应会手册》、《脱贫攻坚100问》、"口袋书"等资料，做到人手一册。实施培训轮训，县、乡、村（社区）、组干部培训"全覆盖"，政策"一口清"。创刊《寻甸驻村扶贫》，举办脱贫攻坚摄影大赛、图书汇编、文艺巡演、歌曲征集等，在中央、省、市级媒体推出"寻甸脱贫攻坚"系列报道。2017年以来，全县47名县级领导、1800名包村科级干部、11627名机关党员干部放弃双休和节假日进村入户帮扶，896名驻村队员真蹲实驻，179所学校20000余名师生利用假期入户配合开展扶贫相关工作。同时，积极争取中央、省、市、县帮扶单位支持扶贫项目831个，形成脱贫攻坚的强大力量。

（二）坚持精准方略、提高脱贫实效，切实解决好扶持谁、谁来扶、怎么扶、如何退的问题，确保扶贫扶到点上、润到根上

一是"严"字当前，精准管理。把精准识别作为精准扶贫的"第一粒扣子"扣好，严格按照"五查五看""三评四定""两公示、一公告、一比对"的程序，采用统一识别标准、规范运行程序、民主推荐评定、公告公示监督等办法，精准锁定贫困对象。全面实行贫困对象实名制管理，认真分类建档、规范大数据平台，做到贫困对象底数清、问题清、对策清、任务清、责任清。开展动态管理，认真组织开展"回头看"和"走基层、深调研、找问题、补短板、促攻坚"等专项行动，做到"不漏评一人、不错评一户"。

二是"实"字当先，精准施策。围绕"减贫增收"这一核心，坚持因户、因人、因致贫原因施策，编制精准脱贫攻坚项目库，因地制宜实施基础设施、产业发展、社会事业、生态保护等民生工程，狠抓农村土地整治、危房改造、易地搬迁、地质灾害整村搬迁避让及工程治理、道路硬化、农田水利等项目建设，明确受益对象、实施内容、投资规模、进度安排、责任分解，切实提高项目精准度。制定财政专项扶贫资金整合、管理、使用实施方案和细则，完善以结果为导向的资金分配机制，集中解决脱贫攻坚中存在的突出问题、强化薄弱环节。

三是"准"字当头，精准退出。做到一户一本台账、一户一个计划、一户一套帮扶措施，明确工作进度和责任主体，确保产业发展扶持到村到户，生产生活条件改善到村到户，致富能力提升到村到户。16个乡镇（街道）由县级领导挂村指挥全覆盖、173个村（社区）驻村工作队全覆盖、包村联户全覆盖，坚持群众不脱贫、干部不脱钩。提升脱贫成效，按照村自查、乡复查、县初验的程序，实行户户评估、村村检验、乡乡考核、层层签字确认。

（三）坚持加大投入、强化资金支持，充分发挥政府投入主体和主导作用，吸引社会资金广泛参与脱贫攻坚

一是对上千方百计争取支持"筹大款"。结合寻甸基础差、财力弱、缺口大等实际

问题，全力争取各级支持，有效汇聚各方财力，全面做好脱贫攻坚资金保障工作。按照市级统计口径，2017年寻甸投入脱贫攻坚资金49.33亿元，其中：中央资金7.29亿元，是2016年的3.78倍；省级资金4.35亿元，是2016年的2.46倍；市级资金23.74亿元，是2016年的3.37倍；县级资金4.99亿元，是2016年的15.38倍；社会帮扶资金2.49亿元，是2016年的2.55倍，融资资金4.26亿元、易地扶贫搬迁资金2.21亿元。通过综合施策，打好"组合拳"，做好"加减法"，为全县脱贫攻坚提供了必要的财力保障。

二是对内调优结构精准投入"办大事"。整合涉农资金，清理盘活存量资金，合理安排增量资金，大力缩减一般性支出，调整优化支出结构，集中有限财力投入脱贫攻坚，实现项目投入精准、资金投入精准，确保"好钢用在刀刃上"。2017年，安排农村安全住房改造资金19.45亿元，农村基础设施建设资金15.87亿元，生态发展资金3.67亿元，社会保障资金2.44亿元，专项扶贫资金2.48亿元，产业发展资金1.94亿元，教育脱贫专项资金1.36亿元，健康救助专项资金0.45亿元，基层组织建设资金0.94亿元，其他资金0.73亿元。寻甸县扎实构建了"多个渠道进水，一个龙头出水"的脱贫资金投入新格局。

三是对外想方设法借力借帆"开大船"。制定《寻甸县平台公司融资资金管理暂行办法》，规范资金运作，加大平台公司的融资工作力度，督促平台公司充分利用资产资源，投入全县脱贫攻坚工作。2017年平台公司扶贫领域到位融资4.26亿元，易地扶贫搬迁资金2.21亿元。该县制定《寻甸县社会帮扶资金管理办法》，参照扶贫资金管理模式强化对帮扶资金的管理，加强统筹、高位推动、提升效益。积极寻求社会帮扶，315家帮扶单位鼎力支持，全年到位社会帮扶资金2.49亿元。

（四）坚持从严要求、促进真抓实干，把全面从严治党要求贯穿脱贫攻坚工作全过程和各环节，确保真实脱贫、廉洁脱贫

一是落实挂图作战。坚持问题导向，实施四个"百日会战"，建立脱贫攻坚周例会制度，按月、按周制定下发脱贫攻坚任务清单，分解责任到人、分解时间到天，构建起横向到边、纵向到底的责任体系。执行一周一安排、一周一督查、一周一销号、一周一通报的"四个一"工作机制，做到"项项有督查、项项有回应、项项有落实"。

二是落实最严考核。把脱贫摘帽作为最大的政治任务，严格落实"挂包帮""转走访"和驻村扶贫工作季度测评和末位召回制度，在全市首创驻村队员微信签到制度。按照"群众不脱贫，干部就脱帽"的要求，实行最严考核标准，逐级压实责任。县委书记、县长向市委、市政府递交责任书，立下军令状，县、乡、村、组逐级签订脱贫攻坚责任书和军令状，挂钩帮扶领导干部与建档立卡贫困户签订脱贫责任承诺书，确保思想认识聚焦、精力投放到位、工作推进有力。

三是落实最严问效。开展"廉洁脱贫问效年"活动,把扶贫领域监督执纪工作纳入党风廉政建设责任制检查考核内容,严格落实扶贫领域监督执纪问责五项工作机制。对扶贫领域腐败和作风问题进行专项治理,组织开展扶贫领域专项巡察和专项纪律检查工作,严肃查处扶贫领域违纪违规问题。自2017年以来,通报扶贫领域违规违纪问题典型案例16批35起89人。

(五)坚持群众主体、激发内生动力,充分调动贫困群众的积极性、主动性、创造性,用人民群众的内生动力支撑脱贫攻坚工作

一是注重扶贫与扶志相结合。坚持物质脱贫与精神脱贫并重,每月常态化在全县16个乡镇(街道)173个村(社区)开展驻村队员和贫困户面对面交流扶贫成效的"三讲三评"活动。通过第一书记和驻村扶贫工作队员讲帮扶情况、建档立卡贫困户讲脱贫情况,干部群众评第一书记和驻村扶贫工作队员的扶贫成效、评建档立卡贫困户的脱贫内生动力,讲出了村庄生活变化、评议了支部先锋作用、激发了群众内生动力。充分调动村党支部、驻村工作队的积极性和主动性,帮扶干部、驻村队员不断地向群众灌输自力更生、艰苦奋斗的精神,引导群众不做局外人、不做旁观者、不做过路客,增强"想要脱贫"的主动性、"参与脱贫"的积极性,从源头上转变"等、靠、要"思想,变"要我脱贫"为"我要脱贫"。

二是注重扶贫与扶智相结合。深入推进学文化、学技能、比就业、比创业、比贡献的"两学三比"活动。增强发展动力,把教育、培训作为斩断穷根、阻断贫困代际传递的有力抓手。实施教育精准扶贫,组织专业技能培训,使脱贫攻坚的过程成为提升贫困群众素质的过程、成为增强贫困群众自我发展能力的过程,帮助贫困群众解决眼前的生产生活困难,实现贫困群众共享改革发展成果,共同致富、同奔小康。常态化组织干部深入群众"拉家常""唠唠嗑",把"打铁还靠自身硬""脱贫关键靠自己"的道理讲清楚,消除"等、靠、要"和"我该得"的思想,纠正"不以贫为耻、反以贫为荣"的错误观念,自立自强兴家业,积极主动参与到脱贫攻坚工作中。通过有针对性地"扶志、扶智、扶心、扶行",贫困群众"胸怀志,充满智,立下心,践于行",明白了幸福美好的生活不会从天而降,脱贫致富终归是要靠自己勤劳的双手来创造,懂得了"帮一时与帮一世""得鱼与得渔"的深刻道理。

三是注重短期和长效相结合。抓细抓准动态管理工作,及时掌握农村居民低保、医保、入学等情况变化,筛选疑似贫困对象,及时识别新致贫、返贫群众,针对性开展帮扶工作,消除群众的"心理不平衡"。在工作中不断优化改进帮扶方式,对有劳动能力的贫困家庭实行"按劳取酬、优先优酬"政策,把帮扶资金转化为产业投入、劳动报酬、公益岗位补贴，坚决杜绝简单给钱给物或无条件送股分红的现象，让贫困群众在参与脱贫攻坚行动中树立信心、在新型就业中增强能力、在产业发展中勤劳致富。通过制定村规民约、深入开展"法律和法庭进村"活动等多种形式，坚决纠正骗取扶持、好逸恶劳、不履行法定义务等行为，引导群众自觉履行法定义务、社会责任、家庭责任，倡导"新事新办、丧事简办、厚养薄葬"，减轻贫困群众的人情礼俗负担。

三　思干、勇干、接着干，以"全面小康路上一个不能少"的恒心和韧劲，集全县之财（才）推进乡村振兴

寻甸贫困面广、贫困程度深，脱贫攻坚难度大，保持脱贫的稳定性和长期性任务更为艰巨。下一步工作中，寻甸县将以产业为基、立志为本、机制为要，解决好收入、精神和保障上的可持续，打造稳定脱贫、可持续脱贫的"寻甸样板"；以"产业兴旺、生态宜居、乡风文明、治理有效、生活富裕"为总要求，全面推进乡村振兴战略，在全面小康的历史答卷上书写"寻甸篇章"。

（一）坚持久久为功，确保脱贫退出"稳得住"

坚决摒弃"为脱贫而脱贫"的思想，坚决不搞预期收入、"数字脱贫"，紧紧围绕"两不愁、三保障"要求和"6、10、5"贫困退出指标体系，在"三率一度"上下功夫，以实实在在的收入、经得起检验的数据指标，确保贫困退出真实可靠、稳定不返。继续实行"领导联乡、部门包村、干部帮户"定点挂钩帮扶工作长效机制，坚持"政策不变、队伍不散、干劲不松、力度不减、人员不撤"。扎实抓好后续巩固提升工作，做到一村一个驻村帮扶工作队、一套后续巩固方案、一批巩固扶持项目，一户一个后续帮扶措施。建立风险防范机制，继续强化动态管理，对返贫户及新增贫困户，逐户逐人精准施策，及时开展帮扶工作，确保稳定脱贫。

（二）保持政策延续，确保社会保障"不减弱"

不断完善财政投入保障机制，加大财政投入，用足、用好扶贫政策和扶贫资金，全力保障和提升困难群众的生活水平。巩固提升义务教育均衡发展成果，做好控辍保学工作，持续落实"雨露计划""春蕾计划""泛海公益金"等惠民帮扶方案，对义务教育阶段以外的贫困户就读高中、职高、大学给予关爱帮扶，积极引导和鼓励社会力量参与特殊学生关爱服务工作，切实阻断贫困代际传递。继续提升基本公共卫生服务水平和医疗救助服务水平，持续落实《云南省健康扶贫30条措施》，巩固城乡居民基本医保、大病保险、商业保险、医疗救助"四道防线"。全面落实寻甸县《"十三五"脱贫攻坚规划实施方案》，健全和完善脱贫攻坚巩固提升项目库，持续改善安全饮水、电力保障、道路交通等基础设施，不断改善农村生产生活条件。

（三）强化志智双扶，确保勤劳致富"自愿干"

充分利用报刊、电视、网络、微信等主流媒体宣传扶贫政策，广泛开展典型宣传、成就宣传、政策宣传，深入开展"自强、诚信、感恩""两学三比""三讲三评"专题实践活动。鼓励典型脱贫户变身扶贫队员，进入扶贫队伍，引导群众自力更生、艰苦奋斗，激发贫困主体的内生动力，引导他们自觉感党恩、听党话、跟党走。继续落实对产业扶贫企业的鼓励政策，动员在外创业人士、致富带头人等本土人才返乡创业，不断壮大"致富带头人协会"，辐射带动低收入群众就近就业、持续增收。按照"菜单式"培训模式，对有产业发展、就业创业意愿的脱贫户进行农业实用技术和就业创业培训，加快劳动力转移就业；对有发展电子商务意愿的脱贫户，开展免费培训、创业孵化、合作对接和就业推荐活动，创造便利的创业条件。加大贫困人口技能培训和转移就业，促进农村人口转移就业增收，真正使农户既富"口袋"又富"脑袋"。

（四）加快产业发展，确保持续增收"有保障"

做好产业总体规划布局和配套设施建设，落实《寻甸县产业扶贫三年滚动规划（2018—2020年）》，按照县有项目库、乡有路线图、村有施工图的总体要求，找准自身优势、深挖县域特色、整合各类资源，积极打造"基础稳定、特色突出、品牌带动"、具有寻甸特色的"369"产业格局。"3"即巩固发展粮食种植、烤烟生产、生猪养殖等三个传统基础产业；"6"即发展壮大蔬菜、花卉、淡水鱼、食用菌、蜜蜂养殖、林下经济等六个特色产业；"9"即积极打造"一头牛""一只羊""一只鸡""一种薯""一篮果""一棵树""一味药""一丘田""一草地"等"九个一"品牌产业。在此基础上，市、县两级每年分别配套2000万元专项扶持资金，重点培育发展"牛、羊、鸡、薯"四个优势农业产业，持续提高农户收入。继续推行"党支部+"模式，即以党支部+龙头企业（合作社、基地、能人）+贫困户，进一步完善龙头企业带动模式，通过托管帮扶、股份帮扶、资产收益等多元模式，构建起贫困户与龙头企业的利益链接机制，激活产业放大效应、促进农户切实受益。实施集体经济强村计划，加大财政资金补助扶持力度，持续培育壮大村集体经济，推广"基层党组织+农村电子商务"模式，鼓励农村基层党组织、党员骨干参与电商创业，形成"党建+电商"新模式，切实提高村集体经济收入，确保到2020年村集体经济收入稳定在5万元以上，增强基层党组织带富、领富堡垒的作用。

（五）改善人居环境，确保群众生活"更幸福"

坚持以人民群众对美好生活的需求为目标，将改善农村人居环境工作作为让人民生活更幸福、更美好的重大政治任务和解决不平衡、不充分发展之间的矛盾的重要措施来抓。持续改造新增危房，建立巩固完善危房改造责任到人、质量安全、低成本改造、动态识别、政策入户、提升水平等六个方面的长效机制，对因灾、因人、因时限造成的农村新增危房，在依据农村危房评定标准科学评定危房等级的基础上，分类组织实施，确保质量安全。同时，注重体现地域特色、民族文化和建筑风貌，真正做到美丽宜居。持续提升生活环境，以农村"七改三清"为重点，进一步完善农村路、水、电和垃圾污水处理等生产生活设施，突出农村在生活垃圾处理、污水治理、卫生改厕和村容村貌等方面的提升，切实搞好村庄公共区域、居民庭院清洁卫生工作，打造干净整洁、错落有致的村容村貌，建设一批宜居、宜业、宜游的美丽宜居乡村。持续推动城乡统筹，建立全新城乡关系，坚持城乡一起规划、统一部署、统筹推进，将创建文明城市活动与健全乡村治理体系有机结合起来，完善文明公约、村规民约，培育乡贤文化，引导广大农民群众讲文明、改陋习、树新风，促进"物的新农村"和"人的新农村"齐头并进、共同发展。

（六）坚持党建引领，确保小康车头"更强劲"

继续选好配强村"两委"班子，强化农村基层党组织和农村干部管理，提高农村基层党组织的凝聚力和战斗力，为持续稳定脱贫、全面建成小康社会奠定坚实基础。加大对基层党支部书记的培训力度，深化党员佩党徽亮身份、党员服务日、"三亮一评"、"三讲三评"、党员志愿服务等活动，引导党员积极发挥先锋模范作用。继续抓好"三会一课"、民主生活会等制度的落实，让党组织活动常态化，切实做到扶贫工作推进到哪里，基层党的建设就开展到哪里，扶贫工作瞄准到哪里，基层党的建设就跟进到哪里，让扶贫工作和党建工作共同推进。

参考文献

［1］习近平．在中央扶贫开发工作会议上的讲话［C］//中共中央党史和文献研究院．十八大以来重要文献选编（下）．北京：中央文献出版社，2018：29－51．

［2］习近平．决胜全面建成小康社会　夺取新时代中国特色社会主义伟大胜利——在中国共产党第十九次全国代表大会上的报告［M］．北京：人民出版社，2017：1－71．

［3］中共中央党史和文献研究院．习近平扶贫论述摘编［M］．北京：中央文献出版社，2018：1－164．

［4］中共云南省委．中共云南省委关于深入贯彻落实习近平总书记考察云南重要讲话精神闯出跨越式发展路子的决定［EB/OL］．（2015－04－03）［2019－07－29］．http：//cpc．people．com．cn/n/2015/0403/c64387－26797076．html．

［5］中共中央，国务院．中共中央国务院关于打赢脱贫攻坚战的决定［M］．北京：人民出

版社，2015：1 - 33.

［6］国务院．"十三五"脱贫攻坚规划［M］．北京：人民出版社，2016：1 - 79.

［7］云南省人民政府．云南省人民政府关于印发云南省脱贫攻坚规划（2016—2020 年）的通知［EB/OL］．（2017 - 08 - 14）［2019 - 07 - 29］．http：//www. yn. gov. cn/zwgk/zcwj/zxwj/201708/t20170814_148142. html.

［8］昆明市人民政府．昆明市扶贫开发规划（2016—2020 年）［EB/OL］．（2017 - 12 - 26）［2019 - 07 - 29］．http：//fpb. km. gov. cn/c/2017 - 12 - 26 /2334221. shtml.

［9］国家发展改革委员会．全国"十三五"易地扶贫搬迁规划［EB/OL］．（2016 - 09 - 20）［2019 - 07 - 29］．http：//www. ndrc. gov. cn/zcfb/zcfbghwb/201610/W020161031 520838587005. pdf.

［10］孙小兰．产业扶贫是脱贫的必由之路［EB/OL］．（2013 - 01 - 16）［2019 - 07 - 29］．http：//politics. people. com. cn/n/2013/0116/c1026 - 20221712. html.

［11］YANG Ren - yi, ZHAN Wen - hui, QIAN Qian, et al. The model of poverty alleviation and income growth by developing plateau - characterized agriculture and its achievements analysis in Yunnan Province—a case study in Midu County, Dali Bai Autonomous Prefecture［J］. Agricultural Science & Technology, 2017, 18（4）：744 - 746，752.

［12］杨子生．大盈江流域土地资源开发保护与精准扶贫方略［C］//刘彦随，杨子生，方斌．中国土地资源科学创新与精准扶贫研究．南京：南京师范大学出版社，2018：19 - 27.

［13］方文，杨勇兵．习近平绿色发展思想探析［J］．社会主义研究，2018，（4）：15 - 23.

［14］侯慧丽．健康扶贫的实践与对策［J］．中国国情国力，2019，（5）：55 - 56.

［15］廉军，徐升．教育扶贫是彻底稳定脱贫的重要推手［EB/OL］．（2016 - 02 - 16）［2019 - 07 - 29］．http：//news. cnr. cn/native/comment/20160216 /t20160216_521391694. shtml.

［16］Zisheng YANG, Renyi YANG, Kaibo TIAN, et al. Reconstruction mode of rural dilapidated houses in alpine and gorge area of southwest China——a case study of scientific identification and precision reconstruction of rural dilapidated houses in Luquan County, Yunnan Province［J］. Asian Agricultural Research, 2019, 11（2）：57 - 64.

第四章
寻甸县贫困退出路径与脱贫摘帽的成功经验

第一节 贫困退出路径

按照省市的安排部署，寻甸县作为申请2017年在全市率先实现脱贫退出的贫困县，全县始终把脱贫攻坚作为首要政治任务、第一民生工程来抓，紧紧围绕"两不愁、三保障"的总体目标要求，在脱贫攻坚的退出路径上紧扣"扶持谁、谁来扶、怎么扶、如何退"的问题，突出"六个精准"，落实"七个一批"，实施战区攻坚，倒排时间、挂图作战，克服困难、汇聚力量，以坚定的决心、必胜的信念，扎实推进脱贫攻坚工作。重点围绕"房、路、水"抓基础设施建设，围绕农户"增收、脱贫、致富"抓产业发展，以"两出、两进、两对接、一提升"为突破口，按照"脱贫摘帽高质量，增收致富可持续"的要求，全面推进贫困农户增收工作。

一 抓住"六个精准"，落实脱贫攻坚"任务书"

全县紧紧聚焦"扶持对象精准、项目安排精准、资金使用精准、措施到户精准、因村派人精准、脱贫成效精准"[1-2]的要求，因人施策、动态管理，全面部署开展脱贫攻坚战，将"精准"的思想贯穿于脱贫攻坚的各环节、各领域和全过程。

（一）研究政策、把握关键，精准识别扶贫对象

严格按照"五查五看""三评四定""两公示、一公告、一比对"程序，采取统一识别标准、规范运行程序、民主推荐评定、公告公示监督等办法，精准识别贫困对象。全面实行贫困对象实名制管理，认真分类建档、规范大数据平台，做到贫困对象底数清、问题清、对策清、责任清。开展动态管理，认真组织开展"回头看"以及"走基层、深调研、找问题、补短板、促攻坚"等专项行动，做到脱贫过程中"不漏评一人、不错评一户"。

（二）吃透政策，用好政策，精准扶贫措施到户

围绕农户"增收、脱贫、致富"抓产业发展，精准识别贫困户，具体到人与因人施

策并重，始终做到一户一本台账、一户一个计划、一户一套帮扶措施。明确工作进度和责任主体，确保产业发展扶持到村到户，生产生活条件改善到村到户，致富能力提升到村到户。

（三）因地制宜，落实帮扶，精准安排扶贫项目

围绕"减贫增收"这一核心，编制精准脱贫攻坚项目库，以"五种入股模式"确保帮扶牢固连接。实施基础设施、产业发展、社会事业、生态保护等民生工程，农村土地整治、危房改造、易地搬迁、地质灾害整村搬迁避让及工程治理、道路硬化、农田水利等项目建设向贫困村贫困户倾斜。明确受益对象、实施内容、投资规模、进度安排、责任分解，切实提高项目的精准度。

（四）管好用好，强化监督，精准使用扶贫资金

结合实际制定的财政专项扶贫资金整合、管理、使用、报账等实施细则（方案），积极整合、规范精准使用各级财政资金、对口援助资金、信贷资金、社会资金，建立财政专项扶贫资金入股经营的模式，完善以结果为导向的资金分配机制。行业部门围绕80%以上的资金投向贫困地区和贫困人口的政策要求，整合各级财政涉农项目资金集中用于解决脱贫攻坚工作中存在的突出问题、补齐短板。

（五）包村联户，责任到人，精准派人扶贫到村

以县脱贫攻坚指挥部为总领，按照"分片包村、包保到户"的原则，以"六包六保"为工作主线，严格落实包保责任制，实现全县贫困村和贫困户包保全覆盖。实现16个乡镇（街道）县级领导挂乡指挥全覆盖，173个村（社区）驻村工作队全覆盖，包村联户全覆盖，坚定群众不脱贫、干部不脱钩的决心。

（六）持续发力，后续提升，精准巩固脱贫成效

以坚决打赢脱贫攻坚战为目标，实行户户评估、村村检验、乡乡考核，层层签字进行确认。聘请第三方机构对全县农户进行全方位预评估，帮助查找问题，对疑似问题户逐一整改销号，坚决杜绝数字脱贫、假脱贫。以持续发力、后续提升为手段，不断巩固脱贫成效。

二　实施"七个一批"，打好脱贫攻坚"组合拳"

全县深入学习贯彻省市全面打赢脱贫攻坚战的部署安排，始终坚持以脱贫攻坚统揽经济社会发展全局。在脱贫退出的过程中，统筹谋划，落实"七个一批"（发展生产脱贫一批、务工增收脱贫一批、易地搬迁脱贫一批、生态补偿脱贫一批、发展教育脱贫一批、健康救助脱贫一批、社会保障兜底一批）[3]脱贫措施，精准到村、到户、到人开展工作。

（一）创新思路，发展产业脱贫一批

全县坚持把产业发展作为脱贫攻坚的根本举措和驱动力，多措并举促进贫困户增收。

一是以规划编制为先导，科学引领产业发展。制定全县产业扶贫总体规划，明确各乡镇（街道）、贫困村、贫困户的产业扶贫方案和具体措施。通过政策拉动、能人带动、服务促动、科技推动、龙头舞动，大力发展畜、薯、烟、蔬、药、果、渔等"七大特色"产业，实现"一村一品、户户有特色"的目标，形成每个贫困村有 1～2 个主导产业，每户贫困户有 1～2 个产业增收项目。

二是以县域联动为互补，统筹三产融合发展。按照"四区一城"发展思路，明确"一带一廊一圈一格局"产业发展布局，将贫困群众纳入产业布局中，以产业联动贫困户发展，推动第一、二、三产业融合发展，助推贫困群众脱贫致富。

三是以"党组织＋"为模式，协调推进脱贫事业。通过制定产业扶持实施办法，依托"党支部＋企业（合作社、大户）＋建档立卡贫困户"综合引领模式，在全县范围内遴选 187 个企业（合作社）。通过土地流转、农户参股、合作经营等方式，实现"一村一品、户户有特色"，使产业帮扶的模式覆盖所有建档立卡贫困户。同时，发展壮大农村致富带头人帮扶协会，共成立帮扶协会 178 家，实现建档立卡贫困村全覆盖。

四是以"政策＋农村电商"为结合点，共促产业驱动发展。以创建国家级电子商务进农村示范县为抓手，加快农产品流通网络体系建设，打造以寻甸牛干巴为代表的"绿色寻甸"农产品品牌。以组织农产品进北京朝阳区、华东理工大学、昆明市级行政中心等活动为契机，建设"幸福寻甸"电商平台，建成县级电子商务运营中心 1 个、乡镇（街道）电子商务服务站 13 个、村（社区）级电子商务服务点 155 个，实现农特产品企业线上线下交易。

五是以产业保险为兜底，构建脱贫攻坚新策略。在全县实施畜牧产业科技扶贫保障体系建设，增强畜牧产业扶贫和高原特色畜牧业持续发展的能力。投入 179.456 万元保费，针对产业带动大户，建立生猪、肉牛、肉羊的养殖收益（收入）保险试点，以市场保底价进行保险，兜住价格底线、降低产业扶持资金及养殖户风险。

（二）多措并举，务工增收脱贫一批

全县围绕实际情况，大力开展城乡劳动力培训活动，实施劳动力"走出去"战略，开展双向对接行动。

一是摸底调查，一人一策。对全县劳动力情况进行摸底调查，针对不同劳动力的情况进行分类扶持、分类施策。比如：对有劳动力但没有就业渠道的贫困户加强组织协调促进就业；对有劳动力、缺技能、外出务工难的"零务工"家庭，开辟公益性岗位实现

就近就业；对有劳动力但缺乏技能的贫困户提供免费技能创业培训；对有劳动力，但因赡养老人、子女就学等原因不能外出务工的，通过土地流转、合作经营等方式，实现就地就近务工。

二是点面结合，强化培训。全县大力开展城乡劳动力引导性培训、技能培训、创业培训、转移培训等活动，实现农村劳动力转移培训 79303 人（其中包括建档立卡贫困人口 9300 人），有效地解决了农村剩余劳动力的问题。

三是双向对接，协同联动。通过与北京朝阳区、昆明市主城区实行双向对接机制，积极主动加强"劳动力外出转移"行动。在主城区设立 3 个劳务工作服务站，出台稳岗补贴实施办法，确保有就业意愿的建档立卡贫困人口"输得出、留得住"。全县农村劳动力转移就业 68737 人，其中建档立卡贫困户 11666 人，实现农村劳动力转移收入 83163 万元，实现建档立卡贫困农村劳动力转移收入 6004 万元。寻甸县向昆明市主城区转移输出农村劳动力 3103 人，其中建档立卡贫困劳动力 2682 人，完成目标任务 2800 人的 110.82%。

（三）标本兼治，易地搬迁脱贫一批

全县紧紧瞄准 6 类区域贫困对象，坚持"政府引导、群众自愿、政策支持、讲求实效"的原则，围绕"搬得出、稳得住、能致富"的目标，实施 23 个易地扶贫搬迁项目建设。

一是立足实际，精准规划。在制定规划方案方面，坚持因地制宜、先规划后建设。广泛征求群众意见，做到村庄规划与周边环境、文化相映衬，与产业发展、公共服务相衔接，不贪大求洋，体现村庄特色。在安置点的选址方面，始终坚持"往好处搬"，组织相关部门科学评估和论证，避开无发展后劲、有地质灾害隐患、基础条件差、就医就学不方便等地，做到"搬迁一个点、脱贫一个村、带动一批人"。在精准锁定搬迁对象方面，严格按照"六类地区"的标准，优先搬迁地质灾害多发、频发，居住深山区、生存条件恶劣等不具备基本发展条件的贫困群众。

二是统筹施策，全面推进。强化资金保障机制，组建县级平台公司聚源公司。作为易地扶贫搬迁项目融资贷款的主体，积极争取落实易地扶贫搬迁贷款资金，共向中国农业发展银行申请贷款 1.5 亿元，确保搬迁有资金保障。按照"渠道不乱、用途不变、各记其功、形成合力"的原则，全方位、多渠道有效整合相关部门资金和社会帮扶资金，稳步推进易地搬迁项目建设。

三是着眼长远，保障增收。加大劳务输出力度，县政府同多户企业签订就业合同，优先保证搬迁贫困户就业。全县 23 个搬迁点因地制宜、科学编制产业发展规划，明确"时间表"、制定"路线图"、拓宽"致富路"，为搬迁对象量身定制产业扶持措施。

四是对标补短，精准施策。严控住房面积。全县通过直系亲属共建、县级平台公司产权共享、直系亲属＋县级平台公司＋农户按照出资份额进行产权共享等三种方式进行整改。严格执行建新拆旧，23 个易地扶贫搬迁点均已签订建新拆旧协议，对已搬迁入住的农户严格落实拆除旧房工作。通过易地扶贫搬迁工程的实施，安置点基础设施不断得到完善，群众生活质量显著提高，致富能力明显增强，生态环境得到良性发展。

（四）分类施策，社会兜底脱贫一批

一是提高低保标准，加大保障力度。按《昆明市 2017 年城乡低保标准和特困人员供养标准》的要求，自 2017 年 1 月起全县农村低保最高保障标准提高到每人每月 295 元，集中供养特困对象生活补助标准提高到每人每月 720 元，分散供养特困人员补助标准由 2016 年的每人每月 475 元提高到 600 元。

二是规范低保程序，精准认定对象。充分运用核对机制对全县保障对象的经济状况进行全面复查，确保新申请社会救助对象的经济状况核对率达 100%，乡镇（街道）的入户率达 100%，县民政局抽查率达 30%，发现不符合保障条件的及时给予退出公告。

三是推进分类施保，实现动态管理。对全县所有低保对象进行逐一入户核查，对已脱贫的家庭人均收入高于当地最低生活保障标准的低保对象及时给予退出公告，对家庭人均收入低于当年当地最低生活保障标准的未脱贫对象及时纳入保障范围。严格按照要求精准分类，把符合建档立卡条件的农村低保对象纳入建档立卡范围。

四是加大救助力度，解决就医困难。按照人均 150 元的标准全额资助 40270 名低保对象、供养特困对象缴纳居民医疗保险个人参保费。建档立卡贫困人口应参加城乡居民基本医疗保险和大病医疗保险 127960 人，已按要求全部完成系统标识核定工作，享受城乡基本医疗保险。同时对特困人员、低保对象住院报销实施"零起付线"救助。重大疾病病种救助增加到 22 种，救助报销比例提高到 75%，救助金额封顶线提高到 10 万元。

五是关注特困人员，完善临时救助制度。坚持"托底线、可持续"的发展目标，加大临时救助力度。建立处理"救急难"问题的"绿色通道"，各乡镇（街道）开通临时救助和救助急难网上审批，缩短审批时限。对无劳动能力、无生活来源、无法定赡养抚养扶养义务人或者其他法定义务人无履行义务能力条件的老年人、残疾人以及未满 16 周岁的未成年人，及时纳入特困人员救助供养范围。

（五）合力助推，生态补偿脱贫一批

按照习近平总书记论述的"绿水青山就是金山银山"的可持续发展理念，全县从生态补偿、生态管护、生态产业、生态建设四个方面精准发力，实施生态补偿脱贫一批的

具体工作。

一是扩大生态效益，让贫困群众共建共享。全县通过实施生态工程建设、落实生态补偿政策、加快生态保护管理，让贫困群众从公益林生态效益政策补偿中获得收入。全县公益林面积 14.48 万公顷，2017 年共兑现公益林生态效益补偿资金 3116 万元，直接兑现林农 2172.5 万元，实现户均增收 261 元、人均增收 75 元，实现了"一江一海一区"生态补偿全覆盖。

二是落实补偿政策，让退耕还林群众得实惠。以补偿实现增收，在保护中实现发展，将新一轮退耕还林重大林业工程建设任务和资金优先安排给贫困村和贫困户。截至 2017 年底，全县已实施退耕还林 1.67 万公顷，2017 年兑付补偿资金 11852 万元，涉及建档立卡贫困户 5825 户 17945 人、2436.33 公顷，兑付补偿资金 1199 万元，户均补助 2058 元，人均补助 668 元。

三是推进民生改善，让护林员巡山获得利益。全县共有常设护林员 1450 名，年均兑付劳务所得 1207 万元，涉及建档立卡户 202 户 798 人，全年兑付工资 168 万元，户均 8322 元，人均 2106 元。全县让贫困劳动力就地、就近转化，进一步拓宽贫困群众的收入来源，大幅增加生态护林员扶贫政策的受益范畴。

四是不断转变方式，加大能源建设投入力度。全县牢固树立生态文明建设理念，将新能源建设、美丽乡村建设、"七改三清"相结合，逐步改善农村人居环境，建设美丽清洁家园。目前，该县共向建档立卡贫困户推广太阳能热水器 2900 套、每套补助 1000 元，涉及贫困人口 9800 人，实现人均增收 285 元；节能灶 6000 眼、每眼补助 300 元，涉及贫困人口 21000 人，人均增收 85 元。两项累计兑现补助资金 470 万元。

五是加大精准投入，坚持生态保护与产业发展并重。大力发展林下经济和特色优势产业，推动保生态与闯市场双轨并行。按照"四区一城"的发展思路，明确"一带一廊一圈一格局"的产业发展布局，将贫困群众纳入产业布局中。精准投入科技，为项目提供良种、良法、良土，提高作物产出率，破解农业项目科技支撑不足的困境。同时，精准投入资金，启动产业项目运行，破解农业项目资金短缺的困境。截至 2017 年底，全县建设木本油料基地 666.67 公顷，木本油料提质增效 666.67 公顷，经济林果提质增效 1833.33 公顷；建立市级林下经济示范基地 5 个、林农合作社 5 个。

（六）阻断贫困，发展教育脱贫一批

全县坚持"扶贫先扶智、治贫先治愚"，紧盯"两不愁、三保障"和云南省"6、10、5"贫困退出考核指标，扎实抓好适龄青少年就学得到保障、适龄儿童少年有学上、实现县域义务教育发展基本均衡三项重点任务。

一是政策落实到位，发展惠及民生。全县以认真落实寄宿生生活补助、营养改善计划、"两免一补"等惠民工程为着力点，深入开展"千名志愿者帮扶万名贫困学生"（"千帮万"活动）、"泛海基金"帮扶行动、"蔚蓝心动·结队帮扶"及"开学第一课"等，分段实施教育帮扶，2014~2017年共计资助学生567603人次，资助资金达3.91亿元。

二是加大投入强基础，健全机制保巩固。坚持落实"以县为主"的义务教育管理体制，建立义务教育经费稳定增长机制，实现财政对教育投入的"三个增长"，累计补拨2013年以来欠拨教育经费9422.43万元。2017年全县16个乡镇（街道）贫困家庭的适龄儿童小学入学率为100%，初中毛入学率为100%。

三是落实办学条件，保障义教均衡。积极落实主体责任，健全组织保障体系，把推进义务教育基本均衡发展作为全县脱贫摘帽的前置条件，同规划、同部署、同实施。抓好"全面改薄"工程，建立健全城乡统一、重在农村的义务教育经费保障机制，不断推进学校规范化、精心化管理。认真落实乡村教师支持计划，不断加强教师队伍建设，加快推进县域义务教育基本均衡发展。

四是守住底线完善制度，扎实做好教育工作。不断强化"义务教育阶段零辍学"的底线意识，持续抓好初中和高中毕业未升学学生的入学动员工作。全面落实控辍保学"双线十人制"和承包责任制、动态归零督导制，实现义务教育基本均衡发展。通过省市验收和国家督导评估，制定出台《全县2017年贫困学生资助实施方案》，积极落实高中以上（含高中）各项资助政策，确保贫困户初、高中毕业生不因贫困因素影响继续接受相应阶段的教育。

（七）强化保障，健康救助脱贫一批

全县全面落实健康救助30条措施，分类实施医疗救助，在减免费用、提高标准上下功夫，并且取得了一定的成效。

一是强化统筹领导，加大措施保障。加强组织领导，成立由县政府分管领导任分指挥长的健康救助脱贫攻坚分指挥部。结合寻甸实际，制定下发《寻甸回族彝族自治县2017年健康救助脱贫一批工作实施细则》等文件，建立健全健康扶贫工作机制。同时，县级财政部门设立专项健康扶贫资金，用于健康扶贫政府兜底。同时，加强督导考核，认真落实健康扶贫主体责任，健全完善督导考核问责机制。

二是以"五重保障"为依据，让贫困人口"看得起病"。通过确保建档立卡贫困人口100%参加城乡居民基本医疗保险等多项措施进行保障。截至2017年12月底，建档立卡贫困人口门诊医疗救助达14746人次，医疗费用共计98.76万元，享受健康扶贫政策后个人实际支付19.32万元；住院救助达1632人次，医疗费用共计343.11万元。127960名建档立卡贫困人口参加城乡居民基本医疗保险和大病医疗保险，100%享受城乡基本医疗保险。

三是落实"便民惠民"措施，让贫困人口"方便看病"。结合"基层首诊，双向转诊"的诊疗要求，确定将全县 174 个村卫生室作为建档立卡贫困人口健康扶贫门诊医疗救助机构。推行县域内先诊疗后付费制度，确定县内 18 家公立医院及乡镇（街道）卫生院为"健康扶贫定点医院"，对建档立卡贫困人口看病就医实行"先诊疗、后付费"服务。落实"一站式"结算服务，县内 18 家健康扶贫定点医院实现"一站式"结算。家庭医生签约全覆盖，制作发放家庭医生签约服务手册 13 万本，组建家庭医生团队130 个。

四是提升医疗服务能力，让贫困人口"看得好病"。在全县 174 个村卫生室中未达标的 47 个村卫生室中投入 470 万元，推进村卫生室标准化建设。通过调配和招录，新增乡村医生 53 人，全县乡村医生共计 524 人，达到"每千服务人口不少于 1 名的标准配备乡村医生"的标准；分四期组织乡村医生 468 人到昆明学院进行能力提升培训。全县投入 348 万元为 174 个村（社区）卫生室配备健康一体机、诊疗器械等医疗设备，极大地改善了基层医疗卫生硬件设施，有效提升了村卫生室的服务水平。通过医院结对帮扶，昆明市 16 家城市医院与寻甸 2 家公立医院、16 家乡镇（街道）卫生院建立了长期稳定的对口支援和协作关系。上级医院派出医疗技术指导人员 1059 人次，培训基层人员 1821 人次，捐赠现金及医疗设备合计 475.4 万元，有效提升了县、乡两级医疗机构的业务能力和硬件水平。

五是加强疾病预防控制，让贫困人口"尽量少生病"。深入实施"妇幼健康计划"，2017 年孕产妇死亡率为 15.40/100000，控制在要求以内。强化对禽流感、霍乱等重点传染病的预防和控制，切实保障群众的健康安全。抓好各类病媒生物防治和控烟工作，着力治理影响群众健康的危害因素，深入落实"七改三清"政策，推进农村改厕科学化、实用化，累计改造卫生公厕 20340 座。制作政策宣传栏 420 块，发放宣传折页 4 万份、宣传海报 3.5 万份。利用包村联户干部、驻村帮扶干部、家庭医生签约团队、计生专干等人员开展进村入户宣传活动，讲解健康扶贫政策。

按照省委、省政府和市委、市政府的安排部署，寻甸县重点围绕"房、路、水"抓基础设施建设，围绕农户"增收、脱贫、致富"抓产业发展，以"两出、两进、两对接、一提升"（劳动力、农产品走出农村，资源、人才进入农村，对接市场、对接农民意愿，提升农村地区生产组织化程度）为突破口，按照"脱贫摘帽高质量，增收致富可持续"的要求，全面推进贫困农户增收工作。对照"6、10、5"贫困退出指标体系，组织相关行业部门进行县级核查和验收，结果显示各项指标均已达标。

第二节　稳定退出和后续巩固安排

按照中央、省、市关于精准扶贫、精准脱贫工作的战略部署，寻甸县始终把脱贫攻坚作为首要政治任务、第一民生工程来抓，以脱贫攻坚统揽经济社会发展全局，紧扣"扶持谁、谁来扶、怎么扶、如何退"的问题，突出"六个精准"，落实"七个一批"，实施战区攻坚，挂图作战。截止到 2017 年底，全县整体达到了现行脱贫摘帽标准。然而"脱贫摘帽"不是"一摘了之"，扶贫工作永远在路上。寻甸县坚持"既要攻城拔寨，也要巩固提升"，于 2018 年 9 月制定了《寻甸县脱贫攻坚巩固提升三年（2018—2020）行动方案》[4]，建立起稳定脱贫的长效机制，坚决打赢这场攻坚战、持久战，为与全市同步全面建成小康社会打下坚实基础。

一　以"五不变"确保稳定脱贫

在脱贫攻坚战役中，寻甸县注重处理好当前与长远、生活与生计的关系，聚焦关键区域、关键对象、关键环节，在贫困人口脱贫稳定性和长期性上下功夫，按照"五不变"的要求，确保到 2020 年保持稳定脱贫。

（一）重心不移

在全省率先脱贫摘帽不是寻甸县的最终目标，让人民群众过上更加美好的生活才是其奋斗目标。脱贫退出后，寻甸县将继续坚持以"五大发展理念"为引领，围绕打造"四区一城"发展目标，把巩固提升脱贫成果作为当前和今后一个时期工作的重中之重，定期研究部署，做到组织有领导、时间有安排、决策有落实。扎实开展"三深入"专项行动，形成专项扶贫、行业扶贫、社会扶贫的大扶贫格局，进一步把责任压实压紧。以实施乡村振兴战略为引领，按照产业兴旺、生态宜居、乡风文明、治理有效、生活富裕的总要求，推动农业供给侧改革，做强高原特色农业，实施全域旅游带动，培育经济增长优势，推进人居环境提升，加强生态文明建设，持续保障改善民生，切实增进群众福祉，加快统筹城乡融合发展，推动农村各项事业全面发展。

（二）政策不改

持续聚焦"两不愁、三保障"，做到"政策保持不变、支持力度不减"。寻甸县将不断完善财政投入保障机制，用足用好扶贫政策和扶贫资金，全力做好困难群众的生活保障工作，持续改善生产生活条件，让贫困群众脱贫后有更多的获得感。继续提升基本公共卫生服务水平和医疗救助服务水平，构建城乡基本医保、大病保险、商业保险、医疗救助、义务教育等"五道防线"，着力防止因病返贫、因灾返贫、因学返贫，有力阻断返贫退路。探索建立脱贫人口预警机制，综合参考脱贫人口的收入水平、家庭成员健康状况、收入构成比例等因素，将脱贫人口分级管理，实时重点关注，制定针对性帮扶措施，建立稳定脱贫长效机制。不断完善贫困户动态管理机制，实现贫困线、低保线"双线合一"，筑牢贫困农民最低生活保障，实现应保尽保。

（三）思想不松

脱贫"摘帽"不是终点，巩固提升脱贫成效是当务之急，实现全面奔小康更需上下齐心。寻甸县将以"不忘初心、牢记使命"主题教育为契机，坚持不止步、不懈怠，着力践行"十心"工作法，进一步转变干部队伍作风，以更严的标准、更足的干劲融入巩固脱贫攻坚工作中来，努力打造一支能干事、会干事、干成事的忠诚、有担当的扶贫干部队伍。坚持党建促脱贫攻坚，充分发挥驻村工作队员的作用，着力壮大村集体经济，加强农村党组织带头人和致富带头队伍建设，打造一支先富带后富的"不走的工作队"。党带群、强带弱、富带贫，使基层党组织成为贫困地方的一面旗帜。注重激发内生动力，加强宣传教育，建立正向激励机制，引导贫困群众认识到"天上不会掉馅饼"，树立"好日子靠干、新生活靠拼、幸福生活都是奋斗出来的"的意识，让还没有脱贫的少数尽快行动起来，让已经脱贫的日子更红火。

（四）帮扶不变

健全县级领导挂钩乡镇（街道），部门单位包村、干部联户帮扶工作机制，夯实包抓责任。继续开展"万人会战"活动，扎实开展结对帮扶工作，做到包抓单位不变、包抓领导力量不变、包扶干部不变、包抓责任不变、帮扶机制不变。坚持一村一个驻村队、一村一套后续巩固方案、一村一批巩固扶持项目、一户一个后续帮扶措施。持续发挥社会各级力量的帮扶作用，实现外部帮扶和内生动力的"双轮驱动"。继续完善部门协同机制，整合涉农部门与扶贫部门的力量，充分发挥各自的职能优势，努力形成齐抓共管的工作机制，实现贫困户长期稳定脱贫。建立贫困退出后各环节的风险防范机制，实行动态监管，防止返贫、脱贫低水平、脱贫缺乏可持续能力的现象。

（五）投入不减

实行争取上级支持力度不减、外援力度不减、县本级资金政策力度不减。下大力气拔穷根，把发展增收致富产业作为稳定脱贫的根本出路，持续推进产业扶持。围绕"两出、两进、两对接、一提升"的工作思路，按照"县有带贫龙头企业、乡有扶贫特色产业、村有产业帮扶基地、户有增收致富门路"的要求，以"党支部＋"为引领，重点在做大规模、开拓市场、打造品牌上下功夫。开对产业扶贫的"药方"，让贫困群众真正地参与进来，愿干、会干、得实惠，有稳定的生产经营收入，防止出现增产不增收、谷贱伤农的情况，确保增收致富有可持续的"源头活水"。引导人力、物力、财力等要素资源继续向基层聚焦、向基层集中，汇聚致富奔小康的强大力量。

二 以"六推动"提升脱贫成果

寻甸县集"民族、贫困、山区、老区"四位一体，脱贫摘帽难度大，保持脱贫的稳定性和长期性任务更为艰巨。为全面巩固提升脱贫成果，确保到2020年与全国同步全面建成小康社会，寻甸县以实施乡村振兴战略为引领，坚持"扶上马，送一程"，以推动"产业振兴、人才振兴、文化振兴、生态振兴、民生改善和组织振兴"为抓手，着力解决收入上的可持续、精神上的可持续和保障上的可持续的问题，打造稳定脱贫、可持续脱贫的"寻甸模式"。

（一）推动产业振兴，让农民增收更持续

产业兴，则乡村兴，寻甸县继续把产业扶贫作为稳定增收的突破口，让老百姓"钱袋子"更鼓[5]。

一是找准产业致富好门路。做好产业总体规划布局和配套设施建设，落实《寻甸县产业扶贫三年滚动规划（2018—2020年）》，按照县有项目库、乡有路线图、村有施工图的总体要求，找准自身优势、深挖县域特色、整合各类资源，积极打造"基础稳定、特色突出、品牌带动"，具有寻甸特色的"369"产业格局。"3"即巩固发展粮食种植、烤烟生产、生猪养殖等三个传统基础产业；"6"即发展壮大蔬菜、花卉、淡水鱼、食用菌、蜜蜂养殖、林下经济等六个特色产业；"9"即积极打造"一头牛""一只羊""一只鸡""一种薯""一篮果""一棵树""一味药""一丘田""一草地"等"九个一"品牌产业，持续增加农户收入。

二是固化利益联结共同体。完善龙头企业带动模式，依托"党支部＋龙头企业（合作社）＋贫困户"模式，通过托管帮扶、股份帮扶、资产收益等多元模式，构建起贫困户与龙头企业利益链接机制，激活贫困户到户产业放大效应、切实受益，持续增加贫困群众收入。持续落实对产业扶贫企业的鼓励政策，动员在外创业人士、致富带头人等本土人才返乡创业，不断壮大、扩大"致富带头人协会"，充分发挥引领带动作用，依托特色产业发展优势，辐射带动贫困群众就近就业、持续增收。

三是延伸电商扶贫产业链。以创建国家级电子商务进农村示范县为抓手，加快农产品流通网络体系建设，打造"绿色寻甸"农产品品牌。以组织农产品进北京朝阳区、华东理工大学、昆明市级行政中心等活动为契机，建设"幸福寻甸"电商平台，依托县级电子商务运营中心、乡镇（街道）电子商务服务站、村（社区）级电子商务服务点，实现农特产品企业线上线下交易。推广"基层党组织＋农村电子商务"模式，鼓励农村基层党组织、党员骨干参与电商创业，形成"党建＋电商"新模式，切实增加村集体经

济收入，增强基层党组织带富、领富堡垒作用。

四是务工增收，全家不受穷。把外出务工作为贫困群众增收致富和开阔眼界的重要抓手，盘活农村劳动力资源，加大对贫困群众的技能培训和转移就业力度。依托与北京朝阳区、昆明市主城区建立的就业双向对接机制，加大指导帮扶力度，吸纳农村富余劳动力稳步就业。注重示范引领、能人带动，选树一批敢闯敢干、务工致富的先进典型，拓宽农村务工人员的视野，实现一户一人务工，全家不再受穷。

（二）推动人才振兴，让农村发展更具潜力

人气旺，乡村才有希望。疏通智力、技术、管理下乡通道，造就更多"田秀才""土专家"，为巩固脱贫攻坚、实施乡村振兴战略提供人才支撑[6]。盘活农村人才队伍。建立县域专业人才统筹使用制度，紧紧抓住华东理工大学定点帮扶寻甸县，滇中新区、西山区、度假区等单位与寻甸县扶贫协作的机遇，主动对接、联系沟通、跟踪服务，积极争取政策、项目、人才等方面的支持，推动有关政策、项目及时落地。用好省市边远贫困地区、民族地区和革命老区人才支持计划，把"三支一扶"、特岗教师计划、大学生村官等农村人才队伍用活，让他们广泛参与乡村建设，确保"下得去、留得住、干得好"。

一是发挥科技人才支撑作用。持续实施人才扶贫行动计划，全面建立城市医生、教师、科技文化人员等定期服务乡村机制。开展"科技特派员服务'三农'行动"，组织科技特派员到乡镇、贫困村帮助推广一批农业新技术、新品种，转化一批农业科技成果，培养一批农村实用人才。探索公益性和经营性农技推广融合发展机制，允许农技人员通过提供增值服务合理取酬。全面实施农技推广服务特聘计划。

二是鼓励社会各界投身乡村建设。建立有效激励机制，以乡情、乡愁为纽带，吸引支持企业家、党政干部、医生教师、规划师、建筑师、律师、技能人才等，通过下乡担任志愿者、投资兴业、包村包项目、行医办学、捐资捐物、提供法律服务等方式投身于脱贫攻坚、乡村振兴事业。探索开展"乡贤"智力服务乡村行动，联系对接一批寻甸籍、在寻甸成长或工作过的各类人才为寻甸发展提供服务。

三是注重人才培养和挖掘。发挥好农村"乡土精英"的作用，对全县农村种养大户、经纪人、实用技术带头人等开展一次全面摸底工作，分类建立人才库，开展农村实用人才评定工作，评选一批县级拔尖农村实用人才。注重发挥本地人才的作用，建立"土专家""田秀才"创业支撑平台，大力培养带领群众脱贫的专业技术人才、技能人才、农村致富带头人才、乡村工匠、文化能人、"非遗"传承人、经营管理人才等各类农村实用人才。提倡政治素质好、能带领乡亲共同致富的外出务工经商人员、退伍军人回村任职，把最优秀的人才汇集到贫困地区、用到脱贫一线，为巩固脱贫攻坚储备"人才梯队"。

四是注重培育新型农民。实施新型农民培育工程，开办新时代"农民讲习所""农民夜校"，支持新型农民通过弹性学制参加中高等农业职业教育。创新培训机制，支持农民专业合作社、专业技术协会、龙头企业等主体承担培训工作，探索开展农民职称评定试点，全面提升农民综合素质。

（三）推动文化振兴，让致富愿望更强烈

文化昌盛，人心聚拢，把繁荣农村文化和激发贫困群众内生动力作为巩固脱贫攻坚成果的有力抓手[7]。

一是弘扬核心价值观。以社会主义核心价值观为引领，坚持教育引导、实践养成、制度保障三管齐下，大力弘扬民族精神和时代精神。加强农村思想文化阵地建设，实施农家书屋提档升级、文化惠民、文化文物遗产保护、农村文化人才培训"四大文化工程"。推进诚信建设，强化广大人民群众的社会责任意识、规则意识、集体意识、主人翁意识。

二是传播优秀传统文化。立足乡村文明，切实保护好全县彝族、苗族等优秀农耕文化遗产，推动优秀农耕文化遗产合理适度利用。深入挖掘农耕文化蕴含的优秀思想观念、人文精神、道德规范，充分发挥其在凝聚人心、教化群众、淳化民风中的重要作用。保护好文物古迹、传统村落、民族村寨、传统建筑遗产。支持少数民族文化、民间文化等传承发展。

三是倡导公序良俗。开展移风易俗行动，广泛开展文明村镇、星级文明户、文明家庭等群众性精神文明创建活动，建设乡风文明精品示范点、宣传先进典型。实施好《村规民约》，遏制大操大办、厚葬薄养、人情攀比等陈规陋习。加强农村科普工作，提高农民科学文化素养。开展群众性文化活动，深挖民间乡土文化，丰富农村基层文化发展。

四是"扶志""扶技""扶智"。更加注重调动脱贫群众的主动性和积极性，开展以"我脱贫、我光荣"等为主题的各类扶贫教育活动，树好寻甸脱贫典型，讲好寻甸脱贫故事，传递好寻甸脱贫声音，积极地进一步激发脱贫群众内生动力，激发自力更生、勤劳致富的内在活力，让脱贫光荣始终成为脱贫致富奔小康路上的主旋律。传授"造血"功能，充分发挥科技支撑引领作用，积极引进科技专业人才，开展科技下乡活动，积极培育一批新型农业经营主体，打造一片"星造天地"，引导带头创业，让更多的创客把梦想照进现实。推行激励机制，树好"致富榜样家庭"典型，激发赶超信心，让群众在比中学、在比中得，深切感悟"我以我手创财富"的真正价值。

（四）推动生态振兴，让乡村环境更宜居

"绿水青山就是金山银山"，巩固脱贫成果，必须尊重自然、顺应自然、保护自然，

推动乡村自然资本加快增值[8]。

一是加强自然生态保护。加强农村水环境治理和农村饮用水水源保护，实施农村生态清洁小流域建设。大力实施天然林保护、人工造林、森林抚育等生态工程，着力提高森林覆盖率。维护"一江一海一区"等重点区域生态系统的稳定性，加强生物多样性保护。加大城乡园林绿化美化力度，深入开展见缝插绿、补绿、植绿活动，强化交通沿线、城市面山等区域植被恢复，创建省级园林县城。完善多元化投入保障和生态保护补偿机制，健全绿色发展市场规则和管控机制，全面巩固生态扶贫成果，实现百姓富、生态美的统一。

二是改善农村人居环境。推进有机肥替代化肥、畜禽粪污处理、农作物秸秆综合利用、废弃农膜回收、病虫害绿色防控。继续实施生态创建工程，不断加大农村环卫设施建设，强化垃圾分类处理，建立稳定的村庄保洁队伍，逐步改善农村人居环境。将新能源建设，美丽乡村建设、"七改三清"相结合，持续推进"厕所革命"。注重保护农村田园风光、民俗文化、历史古迹和自然景观，让村庄真正"望得见山，看得见水，记得住乡愁"。

三是打造乡村旅游品牌。深入挖掘优势资源，重点打造一批旅游线路和旅游景点，提升寻甸旅游的知名度和美誉度。充分发挥红色爱国主义教育基地作用，全力打造鲁口哨幸福乡村项目，提升红军长征柯渡纪念馆、先锋六甲之战纪念塔等景点的知名度和美誉度，打响寻甸红色旅游品牌。依托钟灵山、凤龙山、凤龙湾、青龙山、九龙山、北大营等绿色资源，开发秀美山川观光，打响寻甸生态旅游品牌。提高"开斋节""火把节""花山节"等民族节庆文化活动的知名度，打响寻甸民族文化旅游品牌。依托额秧村旅游扶贫示范村建设，培育乡村旅游品牌。大力发展徒步游、骑行游、自驾游等新兴旅游，培育发展乡村体验游，不断拓展旅游业态。推动"旅游+"产业发展。谋划旅游、文化、商贸融合发展布局，打造集民族文化、休闲娱乐、餐饮购物于一体的特色旅游综合服务区域。完善"吃、住、行、游、购、娱"传统旅游要素，深度挖掘回、彝、苗等少数民族饮食、服饰、民居、民俗文化，开发特色饮食、民族服装等特色旅游纪念产品，提升旅游附加值，打造绿色、生态、环保的乡村生态旅游产业链。

（五）推动民生改善，让群众更有获得感

巩固脱贫攻坚成果，推动乡村振兴，生活富裕是根本[7]。坚持人人尽责、人人享有，按照抓重点、补短板、强弱项的要求，围绕农民群众最关心、最直接、最现实的利益问题，一件事情接着一件事情办，一年接着一年干，把乡村建设成为幸福美丽新家园。

一是巩固义务教育均衡发展成果。高度重视发展农村义务教育，推动建立以城带乡、整体推进、城乡一体、均衡发展的义务教育发展机制。全面改善薄弱学校基本办学

条件，加强寄宿制学校建设。实施农村义务教育学生营养改善计划，发展农村学前教育。持续落实"雨露计划""春蕾计划""泛海公益金"等关爱帮扶工作，积极引导和鼓励社会力量参与特殊学生关爱服务工作。统筹配置城乡师资，并向乡村倾斜，建好建强乡村教师队伍。

二是持续推动农村基础设施提档升级。继续把基础设施建设重点放在农村，加快农村公路、供水、供气、环保、电网、物流、信息、广播电视等基础设施建设，推动城乡基础设施互联互通。以示范县为载体全面推进"四好农村路"建设，加快实施通村组硬化路建设。推进节水供水重大水利工程，实施农村饮水安全巩固提升工程。实施数字乡村战略，做好整体规划设计，加快农村地区宽带网络和第四代移动通信网络覆盖步伐，开发适应"三农"特点的信息技术、产品、应用和服务，推动远程医疗、远程教育等应用普及，弥合城乡数字鸿沟。

三是完善农村社会保障体系。完善统一的城乡居民基本医疗保险制度和大病保险制度，做好农民重特大疾病救助工作。统筹城乡社会救助体系，完善最低生活保障制度，做好农村社会救助兜底工作。构建多层次农村养老保障体系，创新多元化照料服务模式。探索建立农村留守儿童和妇女、老年人以及困境儿童关爱服务体系。加强和改善农村残疾人服务。

四是持续推进健康乡村建设。持续落实《云南省健康扶贫30条措施》，强化农村公共卫生服务，加强慢性病综合防控，大力推进农村地区精神卫生、职业病和重大传染病防治。开展和规范家庭医生签约服务，加强妇幼、老人、残疾人等重点人群健康服务。完善基本公共卫生服务项目补助政策，加强基层医疗卫生服务体系建设，支持乡镇卫生院和村卫生室改善条件，让广大农村群众看得了病、看得起病、看得好病。

（六）推动组织振兴，让基层治理更有效

基层组织强，奋斗有力量，坚持把加强基层党建作为巩固脱贫成果的根本保障，充分发挥广大党员引领带动作用，真正把基层党组织建成带领群众脱贫致富的坚强战斗堡垒[9]。

一是着力提升组织力。深入实施基层党建与脱贫攻坚"双推进"，结合实施乡村振兴战略，以提升组织力为重点，强组织、育能人、兴产业、促脱贫。狠抓基层党组织规范化、标准化建设，大力整顿软弱涣散基层党组织，加强村党组织领导下的村民自治组织建设，强化村务监督委员会职能，坚持"四议两公开"工作法，不断完善乡村治理机制，把农村基层党组织建设成为脱贫攻坚的坚强战斗堡垒。实施以建制村、村民小组干部为主体的"领头雁"培养工程，在乡镇党委建立青年人才党支部，将村组后备干部、优秀青年农民党员纳入青年人才党支部，由乡镇进行直接培养。推行村级小微权力清单制度，加大基层小微权力腐败惩处力度。严厉整治惠农补贴、集体资产管理、土地征收等领域侵害农民利益的不正之风和腐败问题。

二是着力提高组织化程度。围绕落实产业扶贫政策措施，调整优化农村基层党组织设置，提高组织化带动水平。发挥贫困村党组织引领产业发展的重要作用，以户为单位，把贫困群众的致贫原因及增收途径摸准搞实，继续推广"党组织＋龙头企业＋合作组织＋贫困户"等模式，把党组织建在产业链上、建在专业合作社中。通过党组织和党员的引领示范，培育壮大农民合作社、龙头企业、种养殖大户等新型农业经营主体，推动实施贫困地区"一村一品""一户一业"行动，加快培育一批能带动贫困户长期稳定增收的特色优势产业，为贫困人口如期脱贫、稳定脱贫提供有力产业支撑。大力推广"基层党组织＋农村电商"扶贫模式，不断拓展农产品上线渠道，扩大参与入驻电商平台的市场主体、丰富电商平台承载的信息，将农村党员聚在电商产业上，引领群众富在电商产业上。

三是发挥农村党员带动作用。紧紧围绕巩固脱贫攻坚需要、农民创业致富需求，通过农村党员冬春训、"云岭先锋"夜校、"百名讲师上讲台"、"千堂党课进基层"、"万名党员进党校"等方式，组织开展实用技能培训，大力培养党员致富带头人。实施"农村党员创业带富"工程，调动农村党员积极性，强化致富带富牵引力。加大"基层党员带领群众创业致富贷款"发放力度，支持农村党员领办创办产业基地、农民合作社等，带领群众发展特色产业，使每个有劳动能力的党员都有脱贫致富项目，每个贫困村都有党员致富带头人，每个有帮带能力的党员都有帮扶对象。

四是规范村民自治。坚持"村里的事村民商量着办"，创新村民自治的有效实现形式，完善村民代表会议制度，规范村级组织议事决策程序，健全村务监督委员会，形成民事民议、民事民办、民事民管的基层协商格局。深入挖掘乡村熟人社会蕴含的道德规范，引导农民向上向善、孝老爱亲、重义守信、勤俭持家，弘扬真善美、传播正能量。

第三节　脱贫摘帽的成功经验

中共十八大以来，党中央就精准扶贫、精准脱贫做出了一系列安排部署，并明确到2020年我国现行标准下农村贫困人口实现脱贫，贫困县全部摘帽，解决区域性整体贫困。作为全国592个国家级扶贫开发重点县之一，寻甸县始终坚持以脱贫攻坚统揽经济社会发展全局，把脱贫攻坚作为头等大事和第一民生工程，立足自身实际、坚定信心决心，以明确的思路、精准的举措和超常的力度，举全县之力打好脱贫攻坚战，为各族人民共同迈进全面小康社会创造了经验、做出了示范。

一 超常规加大领导力度，高位统筹、系统指挥

脱贫攻坚是一项涉及方方面面的系统工程，点多、面广、参与人员多，唯有强有力的组织领导和统筹指挥，才能更好地汇聚力量、集中攻坚[10]。在脱贫攻坚工作中，寻甸县主要确保了"两个坚强有力"。

（一）确保指挥体系坚强有力

为坚决打赢脱贫攻坚战这场硬仗，寻甸县树牢作战思维，超常规构建指挥体系。

一是构建"1+12+16"指挥体系。即组建县脱贫攻坚总指挥部，以及12个行业分指挥部、16个乡镇（街道）战区指挥部。县委、县政府主要领导担任总指挥部指挥长，其他县级领导分别担任分指挥部和战区指挥部指挥长或副指挥长。总指挥部统揽全局，分指挥部和战区指挥部"双线"负责，形成上下联动、条块结合的脱贫攻坚作战指挥体系。

二是构建"一盘棋"指挥体系。针对原托管的4个乡镇在体制机制方面的问题，主动谋划、提前统筹，建立工作同安排、同部署、同落实，数据统一、标准统一、步骤统一，领导力量融合、帮扶力量融合、督查力量融合的"三同、三统一、三融合"工作机制，确保"全县一盘棋，不落一个人"。

（二）确保工作机制坚强有力

脱贫攻坚涉及方方面面，为确保事无巨细，寻甸县系统建立了强有力的工作机制。

一是倒排日期。实施"四个百日会战"方案，按月、按周系统制定脱贫攻坚任务清单，挂图作战、对账销号，确保每日有任务、每周有进展、每月有突破。

二是提高效率。总指挥部实行周例会制度，研究解决困难问题，讨论决定重要事项，安排各阶段重点工作；放权各分指挥部和战区指挥部，涉及单项、不需全县统筹安排的，由分指挥部和战区指挥部研究解决，切实提高工作效率。

三是确保落实。严格执行一周一安排、一周一督查、一周一销号、一周一通报的"四个一"工作机制，确保脱贫攻坚任务项项有督查、项项有回应、项项有落实。

二 超常规加大组织力度，全员发动、全民参与

脱贫攻坚时间紧、任务重，唯有投入超常规的力量，才能把工作落到实处[11]。寻甸县坚持"没有与扶贫无关的人和事"的理念，动员全社会力量齐参与，形成了脱贫攻坚的强大合力。

（一）干部带头干

领导干部带头转作风、勇担当，认真组织开展"回头看"和"走基层、深调研、找

问题、补短板、促攻坚"等专项行动,扎实践行"十心工作法",放弃节假日和双休日,以"钉钉子"精神,助推脱贫攻坚。紧紧围绕补强精气神、补齐台账材料、补准数据库、补查问题户、补全安居房、补缺收入账,确保全面完成脱贫攻坚目标任务的"六补一确保"的要求,全面开展"三深入"专项行动。全县 47 名县级领导率先垂范深入战区指挥,1800 名科级干部以身作则深入村组驻村,11627 名帮扶干部深入群众真情帮扶,896 名驻村队员真蹲实驻,帮助贫困村、贫困户研究解决困难问题。同时,为了充分发挥党员先锋示范作用,万名党员标配小红帽、党徽,进村入户开展包村联户工作,把党和国家的惠民政策宣传落实到位,不断提升群众满意度。

（二）群众为主体

脱贫致富,主体在群众[12]。寻甸县始终坚持智志双扶,不断增强贫困地区、贫困群众的内生动力。

一是"拉拉家常"促进观念转变。常态化组织干部深入群众"拉家常""唠唠嗑",把"打铁还靠自身硬""脱贫关键靠自己"的道理讲清楚,去除"等、靠、要"和"应得"的思想,纠正"不以贫为耻、反以贫为荣"的错误观念,自立自强兴家业,积极主动参与到脱贫攻坚工作中。

二是"三讲三评"调动群众积极性。在全县 16 个乡镇（街道）173 个村（社区）开展驻村队员和贫困户面对面交流扶贫成效的"三讲三评"活动。驻村队员讲帮扶情况,贫困户讲帮扶满意度,双向民主测评,让群众讲出真实想法和实际困难,帮助群众算明"扶持账"和"实惠账",引导群众自强、诚信、感恩,自觉投入扶贫建设。

三是建章立制树立良好风尚。针对部分困难老年人衣、食、住、医得不到保障的突出问题,以尊老敬老为主抓点推动移风易俗,通过制定村规民约、深入开展"法律和法庭进村"等多种形式,引导群众自觉履行法定义务、社会责任、家庭责任。

四是社会齐参与。积极争取中央、省、市、县等 315 家帮扶单位支持,共投入帮扶资金 2.49 亿元,实施帮扶项目 831 个。动员全县 129 所学校 20000 余名师生利用假期入户广泛宣传政策,收效良好。

三　超常规加大帮扶力度,扭住关键、找准路子

"授人以鱼不如授人以渔"[13]。脱贫致富关键是要给予群众长效稳定的增收门路[14]。寻甸县始终坚持以"造血"为主,紧盯产业扶持和外出务工两大重点,引导群众靠自身奋斗赢得幸福。

（一）培育致富产业稳定增收

一是推动县域发展、做强致富外部环境。按照"四区一城"的发展思路,明确

"一带一廊一圈一格局"产业发展布局，将贫困群众纳入产业布局中，通过政策拉动、能人带动、服务促动、科技推动、龙头舞动，大力发展畜、薯、烟、蔬、药、果、渔等七大"特色"产业，实现每个贫困村有1~2个主导产业，每户贫困户有1~2个产业增收项目，助推贫困群众脱贫致富。

二是组织带领着力解决"增收难"问题。实施农村党员带头致富、带领群众致富的"双带"工程，加大创业支持力度，扶持种养殖大户60户，带动并帮扶贫困户勤劳增收。制定产业扶持实施办法，依托"党支部＋企业（合作社、大户）＋建档立卡贫困户"模式，遴选187个企业（合作社），通过土地流转、农户参股、合作经营等方式，实现"一村一品、一村一业"，产业帮扶覆盖所有建档立卡贫困户。发展壮大农村致富带头人帮扶协会，成立帮扶协会178家，实现建档立卡贫困村全覆盖。

（二）动员外出务工扩大增收

一是分类施策精准到人。对全县劳动力情况进行摸底调查，分类实施扶持。对有劳动力但缺乏技能的贫困户提供免费技能创业培训，对有劳动力但没有就业渠道的贫困户加强组织协调促进就业，对有劳力、缺技能、外出务工难的"零务工"家庭，开辟公益性岗位实现就近就业，实现有劳务意愿的贫困户就业全覆盖。

二是牵线搭桥服务到位。全面实施就业行动计划，与北京朝阳区、昆明市主城区实行双向对接机制。在主城区设立3个劳务工作服务站，出台稳岗补贴办法，确保输得出、留得住、能致富。

四 超常规加大建设力度，安居为重、环境为要

安居，是民生之要，也是每一位困难群众都渴望实现的梦想[15]。寻甸县紧紧围绕住房安全有保障，推进安全住房全覆盖。

（一）质量先行全面消除危房

对全县危房进行全面普查，并实行差异化奖补政策，做到除"四类人员"（购有3万元以上汽车的人员、购有商品房的人员、国家公职人员、经商办企业人员）外，通过易地扶贫搬迁，C、D级危房改造，宜居农房建设等，实现了危房改造全覆盖。危房改造过程中，提倡按需建房，控制建房面积，对补贴后群众仍无力自建的，由政府统一代建，切实解决困难群众的安居问题。

（二）整体打造全面优化环境

一方面，对120个特困自然村进行整体提升，突出民族元素和地方特色，全面开展村内水、电、路、房建设，着力打造具有民族特色的美丽宜居村庄；另一方面，将农村"七改三清"工作与脱贫攻坚紧密结合、深入推进。借助"七改"补齐农村基础设施短

板，聚力"三清"优化农村环境，倡导绿色可持续的生产生活方式，让农村的山更青、水更绿。

参考文献

［1］中共中央，国务院．中共中央国务院关于打赢脱贫攻坚战的决定［M］．北京：人民出版社，2015：1 – 33.

［2］国务院．"十三五"脱贫攻坚规划［M］．北京：人民出版社，2016：1 – 79.

［3］昆明市人民政府．昆明市扶贫开发规划（2016—2020 年）［EB/OL］.（2017 – 12 – 26）［2019 – 07 – 29］. http://fpb. km. gov. cn/c/2017 – 12 – 26 /2334221. shtml.

［4］寻甸回族彝族自治县人民政府．寻甸县脱贫攻坚巩固提升三年（2018—2020）行动方案［EB/OL］.（2018 – 09 – 29）［2019 – 07 – 29］. http://xd. km. gov. cn/c/2018 – 09 – 29/3052788. shtml.

［5］危旭芳．新时代中国乡村振兴的关键要点与风险防范［J］．广东行政学院学报，2018，30（6）：92 – 98.

［6］何燕．返乡创业农民工与乡村振兴战略主体的关系研究［J］．创新创业理论研究与实践，2019，2（4）：190 – 192.

［7］中共中央，国务院．中共中央国务院印发《乡村振兴战略规划（2018—2022 年）》［N］．人民日报，2018 – 09 – 27（1）.

［8］洪银兴，刘伟，高培勇，等．"习近平新时代中国特色社会主义经济思想"笔谈［J］.中国社会科学，2018，（9）：4 – 73，204 – 205.

［9］贺卫，李亮．农村基层党组织在脱贫攻坚中的作用研究初探［J］．华北理工大学学报（社会科学版），2018，18（1）：64 – 69.

［10］李婷，李永馨．为农村贫困劳动力就业铺路——安顺市人社系统全力打好扶贫主动仗［J］．当代贵州，2018，（43）：74 – 75.

［11］林江，汪冲，姜爱华，等．狠抓扶贫政策落实　支持打好脱贫攻坚战［J］．财政监督，2019，（6）：47 – 57.

［12］陈志珍．加强农村思想道德建设的成功探索［J］．学习月刊，2012，（5）：34 – 35.

［13］傅佑全．教育扶贫是实施精准扶贫国家战略的根本保障［J］．内江师范学院学报，2016，31（5）：80 – 83.

［14］陈灿煌．精准扶贫的典型模式与实践探索——基于湖南省平江县的实地调研［J］．云梦学刊，2019，40（3）：117 – 124.

［15］刘明福，王忠远．习近平民族复兴大战略——学习习近平系列讲话的体会［J］．决策与信息，2014，（Z1）：8 – 157 + 2.

第二篇

寻甸县创新扶贫模式研究

第五章
"党支部＋"助推产业脱贫模式

第一节　研究目的与意义

消除贫困、改善民生是党中央和国务院孜孜不倦的追求。扶贫开发事业在时代变革需求中不断得到充实和完善，当下火热开展的精准扶贫就是时代发展的趋势。2013 年 11 月，习近平总书记在湘西考察时提出："扶贫要实事求是，因地制宜，要精准扶贫，切忌喊口号，也不要定好高骛远的目标。"[1]2015 年 1 月，习总书记在云南考察时再一次指出："要以更加明确的目标、更加有力的举措、更加有效的行动，深入实施精准扶贫、精准脱贫，项目安排和资金使用都要提高精准度，扶到点上、根上，让贫困群众真正得到实惠。"[2]精准扶贫理念被明确提出后，中共中央办公厅、国务院办公厅印发了《关于创新机制扎实推进农村扶贫开发工作的意见》（中办发〔2013〕25 号），确立将精准扶贫工作机制作为六项扶贫机制创新之一[3]。随后，国务院扶贫办及时响应制定了《建立精准扶贫工作机制实施方案》，表明在全国推行精准扶贫工作的决心。在精准扶贫实施过程中，呈现的扶贫方式和脱贫途径形式多样，其中产业扶贫逐渐成为解决生存和发展的根本手段，是脱贫的必由之路[4-6]，位居我国精准扶贫方略"五个一批"之首[7]。

随着脱贫攻坚工作的不断深入，基层党组织在产业扶贫中发挥着积极作用，基层党组织与精准扶贫的融合发展是新时期社会发展的题中之义，也是党中央在新的历史时期为解决农村改革、脱贫解困而探索出的新举措，能够有效地提升扶贫开发工作的精准度。习近平总书记强调，越是进行脱贫攻坚战，越是要加强和改善党的领导，要把扶贫开发和基层组织建设结合起来。到 2020 年全面建成小康社会，关键在于发挥基层党组织的引领和保障作用，牢固树立"党支部＋"助推产业脱贫的理念，全面推进党的建设"固本强基"工作，找准基层组织与扶贫开发的结合点，为实现"十三五"全面脱贫摘帽目标提供坚强的组织保障和力量支撑。"党支部＋"助推产业脱贫对于促进我国经济、文化和社会发展，扩大政治参与，实现民主管理等具有十分重要的意义。"党支部＋"助推产业脱贫模式，就是将党组织活力变为脱贫动力，将党建势能变为扶贫动能，促进扶贫和党建工作的双赢。在党建和扶贫两个维度上，促进交互互动，以产业脱贫为根、以扶志为本，依托本地优势资源，充分发挥党组织的引领作用，以期形成"党支部＋"助推产业脱贫新模式，践行全心全意为贫困户服务的崇高宗旨，为基层党组织助推脱贫攻坚提供有益的参考与借鉴。

自实施精准扶贫战略以来，寻甸县坚持以脱贫攻坚统揽县域经济社会发展全局，结合县情民情实际，认真抓好"产业扶贫"这个关键，把产业作为实现从"输血式"扶贫到"造血式"扶贫的根本动力。该县创新"党支部＋"产业脱贫模式，遴选187户农业企业（合作社、大户）带动建档立卡贫困户达到脱贫全覆盖，脱贫工作取得了显著成效。寻甸县实现了每个贫困村有1~2个主导产业，每户贫困户有1~2个产业增收项目，累计带动贫困户30500户、户均增收1850元以上，最终贫困发生率由2014年的26.93%下降到2017年末的0.35%，成功列入云南省第一批退出贫困县之一，也是云南省唯一获得国务院脱贫攻坚组织创新奖的县份。基于多次实地调研、入户调查和乡村干部访谈，本章着重总结和分析了该县"党支部＋"助推产业脱贫模式的具体做法、主要成效，并总结出该模式的创新之处和成功经验，进而提出进一步推广实施该模式的措施建议，为云南省乃至类似省（市、区）贫困县因地制宜地实施"党支部＋"助推产业脱贫模式提供了必要的参考和借鉴。

第二节　"党支部＋"助推产业脱贫模式的具体做法

围绕"产业发展脱贫一批"的工作任务，在昆明市农业局、寻甸县委和县政府的统一安排与部署下，创新"党支部＋企业（合作社、大户）＋建档立卡贫困户"帮扶模式，围绕"一乡一业、一村一品、户有产业"菜单式产业扶贫，"栽好大金元、排好大洋芋、养好大胖猪、种好大白菜"，产业发展脱贫一批得到了较好的落实。结合县情、民情和脱贫攻坚实际，寻甸县重点围绕"八个一"和"八个龙头"抓好产业扶贫工作，保障建档立卡贫困户产业扶贫达到全覆盖。

一　"八个一"措施：党支部贯穿产业扶贫全过程，助推精准脱贫

一是支部引领。以基层党组织建设为引领，实现"以产业发展促党支部建设、以党支部建设带动产业发展"的双推进，做到产业发展、"党支部＋"全覆盖。

二是支部总揽全局。制定产业扶贫实施方案，提出可行的措施和计划，做到实施方案全覆盖。

三是支部建立企业。以企业为龙头，带动产业发展，充分发挥企业帮带作用，做到

企业帮带全覆盖。

四是支部制定产业清单。每个乡镇（街道）村委会结合自身优势，列出适合建档立卡贫困户发展的产业清单，做到清单全覆盖。

五是支部监管资金使用。企业与帮带的建档立卡贫困户根据实际和双方意愿，采取相应的合作方式，签订合作协议，做到协议签订全覆盖，确保产业发展资金用到产业发展上。

六是支部组织对产业方案、措施评审。产业扶贫方案、扶贫措施及绩效评价等要经乡镇（街道）组织相关部门、行业专家评审通过，做到评审全覆盖。

七是支部组织帮带企业遴选。乡镇遴选的帮带企业，入户资金兑付等必须经党支部进行公示，做到公示全覆盖。

八是支部加强项目管理。整个产业发展过程按照项目管理模式进行管理，做到项目管理全覆盖。

二　八个龙头措施：龙头意识渗入产业扶贫实施，保障精准脱贫

一抓规划龙头。制定全县产业扶贫的总体规划总揽全局；突出重点制定特色产业专项规划实施方案，因地施策制定乡镇（街道）、村委、贫困户的产业扶贫方案和具体措施，以规划引领产业发展促扶贫攻坚。

二抓项目龙头。实施粮食作物高产创建12片，8000公顷，稻鱼综合种养技术推广示范样板95.33公顷，中央生猪调出大县项目建设标准化生猪规模养殖场36个，奶牛标准化项目建设标准化奶牛场1个，市级畜牧业扶持项目建设规模养殖场7个，退牧还草项目、中央草原生态补助奖励绩效资金草原畜牧业转变方式项目、草牧业示范项目、粮改饲试点项目等19个，投入资金4314.8万元。不断改善农业生产条件、提高农业综合生产能力、培育壮大主导产业、促进农民增收致富。

三抓企业龙头。经过认真遴选，全县共筛选农业企业（合作社、大户）187户，建档立卡贫困户帮扶带动达到基本全覆盖。采取"党支部＋企业（合作社）＋基地＋建档立卡贫困户""党支部＋能人大户＋建档立卡贫困户"等方式，通过资金入股、务工增收、土地流转、提供农副产品等生产经营模式与贫困户建立合理、紧密、稳定的利益联结机制。

四抓基地龙头。培育和壮大农业生产基地，充分发挥基地辐射作用，发展主导产业，改善农业生产条件和生态环境，有效解决规模种养问题。以烤烟、马铃薯、蔬菜、畜牧、水产等产业为重点，推动优势产业向优势区域集中，推进农业重点产业上规模、上档次、上水平。

五抓产业龙头。结合寻甸实际情况，按照产业有龙头，龙头引领产业发展，龙头带动贫困户的产业发展格局，全力抓好烤烟、蔬菜、马铃薯、特色林果、山地牧业、淡水渔业六大产业。实现农业产业的质量效益提升，增加农民收入，带动贫困群众脱贫致富，巩固边缘贫困人口不返贫。2017 年，全县种植烤烟 9733.33 公顷、粮食 61000.00 公顷、蔬菜 11966.67 公顷、马铃薯 19666.67 公顷、中药材 2666.67 公顷；渔业养殖面积 2133.33 公顷，其中稻田养鱼 483.33 公顷；预计大小牲畜存栏 112.2 万头（只），出栏 116.4 万头（只），家禽存栏 235.6 万羽，出栏 253.3 万羽。

六抓科技龙头。以科技为指导，依靠科技进步，大力发展优质马铃薯、优势养殖业、蔬菜产业、淡水渔业养殖等高原特色农业，促进农业生产向产业化、规模化、商品化和现代化转变，促进数量型向质量效益型的转变。实施"县、乡、村三级动物疫病防控核心能力建设"项目，对县级兽医实验室进行改造，购置更新设备；对全县 15 个乡镇兽医站进行基础设施建设升级和配置动物防疫设备；在全县 165 个村委会建设"五有"村兽医室，改善和提升寻甸县动物防疫条件和水平，为畜牧业发展和农民群众增收致富提供有力的支撑保障。

七抓园区龙头。以寻甸现代农业园区建设为引领，推动产业扶贫。着力抓好园区的基础设施建设、特色产业发展，示范带动贫困群众抓产业、谋致富、转移劳动力、提高素质、增加收入。

八抓宣传龙头。实时总结推广发展产业过程中好的做法、经验、措施，加大宣传力度、转变生产观念、改善生产方式，加快推进高原特色都市现代农业发展。如万担坪种植专业合作社的马铃薯种植、岚亚苗鸡养殖专业合作社的苗鸡养殖等。

第三节　"党支部＋"助推产业脱贫模式的主要成效

一　种植业方面

栽好大金元。建档立卡贫困户 5295 户 20975 人种植烤烟 2246.67 公顷，户均增收 6102 元。

种好大白菜。建档立卡贫困户 1566 户 4533 人种植蔬菜 479.43 公顷，户均增收 2687 元。

排好大洋芋。建档立卡贫困户 16136 户 54590 人种植马铃薯 4157.93 公顷，户均增收 2266 元。

中药材种植。建档立卡贫困户 804 户 3082 人种植中药材 919.67 公顷，户均增收 717.5 元。

水稻种植。建档立卡贫困户5770户21160人种植水稻617.13公顷，户均增收680元。

玉米种植。建档立卡贫困户19229户66546人种植玉米3315.67公顷，户均增收721元。

大麦种植。建档立卡贫困户667户2662人种植大麦141.47公顷，户均增收399元。

白云豆种植。建档立卡贫困户85户476人种植白云豆21.73公顷，户均增收1096元。

青稞种植。建档立卡贫困户402户1422人种植青稞194.27公顷，户均增收726元。

苦荞种植。建档立卡贫困户1376户4321人种植苦荞700.80公顷，户均增收614元。

玉米制种。建档立卡贫困户503户1597人玉米制种41.38公顷，户均增收884元。

工业辣椒。建档立卡贫困户65户129人种植工业辣椒23.73公顷，户均增收13261元。

香瓜种植。建档立卡贫困户425户1348人种植香瓜4.67公顷，户均增收315元。

食用菌种植。建档立卡贫困户70户282人种植食用菌28棚，户均增收1250元。

二 养殖业方面

生猪出栏65.8万头，带动建档立卡贫困户4688户15693人，户均增收700元。

肉牛出栏11.06万头，带动建档立卡贫困户2797户9179人，户均增收700元。

肉羊出栏19.9万头，带动建档立卡贫困户427户1493人，户均增收700元。

家禽出栏227万羽，带动建档立卡贫困户1807户5970人，户均增收700元。

奶牛存栏1000头，带动建档立卡贫困户206户719人，户均增收700元。

稻田养鱼95.33公顷，带动建档立卡贫困户162户648人，户均增收1000元。

三 新型经营主体培育方面

现有种植大户368户，养殖大户687户，家庭农场3个，农民专业合作社866个，培训新型职业农民160人，新增农业龙头企业3个，都市农庄1个，带动建档立卡贫困户12617户41437人，户均增收898元。

四 土地流转方面

全县家庭承包经营权流转面积16256.67公顷，占家庭承包面积32335.27公顷的50.28%。土地主要流向种养殖专业大户、农民专业合作社、公司（企业）等。带动建档立卡贫困户户数 8572 户 31424 人，户均增收 1541 元。

第四节 "党支部＋"助推产业脱贫模式的成功经验

一 党建扶贫双推进模式，"党支部＋"全覆盖

以党支部为核心、以企业（合作社、产业基地）为依托、以建档立卡贫困户为主体、以富民强村为目的，通过"党支部＋"，建立党支部、企业、合作社、建档立卡贫困户的紧密联合体，形成支部引领，企业、合作社推动，党员带头、群众参与的党建与扶贫工作同频共振、互动双赢的良好格局。着力构建了农村党建促发展、促增收、助脱贫的工作机制，有效发挥了以党支部为核心的作用，达到了农村党建工作与扶贫工作"双推进"的局面。

塘子街道易隆村委会依托岚亚养殖专业合作社，采取"党支部＋合作社＋农户"模式，贫困户自愿以帮扶资金入股合作社进行寻甸特色土鸡养殖，合作社每年向贫困户支付入股资金的 10% 作为一年的分红。分红部分的资金，由合作社按市场价的 90% 以提供雏鸡或育成鸡的方式给贫困户自主经营。合作社负责贫困户养殖生产的信息技术和培训工作，指导贫困户科学养殖、预防疾病、提高养殖质量。贫困户自养的土鸡（鸡蛋）可自主销售，也可由合作社按照保护价收购；若贫困户无条件自养的，合作社直接付给分红款。合作期限为三年，到期后，贫困户自主选择是否继续合作，不合作的无条件全额退还股本。以每户入股 7000 元计，每年可分红 700 元，以 50 天的雏鸡每只 20 元计，每户可养殖 35 只雏鸡。饲养半年后，每只鸡可卖 150 元，收入可达 5250 元，且一年可循环养两次，从而享受到产业发展的成果。此模式现已覆盖贫困户 121 户。

二 企业帮带模式，企业帮带全覆盖

产业发展是脱贫的核心，寻甸整合全县已有的产业企业、合作社和种养殖大户，通过合作的方式帮扶贫困村和贫困户，让每个贫困行政村至少有一个主导产业，让建档立卡贫困户都能参与进来，带动稳步增收。根据对建档立卡贫困户的摸底情况，把自我发展和帮扶带动相结合，采取政府引导、以贫困户为主体的模式。在贫困户和企业自愿的基础上，共同发展。产业扶贫以直接扶持、资金入股、合作经营、跨区域扶持四种帮扶模式深入推进，企业帮带建档立卡贫困户达到全覆盖。

采取直接扶持和合作经营模式的，由党支部牵头，帮带企业对建档立卡贫困户从事种植业、养殖业提供技术帮扶。采取资金入股模式的，建档立卡贫困户将 7000 元产业扶持资金自愿入股到企业，企业每年按照股金 10% 的利润分红给建档立卡贫困户。三年

后，企业退还建档立卡贫困户 7000 元本金，建档立卡贫困户也可以继续入股分红。实现了产业扶贫资金变股金、建档立卡贫困户变股民、龙头企业承担风险的转变，确保扶贫资金安全、增值、三年内有收益。同时建档立卡贫困户土地流转，外出务工，实现了"1＋1＝N"（"资金入股＋务工＝入股分红＋土地流转＋务工增收"），实现了造血式扶贫。

六哨乡万担坪种植专业合作社探索土地入股合作经营集体经济模式。合作社社员以土地入股，年初可获得每公顷 15000 元的土地经营权流转费，年终种薯销售后可获得土地入股分红，每公顷土地可分红 3000～6000 元。合作模式有 3 种：（1）青壮年出去打工，缺乏劳动力的家庭选择资金入股合作社，一次签订三年入股协议，年底按入股资金的 10% 分红，在规划区范围内的 41 户建档立卡户，通过土地流转入股合作社，年初有土地租金收入，年底有入股分红；（2）有劳力，土地面积多的家庭，选择从合作社购买优质种薯，自己发展生产，增加收入；（3）有劳力，但土地面积不多的，选择购买一部分种薯自己生产，一部分资金入股合作社。各村委会根据本村建档立卡贫困户的实际情况，选择合适的合作模式，促进贫困户增产增收。

三 奖补龙头企业模式

全县对带动 50 户以上建档立卡贫困户资金入股的龙头企业给予扶持，有效鼓舞了企业的扶贫热情，助推了产业发展，带动了脱贫增收，实现了企业与贫困户的利益联结机制。

四 收益保险模式

全省首创生猪、肉牛、山羊养殖业收益（收入）保险，创造了保险新品种，开辟了金融助推产业扶贫的新局面。2017 年投保企业 71 个，总投保费用 256.37 万元，保险费用 5127 万元，为企业降低了生产经营风险，降低了建档立卡贫困户入股资金风险。截至 2017 年 12 月，全县收益（收入）保险已完成并生效的投保企业合计 71 个。其中，肉牛企业 26 个，生猪企业 38 个，山羊企业 7 个，71 个企业共帮带建档立卡户 6698 户 21926 人发展产业增收脱贫。全县总投保费用 256.36575 万元，县级财政承担投保费 179.456025 万元，企业承担投保费 76.909725 万元，保险总额 512.7315 万元。

第五节 "党支部＋"助推产业脱贫模式的推广应用举措

我国多年精准扶贫工作虽然取得了成绩但也存在问题。尽管在社会各界支持和大量扶贫资金投入的情况下，贫困区的经济得到快速发展，农民收入有所增加，但是从贫困人口的绝对数量和地区发展差距上看，我国的扶贫任务依然艰巨。推行"党支部＋"助推产业脱贫模式，把产业扶贫导入党组织建设工作，充分发挥"五星争创""党员先锋指数""红色细胞工程"等活动的优势，逐步构建红色细胞、红色阵地、精准扶贫的网络党建新体系[8]。加快推进新形势下精准扶贫的主体党组织建设工作，促进党支部与产业脱贫的深度融合，激发两者融合的内生动力，使贫困山区的脱贫攻坚事业得到了事半功倍的效果，并形成了可借鉴与推广的典型模式。

一 充分整合资源，实现党建扶贫突破

虽然扶贫攻坚自上而下的政策、项目、资金扶持较多，但在具体操作中因资源分散、制度条例等限制，造成基层普遍存在单打独斗的工作态势。因此必须坚持统筹各方资源，在推进党建扶贫中树立"一盘棋"观念，充分发挥组织优势，注重项目、资金、人力、政策整合，集中攻坚、精准发力，切实保证扶贫攻坚效益最大化[9]。

二 完善现有贫困地区"党支部＋"助推产业脱贫体制机制

扶贫开发作为长期性、系统性工程，要常态长效推进，健全体制机制是重要保障。只有制定科学的保障机制、激励机制、责任机制、考评机制，促进各级党组织自觉履行政治责任，主动激发决战决胜内生动力，才能保障服务扶贫攻坚常态发力、久久为功。不完善的法律体制和"党支部＋"助推产业脱贫机制，还不能建立起农民对此项工作的信任，要及时使体制机制的建立与完善跟上改革的步伐，提高农民的参与度，共享改革成果[10]。

三 丰富"党支部＋"助推产业脱贫模式方式方法

边疆少数民族贫困地区党组织要充分发挥组织优势、组织功能和组织力量，科学制定发展规划，挖掘地方优势资源、选准目标产业、打造特色品牌。加大招商引资的力度，整合项目资金，创新探索多种"党支部＋"助推产业脱贫模式，因地制宜发展脱贫产业，深入细致做好产业发展风险评估，尊重群众主体地位，做优、做特、做强产业，为农民脱贫致富提供有力支撑[11]。

四 发挥党员同志的先锋模范作用，激发贫困户的内生动力

党员宣传送进来，群众双手动起来。贫困村第一书记经常带领党员干部深入贫困户家中，了解贫困户的思想动态，积极引导他们努力克服"等、靠、要"的思想，树立起"宁愿苦干，不要苦熬"的意识，充分发挥贫困户的主观能动性，变被动脱贫为主动脱贫，从"要我脱贫"到"我要脱贫"，不断提振他们"自力更生、艰苦奋斗"的精气神。

经过反复宣传有关产业的帮扶政策，反复宣传勤劳致富、脱贫光荣的思想，贫困群众的主观能动性被充分调动起来，内生动力被充分激发出来。

五　发挥基层党组织在产业扶贫中的坚强后盾作用

"输血"式扶贫能够解决困难群众的"燃眉之急"，但并非"管根本、利长远"之策。现阶段如何提高困难群众自我发展能力的"造血"式扶贫、凸显贫困户的主体性作用已成为产业精准扶贫的重中之重，需要发挥基层党组织的坚强后盾作用，着重强调贫困户自身拥有的土地、劳动力要素的参与，真正建构多主体、多要素参与的机制，实现贫困户自身潜力的挖掘。在党组织的带动下，助力搭建产业发展的实体框架，农户或是以土地入股、就地务工，或是自己用土地发展产业，积极参与生产，以实现长效可持续发展[12]。

参考文献

[1] 武盛明. 精准扶贫对"金融+"提出的新要求 [J]. 现代营销（下旬刊），2016，(6)：248.

[2] 习近平. 坚决打好扶贫开发攻坚战 [J]. 老区建设，2015，(1)：2.

[3] 中共中央办公厅，国务院办公厅. 关于创新机制扎实推进农村扶贫开发工作的意见 [N]. 人民日报，2014-01-26 (1).

[4] YANG Ren-yi, ZHAN Wen-hui, QIAN Qian, et al. The model of poverty alleviation and income growth by developing plateau-characterized agriculture and its achievements analysis in Yunnan Province—a case study in Midu County, Dali Bai Autonomous Prefecture [J]. Agricultural Science & Technology, 2017, 18 (4)：744-746, 752.

[5] Zisheng YANG, Renyi YANG, Yanbo HE, et al. Industrial poverty alleviation model in south-western high-altitude mountainous areas of China—a case study of industrial poverty alleviation of Xueshan Township in Luquan County of Yunnan Province through planting codonopsis pilosula [J]. Asian Agricultural Research, 2019, 11 (3)：48-54.

[6] 杨子生. 大盈江流域土地资源开发保护与精准扶贫方略 [C]//刘彦随，杨子生，方斌. 中国土地资源科学创新与精准扶贫研究. 南京：南京师范大学出版社，2018：19-27.

[7] 国务院. "十三五"脱贫攻坚规划 [M]. 北京：人民出版社，2016：1-79.

[8] 徐明强，许汉泽. 新耦合治理：精准扶贫与基层党建的双重推进 [J]. 西北农林科技大学学报（社会科学版），2018，18 (3)：82-89.

[9] 曾美海. 新时代党建扶贫精准化路径探索 [J]. 理论与当代，2018，(7)：16-18.

［10］田骄．基层党建与精准扶贫何以协同并进［J］．人民论坛，2018，（29）：112 - 113.

［11］杨龙，李宝仪，赵阳，等．农业产业扶贫的多维贫困瞄准研究［J］．中国人口·资源与环境，2019，29（2）：134 - 144.

［12］刘益曦．"党建＋"模式下社会力量参与农村精准产业扶贫的模式构建——以三魁镇薛内村村企合作模式为例［J］．湖北农业科学，2018，57（11）：135 - 139.

第六章
务工增收脱贫模式

第一节　研究目的与意义

随着我国工业化进程的不断推进，城镇发展创造了更多的劳动力需求，而农村特别是地处山区的农村依然存在严重的人地关系矛盾，即土地现有的生产力满足不了农民对美好生活的需要，因此，从城乡视角看，我国农村人口由农村向城镇持续转移。"农村剩余劳动力转移的基本机理是市场经济的资源（要素）配置原理，根本动因是城乡（或农业与非农业）收入差距，根本障碍则是人力资本积累的缺乏和制度制约"[1]。在贫困地区，有一大批农户有潜在劳动力，但因各方面条件限制，无法发挥其作用，导致其贫困。其原因有两点，第一是有身体素质但缺乏技能，第二是有技能但缺乏就业机会。因此，在脱贫攻坚中，急需要做的工作就是培训农户并帮扶其就业，使其脱贫。在这一方面，地处云南省东北部、昆明市北部的寻甸县，对于务工增收脱贫的做法具有很强的战略考量，既包括技能培训，又包括帮扶寻找就业机会，效果十分显著且可持续。

为着力提升贫困家庭劳动力就业技能水平和致富能力，促进农民增收脱贫，自脱贫攻坚工作开展以来，寻甸县围绕"培训一人、就业一人、脱贫一户、带动一片"的目标，制定技能扶贫专项行动工作方案和务工增收脱贫一批工作方案，抓实培训就业工作，助推精准脱贫。2017年4月17日，中共寻甸县委办公室、寻甸县人民政府办公室印发了《寻甸回族彝族自治县2017年务工增收脱贫一批工作实施方案》（寻办通〔2017〕26号）的通知，要求各乡镇（街道）党委（党工委）、政府（办事处）、县直有关单位按此落实。该方案的出台为寻甸县2017年顺利脱贫摘帽起到了重要作用，也为后续巩固务工增收脱贫的成效和做法奠定了基础。

本章对寻甸县务工增收脱贫模式进行调查和探究，从其具体做法入手，在对其工作领导体制、培训方式、帮扶思路、工作机制、扶贫成效进行梳理的基础上，调查了50户脱贫户的2018年务工收入情况，具体分析这50户的务工增收脱贫效果。同时，本章梳理了寻甸县务工增收脱贫模式的成功经验，并针对该模式存在的问题进行了分析。

第二节　务工增收脱贫模式的具体做法

一　成立强有力的领导小组

寻甸县成立了由县委书记和县长为双组长的务工增收脱贫一批工作领导小组，负责全县务工增收脱贫一批工作的组织领导、督促检查、协调服务；制定并监督执行促进农民就业、实现农民就业持续增收的政策措施；分解下达相关目标任务，并负责检查和考核；定期组织召开成员单位会议，协调解决工作中出现的困难和问题；指导各乡镇（街道）抓好农民培训和转移就业工作；做好宣传教育引导工作，共同营造促进农民就业创业、实现农民增收的良好社会氛围。

同时，该县成立各乡镇（街道）务工增收脱贫一批领导小组，领导小组由各乡镇（街道）脱贫攻坚战区指挥部兼任并负责履职。各乡镇（街道）务工增收脱贫一批领导小组下设办公室在乡镇（街道）社会保障服务中心，负责开展本辖区的农村劳动力资源调查，开展就业技能培训，收集有外出务工意愿的人员名单，组织转移就业，做好外出务工人员的后续跟踪服务工作。

二　制定多方面可执行的工作措施

一是摸底调查。做好辖区内的劳动力就业摸底调查工作，掌握适龄劳动力资源状况及就业状况、有参与培训意愿的人员数量和有外出务工意愿的人员数量，摸清工作底数，为做好务工增收脱贫工作打下坚实基础。

二是加强宣传。充分发挥农民就业信息员队伍作用，加大对农村劳动力转移就业培训政策的宣传力度，积极发动本辖区富余劳动力外出务工。县人力资源社会保障局、县气象局加强沟通协作，充分利用全县气象信息平台发布就业岗位信息，实现送岗到村。

三是开展劳务合作。县人力资源社会保障局充分利用商会、第三方劳务中介机构的就业岗位资源优势，遴选一批薪资待遇高、工作生活条件好的企业开展劳务合作，通过引入竞争机制对口输出劳动力。

四是开展订单式培训。县人力资源社会保障局负责收集劳务合作企业的用工需求，各挂包帮扶单位在开展各类职业技能培训工作中，培训对象要重点向建档立卡贫困户倾斜，根据企业的用工需求开展订单式、定向式培训，确保培训学员就业率稳步提升。县人力资源社会保障局采取多种方式开展农村劳动力转移就业引导性培训，从外出务工常识、法律法规、农民工维权、语言、生活习惯等方面提升外出务工人员的整体素质，确保劳动力输得出、驻得下、干得好。

五是积极搭建就业平台。县人力资源社会保障局带领各乡镇（街道）积极为劳动力的供需双方搭建平台，开展"农村劳动力转移就业百日行动""春风行动""送岗下乡""民营企业招聘周""高校毕业生就业服务月"等各类招聘活动。县人力资源社会保障局每年组织开展一次大型招聘会，各乡镇（街道）单独或联合开展至少一次招聘活动（县劳动就业服务局负责收集提供就业岗位并组织企业到场招聘，各村委会负责组织人员参加招聘会），通过县、乡、村三级联动，积极促进劳动力充分就业。

六是分类组织转移就业。根据全县贫困劳动力的技能水平、文化层次等实际情况，实行分类别转移就业，对文化层次、劳动技能水平高且有外出务工愿望的劳动力，实施赴外地转移就业；对文化水平、劳动技能水平不高，或者是因为需要照顾家庭无法外出务工的劳动力，实施就近就地转移就业；在实施扶贫工程和基础设施建设，各行业选聘工作人员，推进"四区一城"及城镇化、工业化、农业现代化建设和"五网"建设过程中，优先录用有务工需求的建档立卡贫困人员；各乡镇（街道）与招商引资企业建立用工信息互通机制，统筹协调以村委会为单位提供劳动力，县投资促进局协调招商引资落地企业优先录用建档立卡劳动力，县招商引资考核办严格对招商引资落地项目的招商引资就业贡献度进行考核；各挂包帮扶单位积极引导本部门挂钩联系的贫困户劳动力外出务工增收脱贫，向贫困户推荐适合其就业的岗位；县人力资源社会保障局积极收集、发布就业岗位信息，促进贫困劳动力就业，积极联系县内外用工企业开展劳务合作，建立以行政村为单位、以乡镇为主体、由县级统筹的劳务输出组织化机制，实施分批次成建制劳务输出；组织建档立卡人员到沿海发达地区务工增收，学技术、学管理、长见识，推动劳动力整体素质全面提升。

七是建立完善服务机制。各乡镇（街道）在本辖区外出务工党员较集中的企业建立流动党支部，抓好党建扶贫双推进工作；加强对本辖区外出务工人员的跟踪服务，每月实地走访一次外出务工家庭，并将留守人员的情况反馈给外出务工人员；每半年对外出务工人员进行一次实地走访，询问外出务工人员的工作生活情况，及时帮助协调解决外出务工人员的困难和问题；县人力资源社会保障局依托省市劳务工作平台建立流动劳务工作站，加强对外出务工人员的跟踪服务工作；县务工增收脱贫一批工作领导小组每年至少开展一次对外出务工人员的关爱活动，走访慰问外出务工人员，发放劳动力转移就业服务联系卡，为外出务工人员维权提供强有力的保障。

八是协调推动工作进度。县务工增收脱贫一批工作领导小组定期或不定期召开工作推进会，听取各乡镇（街道）工作情况汇报，及时研究解决工作中存在的困难和问题，确保工作目标任务圆满完成。

九是充分挖掘特色亮点。县人力资源社会保障局充分挖掘劳动力转移就业工作中的特色亮点和先进典型人物，注重树立劳务品牌；县委宣传部邀请省市主流媒体进行宣传报道，通过召开返乡座谈会，邀请外出务工人员代表就如何做好劳务培训工作、促进工人外出务工增收脱贫建言献策；请先进典型人物现身说法，开展劳务扶贫宣讲，充分发挥传帮带作用，带动更多贫困劳动力外出务工增收脱贫，营造劳务扶贫工作浓厚氛围。

十是总结推广经验做法。县人力资源社会保障局要对全县务工增收脱贫一批工作加强纵向指导、横向沟通，以点带面、认真总结，及时梳理推广好的经验做法，加快扩大全县劳务经济规模。

三　建立全方位的保障体系

一是落实技能培训补贴。在开展"新型职业农民培育工程""雨露计划""云岭职业素质提升工程""星火计划""农民工职业技能提升计划""青年领头雁"等技能培训过程中，各有关部门按政策规定给予相应补助。

二是实施学历教育补助。入读技工学校、中等职业学校的建档立卡贫困学生，除享受国家现有中等职业教育免学费、助学金等资助政策外，还可以从"雨露计划"培训资金中获得生活补助。对在读技工院校高级工、预备技师班的建档立卡贫困学生，按相关规定给予学费补助。

三是扶持创业带动就业。积极争取省市各类贷款支持，对符合"贷免扶补"和创业担保贷款条件的创业人员给予10万元贷款；对符合劳动密集型小企业贷款条件的创业人员给予不超过200万元贷款；对符合"两个10万元"微型企业培育工程贷款条件的创业人员给予不超过10万元贷款和3万元的一次性扶持补助。

四是鼓励企业吸纳就业。鼓励园区和招商引资落地企业吸纳劳动者就业。招商引资落地企业当年新招用的城乡劳动者，与其签订1年以上期限劳动合同的，每招用1人，政府给予企业一次性就业补贴400元；对招用男性45周岁、女性35周岁以上人员，与其签订并履行1年以上（含1年）期限劳动合同的，每招用1人，政府给予企业一次性就业补贴1000元。补贴资金按有关规定向市级财政申报。

五是推进示范基地建设。继续开展"农业创业示范村"建设工作，2017年寻甸县创建了2个"农业创业示范村"，培育扶持了1个特色突出、功能完善、承载能力强、具有示范带动作用的创业孵化基地及示范园区。对创建达标的，按有关规定申报市级财政给予"农业创业示范村"一次性补贴5万元；对创建达标的"优秀农民创业孵化基地及农业创业示范园区"，按有关规定申报市级财政给予"优秀农民创业孵化基地及农业创业示范园区"一次性补助20万元。

六是推行扶贫创业补助。围绕"脱贫、摘帽、增收"的主要目标，按照精准扶贫的要求，通过项目开发和引进，扶持创办企业和其他经济实体，对在县内创办企业、创办"一村一品""一品一园"或创业一条街的创业者，带动当地贫困人员2人以上10人以下（含10人）就业的，按有关规定申报市级财政给予经济实体一次性补助2万元；带动当地贫困人员10人以上30人以下（含30人）就业的，按有关规定申报市级财政给予经济实体一次性补助3万元；带动当地贫困人员30人以上就业的，按有关规定申报市级财政给予经济实体一次性补助5万元。

七是兑现创业场租补助。返乡外出务工人员在本乡镇（街道）、本村创办经济实体，且办理营业执照，稳定经营6个月以上、带动当地3人就业且签订1年以上期限劳动合同的，按有关规定申报市级财政给予创业者一次性场租补贴1万元。

八是及时调整。各有关部门及时督促指导各项惠民利民的新政策、好政策落实到位，确保群众最大限度地享受政策红利，共享改革发展成果。

第三节　务工增收脱贫模式的主要成效

一　整体成效

自2014年以来，寻甸县农村劳动力就业无论是在转移就业还是转移培训方面都取得了重大成效，5年来每年都超额完成任务，为脱贫攻坚战的胜利提供了有力保障。总的来说，寻甸县无论是在完成劳动力就业还是转移培训上都保持稳定，2014年到2018年5年累计农村劳动力就业125611人（见图6-1），比100700人的目标任务超额完成24.7%；2014年到2018年5年累计转移培训133554人（见图6-2），比118830人的目标任务超额完成12.4%。

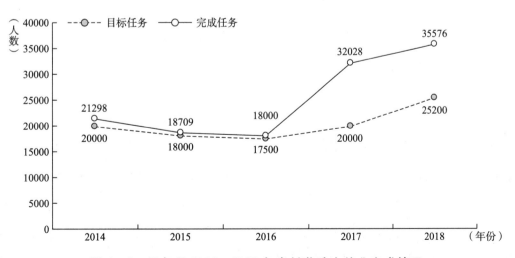

图6-1　寻甸县2014~2018年农村劳动力就业完成情况

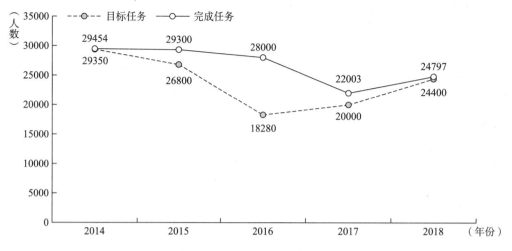

图 6 - 2　寻甸县 2014～2018 年农村劳动力转移培训完成情况

2014 年，共转移农村劳动力就业 21298 人，完成目标任务 20000 人的 106.5%；转移培训 29454 人，完成目标任务 29350 人的 100.3%。

2015 年，共转移农村劳动力就业 18709 人，完成目标任务 18000 人的 104%；转移培训 29300 人，完成目标任务 26800 人的 109.3%。

2016 年，共转移农村劳动力就业 18000 人，完成目标任务 17500 人的 102.8%，其中建档立卡贫困户 4456 人；转移培训 28000 人，完成目标任务 18280 人的 153%，其中建档立卡贫困人员 4304 人。

2017 年，共转移农村劳动力就业 32028 人，完成目标任务 20000 人的 160.14%，其中建档立卡贫困户 7210 人；转移培训 22003 人，完成目标任务 20000 人的 110%，其中建档立卡贫困人员 8843 人。

2018 年，共转移农村劳动力就业 35576 人，完成目标任务 25200 人的 141%，其中建档立卡贫困户 9590 人；转移培训 24797 人，完成目标任务 24400 人的 101%，其中建档立卡贫困人员 12400 人。完成新增国家职业资格目录外技能培训 1100 人（建档立卡 1100 人），完成目标任务的 110%。

2019 年截至 5 月，共转移农村劳动力就业 17706 人，完成目标任务 24000 人的 73.7%，预计可实现转移收入 1.83 亿元，其中建档立卡贫困户 7466 人，预计可实现转移收入 3845 万元。向昆明市主城区转移就业 767 人（含建档立卡人员 665 人），完成目标任务 1400 人的 54.7%。其中向西山区转移 638 人（含建档立卡人员 541 人），完成目标任务 1000 人的 63.8%；向度假区转移 129 人（含建档立卡人员 124 人），完成目标任务 400 人的 32.25%。共培训农村劳动力 4866 人，其中建档立卡贫困人员 2602 人，完成目标任务 24260 人的 20%。其中引导性培训 4076 人（含建档立卡贫困人员 2266 人），技能培训 500 人（含建档立卡贫困人员 136 人），精准扶贫技能培训 200 人（含建档立卡贫困人员 200 人），创业培训 90 人。

二 典型脱贫户务工增收效果

本次抽样调查选取了寻甸县功山镇的 50 个依靠务工脱贫的典型农户和 50 户没有外出务工人员的农户进行了调查，从调查结果来看，务工对农户脱贫起到了决定性作用。依靠外出务工的 50 户农户人均纯收入为 4813.98 元，而没有外出务工人员的 50 户农户人均纯收入为 4256.85 元，明显低于前者。由此可见，外出务工能显著提高农户的收入。这 50 户外出务工人员 2018 年人均务工收入为 9450.67 元，从这个角度来看，务工人员个体已经远远实现收入达标，而从家庭来看，如果仅计算务工收入，这 50 户家庭人均纯收入为 4099.81 元，明显超过了 2018 年贫困线标准（3500 元/人），这表明务工对脱贫攻坚成效有着重要的推动作用。这 50 户农户中，若只计算务工收入，有 26 户人均纯收入可达到 2018 年贫困线标准，占比超过 50%（见表 6 - 1）。

表 6 - 1 典型村脱贫户 2018 年务工收入情况调查

调查农户编号	家庭人口数（人）	务工人口数（人）	家庭总收入（元）	家庭务工总收入（元）	务工人员人均务工收入（元）	仅计算务工收入情况下的家庭人均纯收入（元）	仅计算务工收入是否能达到 2018 年贫困线标准
01	5	2	26000	26000	13000	5200	是
02	6	3	25200	16000	5333.33	2666.67	否
03	5	2	22000	22000	11000	4400	是
04	4	1	16000	11000	11000	2750	否
05	3	2	23100	20000	10000	6666.67	是
06	3	2	15000	12000	6000	4000	是
07	3	2	16000	16000	8000	5333.33	是
08	3	2	14000	11000	5500	3666.67	是
09	4	2	16000	13000	6500	3250	否
10	4	2	15000	12000	6000	3000	否
11	4	1	17000	14000	14000	3500	是
12	4	1	18000	13000	13000	3250	否
13	3	1	14000	14000	14000	4666.67	是
14	4	1	17000	9000	9000	2250	否
15	5	1	18000	12000	12000	2400	否
16	4	1	13000	8000	8000	2000	否
17	4	2	21000	16000	8000	4000	是
18	2	1	10000	9000	9000	4500	是

续表

调查农户编号	家庭人口数（人）	务工人口数（人）	家庭总收入（元）	家庭务工总收入（元）	务工人员人均务工收入（元）	仅计算务工收入情况下的家庭人均纯收入（元）	仅计算务工收入是否能达到2018年贫困线标准
19	4	2	18000	12000	6000	3000	否
20	4	2	19000	13000	6500	3250	否
21	3	2	17000	13000	6500	4333.33	是
22	3	2	18000	18000	9000	6000	是
23	3	1	16000	11000	11000	3666.67	是
24	2	1	19000	14000	14000	7000	是
25	3	1	16000	11000	11000	3666.67	是
26	5	2	24000	14000	7000	2800	否
27	4	1	15000	12000	12000	3000	否
28	3	1	26000	26000	26000	8666.67	是
29	3	1	25200	16000	16000	5333.33	是
30	4	1	19800	19800	19800	4950	是
31	4	2	16000	11000	5500	2750	否
32	7	2	23100	20000	10000	2857.14	否
33	4	1	15000	12000	12000	3000	否
34	2	2	26000	26000	13000	13000	是
35	4	1	19000	13000	13000	3250	否
36	5	1	14000	11000	11000	2200	否
37	3	1	14000	11000	11000	3666.67	是
38	4	2	16000	13000	6500	3250	否
39	4	2	15000	12000	6000	3000	否
40	4	1	14000	14000	14000	3500	是
41	2	1	18000	13000	13000	6500	是
42	3	1	14000	14000	14000	4666.67	是
43	3	1	17000	9000	9000	3000	否
44	5	2	14000	12000	6000	2400	否
45	3	1	13000	8000	8000	2666.67	否
46	5	2	21000	16000	8000	3200	否
47	4	1	15000	9000	9000	2250	否
48	2	1	18000	12000	12000	6000	是
49	4	3	28000	28000	9333.33	7000	是
50	3	1	16000	11000	11000	3666.67	是
平均	3.72	1.5	17908	14176	9450.67	4099.81	—

第四节　务工增收脱贫模式的成功经验

一　高位统筹，使培训转移就业工作更加有力

一是领导重视，高位推动。2017 年，寻甸县成立了由县委书记何健升，县委副书记、县长马郡担任双组长的县务工增收脱贫一批工作领导小组，统筹安排部署务工增收工作；成立务工增收脱贫一批分指挥部，确保各项工作高效推进。同时各乡镇、街道（战区）也成立相应机构，统筹抓好务工增收工作。县委书记、县长、分指挥部和各战区指挥长多次就农村劳动力转移就业工作进行深入调研、专题研究、统一部署。

二是优化架构，三级联动。寻甸县自务工增收工作开展以来，探索形成"县—乡—村"三级联动机制，传达精神、统一思想、分解目标，层层压实责任，有效助推各项工作有序开展。

三是加强督导、多方促动。一方面，县委、县政府将寻甸县农村劳动力培训 18980人、转移就业 20000 人的目标任务分解到乡镇（街道），把主城区精准帮扶寻甸县农村劳动力转移就业 2800 人的目标分解到科级及以上领导干部个人，以领导带动示范促进输出工作全面推进。另一方面，县纪委将劳动力培训转移就业工作列入"廉洁脱贫问效年"督查范围，成立专项检查组对劳动力培训转移就业工作进行督查。同时，县委、县政府目标督促办公室将劳动力培训转移就业列入督办项目，强力推进工作落实。

二　全面动员、精准宣传，使培训转移就业增收信心更加坚定

一是点对点、面对面精准宣传。充分发挥村委会就业信息员"熟面孔""本地人"的优势，挂联单位各级领导干部、驻村工作队员、帮扶干部以及志愿者定期进村入户，深入每一户建档立卡贫困户家中，利用讲政策、发传单、介绍岗位信息等方式，了解贫困户的培训需求，向建档立卡贫困户分析外出务工对经济收入及个人发展的重要性，全力确保宣传无死角。

二是多形式、多渠道精准宣传。在利用传统方式、保证宣传标语全覆盖的同时，县直各部门也利用自身的优势进行务工宣传，如通过气象信息平台，公交车、出租车滚动显示屏，给环保垃圾桶印字等形式、渠道进行宣传，让广大群众耳濡目染、全民知晓。

三是身边人、身边事精准宣传。在全县各个乡镇（街道）组织召开返乡农民工座谈会，对务工增收脱贫工作及相关政策做宣传，邀请农民工代表介绍成功经验，利用新闻媒体赴用工企业实地采访、制作宣传片，介绍企业情况，宣讲增收效果，使政策更加深入人心。

三 按需培训，使就业技能普遍提升

一是精准摸底，按需培训。摸群众意愿。对辖区内有培训意愿的学员的基本信息、需求工种等进行统计，为下一步培训奠定基础。摸企业需求。针对当地农业种养殖专业合作社、保洁物业公司等用工需求，进行"定岗式"培训。如在了解到鸡街镇兴平牧业公司对种猪养殖技术工有大量需求后，寻甸县就近就地组织了100名建档立卡贫困人员开展种猪养殖培训。先锋镇打磨箐村委会村民以花椒种植为主要收入渠道，针对当地建档立卡贫困户，专门组织了50人开展花椒种植技能培训。2019年针对塘子街道易隆社区苗鸡养殖专业合作社的养殖技术需求，寻甸县专门组织了50名苗鸡养殖建档立卡贫困人员开展林下苗鸡养殖培训。

二是因地制宜，工种多元。自2017年度以来，全县各乡镇（街道）根据劳动者意愿，结合本地实际开设了农机修理、电焊、家政服务、养老护理、育婴、美容、家畜饲养、茶艺及针对建档立卡贫困人员的种猪养殖、种牛养殖、经济农作物种植、核桃种植、花椒种植等22个实用专业，大大提高了农村劳动力的就业竞争力。

三是层层筛选，确定培训机构。通过前期报名登记备案、资格审查，县人社部门组织召开农村劳动力转移就业工作会议，通过就业部门负责人介绍到寻甸县登记备案培训机构的基本情况、现场发放《寻甸县就业培训机构确定评选意见表》、现场公布结果的方式，按照得票率从高到低，初步确定培训机构参与县就业培训工作，并在寻甸县政务网上进行公示。

四是送培训上门，方便群众。

五是强化跟踪，多重监管。培训开展过程中，依托昆明市劳动就业管理信息系统，县就业部门跟踪督查、各乡镇（街道）社保中心人员日常巡查、各村委会（社区）人员全程监管，严格把关，提高培训质量及群众满意度。

四 对口帮扶，使务工增收渠道更加宽敞

一是主动对接，互动推进。2017年6月，中共昆明市委办公厅、昆明市人民政府办公厅印发了《昆明市主城区精准帮扶贫困地区农村劳动力转移就业的实施意见（2017—2019年）》。寻甸县主动对接对口帮扶单位，对口帮扶单位也主动行动，在人力、物力、财力等多方面大力支持寻甸务工增收工作。比如云南滇中新区、西山区、滇池度假区，曾多次到寻甸县对接农村劳动力转移合作事宜，共商脱贫攻坚大计。

二是主动作为，真情帮扶。稳定就业岗位，是实现有效转移的重要条件。昆明市主城兄弟县区不仅调查收集用工信息，还在拓展就业岗位渠道上下大力气，由相关责任部

门和街道办事处提供的有效就业岗位数，接收转移就业人数，形成转移就业工作合力，为持续接收寻甸县农村贫困劳动力到昆明市就业筑牢基础，为寻甸县持续输出"留足后劲"。

五　政府主导，使务工增收供求更加优质

一是全面摸底，精准排查。寻甸县对劳动力就业情况进行了全面摸底调查，按照统一制作的《报名表》和《求职登记表》，各乡镇（街道）负责人、各村（居）委会（社区）工作人员详细登记、分类整合有意向外出务工人员特别是建档立卡贫困人员的年龄状况、文化程度、就业岗位类别、期望薪酬等信息。累计排查劳动力234033人，剩余劳动力19180人，为培训转移工作提供了人员保障。

二是强化考察，掌握需求。为让有意向外出务工人员获得优质岗位，寻甸县务工增收分指挥部和劳动就业部门通过实地走访、考察用工企业，深入了解企业工作环境、食宿条件、薪酬福利、岗位需求，为转移输出工作奠定了坚实的基础。

三是分类统计，按需供岗。在精准摸底排查的基础上，精准统计就业信息，确保提供就业岗位"适销对路"。根据农村劳动力的年龄、性别、文化程度、技术专长、就业意向、培训意愿、薪金要求等具体情况，收集提供符合条件的就业岗位。累计提供岗位20000余个，为贫困人员提供了更多的就业选择空间。

四是有序组织，批量输出。采取"政府牵线搭桥、企业面对面招工"的方式，由乡镇（街道）、村（居）委会（社区）、村组人员组织开展供需见面会，求职者与企业面对面洽谈，无缝对接。同时，对有外出就业意愿的农村劳动力全程护送，统一乘车批量转移到用工企业。

六　统筹兼顾，使务工增收覆盖更加全面

对于因身体素质差、文化水平低、家庭需要照顾等特殊原因无法外出务工的人员，寻甸县积极谋划，为这类人群寻找本地就业出路。

一是纳入生态保护员。寻甸县利用生态补偿和生态保护工程资金使当地有劳动能力的部分贫困人口转为护林员、水源保护区保洁员等生态保护人员，探索生态脱贫新路子。寻甸县现共有702名建档立卡贫困户护林员，每年护林员管护劳务补助668.1232万元，可解决贫困家庭人口的生活来源问题和提高生活水平，并可带动702个家庭2737人脱贫；清水海水源保护区共使用保洁人员112人，其中建档立卡贫困户40人，组长的工资待遇为1500元/月，一般保洁员为800元/月。

二是纳入乡村保洁员。寻甸县将农村"七改三清"长效机制建设与脱贫攻坚工作相

结合，推行乡村保洁员优先聘请建档立卡贫困户的办法，贫困村的保洁员全部从建档立卡贫困户中产生。保洁员工资按该村人口数配给保洁费包干使用，由乡镇政府和村委会按照实际需要合理调配。同时，县委农办按每名保洁人员每月 300 元进行补助。

三是就近就地务工。寻甸县将产业发展与务工增收相融合，在生猪、牛羊、禽蛋、水产、蔬菜、花卉、蚕桑、瓜果、中药材等多门类 187 个产业发展项目中，共吸纳 1489 名建档立卡贫困人员就业，达到本近就业、相互促进、贫困户稳定增收、产业可持续发展的良好成效。

与此同时，寻甸县还加强动态跟踪管理服务，县、乡、村逐步建立健全务工人员个人基本信息及就业情况。县成立劳务输出驻昆工作站，通过面对面谈心、走访用工单位等方式主动了解务工人员在生活和工作中遇到的困难和问题，详细记录、协调或汇报帮助解决，争做务工人员的"知心人"，进一步提高务工人员的留岗率，切实增强务工人员的获得感和幸福感。

第五节　务工增收脱贫模式的建议

一　关注务工对农村土地利用的影响

务工增收脱贫模式是一种农村劳动力的输出，将原本从事农业劳动的劳动力变为工人，这就使得农业劳动力减少，严重时会出现土地抛荒现象。如果不加以整治，会产生粮食安全隐患。目前，中国农村劳动力迁移和土地流转并未完全同步进行，二者呈现动态不一致性[2]，在对寻甸县的调查中土地利用率降低也得到了证实。

由表 6 - 2 可见，根据课题组对功山镇 100 户农户的调查发现，依靠外出务工的 50 户农户在务工前实际种植业面积合计为 22.133 hm²，务工后实际种植业面积减为 18.667 hm²，净减少了 3.466 hm²；从种植业产值上看，由原来的 15542.40 元/ hm² 下降为 13226.55 元/ hm²。这表明，务工不仅使得种植面积减少，也使得土地利用率下降，这是不可回避的问题。而横向比较，没有务工人员的农户种植业产值为 28380.14 元/ hm²，是有外出务工人员农户单位产量的 2 倍多。

表 6 - 2　寻甸县抽样调查农户 2018 年种植业情况

调查农户类别	家庭人口数合计（人）	实际种植总面积（hm²）	种植业总收入（元）	务工前种植业总面积（hm²）	务工前种植业总收入（元）
50 户有务工人员的农户	186	18.667	246900	22.133	344000
50 户没有务工人员的农户	197	29.200	828700	—	—

以上现象的原因主要有以下四个方面。

一是外出务工的多为年轻劳动力，身体条件好，而留在家中继续务农的多为老人或妇女，生产能力低，所以导致土地生产力降低。同时由于务工收入可观，对务农动力不足造成一定程度土地抛荒。这是由于从事农业的劳动力虽然流失，但外出务工人员的收入流回农村，间接补偿了农业生产减少造成的损失。而农业基础设施没有得到改善，从事农业劳动与务工获得的收入差距较大，因此农户情愿放弃部分土地，也不愿接受低廉的土地流转收入将土地转出，使得农业用地整体未被充分利用。由此可见，这种现象与务工后当地农业生产基础设施没有得到改善有关。

二是从农户心理来说，宁可让土地荒废一些，减少农作物生产，也要保留自己对土地的承包权，不交给集体，这实际是应对务工失业风险的保障措施。由此也可以从侧面说明农民对务工的长期稳定收入看低，这与农民工不能完全融入城市的忧虑有关。

三是由于农业生产所获得的收益远低于非农业生产。当农户转变为非农户时，非农收入在家庭中占比很大，对家庭收入起决定性作用，因此一些农户会放弃对农业生产的投入，将更多精力用于非农业生产，或将土地转让给仍然以农业生产为主的农户。

四是没有外出务工的农户在精准扶贫过程中将务农作为增收重点，对务农有较高的动力。由于传统的一般农作物种植附加值低，因此农户在政府的帮扶下开展了各式各样的特色作物种植，如烤烟、中药材、核桃、板栗等，大幅度提高了土地生产力，所以才有了上述调查结果。

以上现象是不可避免的，但也是急需解决的问题。建议有关部门从国家粮食安全和耕地保护的大局出发，制定出可运行的政策措施，针对务工对耕地利用的影响，进行土地高效开发，提高土地生产力。从以上调研数据可以看出，提高土地生产力是完全可以做到的，关键是用什么样的机制克服各方面的阻力，使得外出务工农户的土地也能得到合理的开发利用。因此，需要建立农地退出补偿机制，建立和完善退出农地的分配办法[3]。如果将外出务工与农村土地的关系处理得当，促进土地流转和规模经济，可以显著提高村庄农业总产出[4]。

以土地流转使农业生产规模化，促进土地节约集约利用是解决这一问题的有效办法。一是发挥政府的主导作用，在规划、统筹、解放思想上开展有效工作，促使土地被充分利用；二是加快农村基础设施建设，加大农业科技投入，提高土地生产力；三是完善城乡户籍制度和社会保障制度，使得农民的合法权益和利益得到有效保障，无后顾之忧；四是建设金融保障体系，使得人力、物力、财力能回流农村，发挥支撑作用；五是注重农业产业发展，提高龙头企业的带动作用，不断扩大主导产业规模、强化项目建设、拉动土地流转，从而助推土地节约集约利用[5-7]。

二 关注农民工市民化

上述土地问题为务工者离开家乡后的问题，而市民化则是务工者融入城镇的问题。2019 年 4 月 8 日，国家发展和改革委员会印发《2019 年新型城镇化建设重点任务》（〔2019〕0617 号）的通知指出，将继续加大户籍制度改革力度，在此前城区常住人口 100 万以下的中小城市和小城镇已陆续取消落户限制的基础上，城区常住人口 100 万 ~ 300 万的 II 型大城市要全面取消落户限制；城区常住人口 300 万 ~ 500 万的 I 型大城市要全面放开放宽落户条件，并全面取消重点群体落户限制。这是对农民工市民化的重要举措，对农户融入城市的户籍问题做出了明确指示。农村移民早就在城镇工作生活多年。移民失业率很低，他们自食其力，是城镇的建设者和纳税人，已经成为城市生活中不可或缺的一部分。但当前城市的配套设施仍然不完善，户籍制度与其体制机制仍然十分落后，导致农民工市民化受阻，这有失公平。

住房问题也是农民工市民化的一大障碍，城市要为退出农地者创造条件，在房屋供给、购房优惠等方面为务工者创造可安居的条件[6]。在障碍的成因研究中，王人扬认为，宁波市外来务工人员住房保障的重点就是要关注三方面要素，即经济要素、城市政策与管理要素、社会心理要素，其中经济要素是影响外来务工人员住房保障体系建设的根本[7]。由此看来，政府在保障住房价格方面要对农民工有适当倾斜。

除了户籍和住房问题以外，不仅要从政策、法律法规上保障农民进城务工的权益，还要注重各项规定的执行监督。要从公共部门、各类企业、非营利组织等多方位的举措来提高进城务工农民的境遇。因此在务工增收脱贫过后，还应当重点考虑农民工的融入问题，这不仅是为了稳固脱贫成果，更是对我国经济长期可持续发展，社会保持长期和谐稳定的战略考量。

参考文献

[1] 程名望. 中国农村劳动力转移：机理、动因与障碍——一个理论框架与实证分析〔D/OL〕. 上海：上海交通大学，2007〔2019 - 07 - 29〕. http://kns. cnki. net/KCMS/detail/detail. aspx? dbcode = CDFD&dbname = CDFD9908&filename = 2007153741. nh&uid = WEEvREcwSlJHSldRa1FhdkJkVG1BdXBvbjR1RERHVCtydHkwcWd6RFVpcz0 = $9A4hF_YAuvQ5obgVAqNKPCYcEjKensW4IQMovwHtwkF4VYPoHbKxJw!! &v = MTAwMjIyN0diSzlIZGJjnBFYlBJUjhlWDFMdXhhZUwzdEEaDFUM3FUcldNMUZyQ1VSTE9mWU9SbUZpRG1VTHpJVjjE = .

[2] 高铁梅. 计量经济分析方法与建模〔M〕. 北京：清华大学出版社，2009：147 - 188.

［3］吕天强．建立农村土地退出机制促使务工农民市民化［J］．南阳师范学院学报（社会科学版），2004，（10）：48－50.

［4］汤璨．外出务工对农业产出的影响研究——汇款与土地流转的作用［J］．中国物价，2018，（8）：70－72.

［5］王政芳，黄长明．外出务工型地区农村土地流转的现状及对策——以湖北省黄梅县为例［J］．农技服务，2016，33（11）：176－177.

［6］贺书霞．外出务工、土地流转与农业适度规模经营［J］．江西社会科学，2014，34（2）：60－66.

［7］陈浩，陈中伟．农村劳动力迁移与土地流转动态不一致分析——基于河南省进城务工农村劳动力的调查［J］．西北人口，2013，34（5）：63－68.

［8］王人扬．宁波市外来务工人员住房状况及住房保障体系研究［D/OL］．武汉：华中科技大学，2014［2019－07－29］．http://kns.cnki.net/KCMS/detail/detail.aspx? dbcode＝CDFD&dbname＝CDFDLAST2015&filename＝1014231891.nh&uid＝WEEvREcwSlJHSldRa1FhdkJkVG1BdXBvbjR1RERHVCtydHkwcWd6RFVpcz0＝$9A4hF_YAuvQ5obgVAqNKPCYcEjKensW4IQMovwHtwkF4VYPoHbKxJw！！&v＝MzA2ODdTN0RoMVQzcVRyV00xRnJJDVVJMT2ZZT1JtRmlEbVZZidkxWRjI2R3JHN0g5bkZyYycEViUElSOGVMUx1eFk＝.

第七章
产业发展夯实易地搬迁扶贫模式

第一节　研究目的与意义

中共十八大以来，精准扶贫成为我国扶贫开发的重大战略。2015 年 11 月，习近平在中央扶贫开发工作会议上系统阐述了"五个一批"重要扶贫思想[1]。之后，易地扶贫搬迁成为解决"一方水土养不起一方人"地区贫困人口脱贫致富的主要途径。2016 年 9 月，国家发展改革委员会印发了《全国"十三五"易地扶贫搬迁规划》，明确提出到 2020 年全国实现约 1000 万建档立卡贫困人口的搬迁安置和 647 万非建档立卡人口同步搬迁[2]，通过"挪穷窝""换穷业""拔穷根"，从根上解决居住在"一方水土养不起一方人"地区贫困人口的稳定脱贫发展问题。易地扶贫搬迁作为精准扶贫和精准脱贫"五个一批"脱贫路径之一，被赋予了重要的历史使命。

易地扶贫搬迁以"挪穷窝""换穷业""拔穷根"为主要手段，以实现"搬得出""稳得住""能致富"的目标。从过程上看，"稳得住"和"能致富"是易地扶贫搬迁脱贫最重要的环节，其关键在于具有持续稳定的收入来源。《全国"十三五"易地扶贫搬迁规划》明确要求，对于行政村内就近集中安置和建设移民新村集中安置的建档立卡搬迁人口，要确保每个家庭都有脱贫产业，每个有劳动力的家庭至少有一人掌握一门劳动技能[2]。产业扶贫既是完成脱贫目标任务最重要的举措，也是易地搬迁脱贫等其他扶贫措施实现长期稳定就业增收、取得扶贫实效的重要基础[3]。

产业扶贫是我国目前开展最为广泛的扶贫模式[4]，受到众多学者的广泛关注。黄承伟等[5]深入分析了贵州省石漠化片区草场畜牧业的产业扶贫模式，认为该模式兼顾了减贫与生态双重目标，同时认为同质性产业内部竞争、生态资源开发限度、产业化扶贫与贫困对象精准对接及参与主体利益保障等问题可能会给该产业扶贫模式带来风险；赵向豪等[6]以民族地区农业产业发展为关注点，构建了功能农业产业扶贫模式，并提出了完善利益联结机制等政策建议；林万龙等[7]基于河南、湖南、湖北、广西四省区调研总结，将各地产业扶贫实践归纳为产业发展带动扶贫模式、瞄准型产业帮扶模式和救济式产业帮扶模式 3 种，而只有瞄准型产业帮扶模式有助于贫困农户提升可持续发展能力；陈忠言[8]通过分析云南省的几种典型产业扶贫模式的扶贫绩效，认为深度贫困地区产业培育与发展的关键是发挥基层组织动员及桥梁作用，重在塑造村两委主要人员的职业经理人意识；古川等[9]认为产业扶贫需要建立稳固的利益联结机制，以维持参与主体之间的互惠的经济关系，以便带动产业扶贫持续健康发展。此外，部分学者也认为建立多元主体之间的良性互动能缓解参与主体地位不平等的问题，激发扶贫主体"内生"参与动力[4,10]。从已有研究中可以看出，确保产业扶贫精准到户，并建立扶贫主体之间的利益联结机制，形成互利互惠的良性互动关系是当前成功实现产业扶贫的基础，也是产业扶贫所面临的难点。基于此，本章以寻甸县的 2 个典型易地搬迁项目区（山后村与额秧村）为研究案例区，通过实地调研，采用乡村干部访谈和入户调查等形式，收集整理得到易地扶贫搬迁典型项目区产业扶贫实践的相关资料，分析其扶贫效益与成功经验，以期为其他地区的易地扶贫搬迁项目区产业发展提供案例支撑。

第二节　典型易地扶贫搬迁项目区的产业发展实践

近年来，寻甸县共实施了 23 个易地扶贫搬迁安置项目，成为全县打赢脱贫攻坚战的关键举措。本课题组于 2019 年 5 月对寻甸县典型易地扶贫搬迁项目及其配套产业发展状况开展了实地调研（包括对易地扶贫搬迁分管领导访谈、项目区实地查看和随机抽样入户调查等方式），收集整理得到山后村与额秧村两个易地扶贫搬迁项目有关产业扶贫的相关资料及典型搬迁农户的相关数据资料。两个项目的产业扶贫基本情况见表 7 - 1。

表 7 - 1　寻甸县典型易地扶贫搬迁项目区产业发展情况

项目区所在地	主要扶贫产业	参与主体	组织形式	贫困户参与的生产要素
山后村	香瓜、苗鸡、生猪、旅游	地方政府、村党总支、企业/合作社、贫困户	党支部 + 企业/合作社 + 贫困户	劳动力、土地、产业扶持资金
额秧村	生猪、蔬菜、羊肚菌、多肉、光伏、旅游	地方政府、村党支部、企业/合作社、贫困户	基层党组织 + 合作社 + 贫困户 + 龙头企业	劳动力、土地、产业扶持资金

一　典型项目产业发展实施情况

（一）山后村易地搬迁安置项目

该项目共搬迁安置了 23 户（83 人）建档立卡贫困户。为确保山后村贫困户保持稳定增收、实现长效脱贫，地方政府因地制宜，积极探索产业发展方向，以"党组织联建共建"的方式，由滇中新区引入第三方资金力量，帮扶山后村（迁出地）发展特色产业。依托云南呼济呱农业科技有限公司，在小海新村流转耕地5.33公顷，按照统一种植标准、统一技术服务、统一收购销售，产供销"一条龙"的模式，有计划地扶持建档立卡贫困户发展香瓜种植。同时，探索"党支部＋"模式，由钟灵社区（小海新村所在社区）党总支牵线，整合贫困户劳动力、林地、草场等资源，引领小海新村贫困户把入户帮扶资金（每户7000元）入股到合作社，由合作社按90%的市场价供给雏鸡或育成鸡（由合作社按程序免疫接种后），给每户贫困户70羽自主经营。合作社负责提供信息和技术培训，指导贫困户科学养殖，预防疾病，提高养殖质量。贫困户自养的土鸡（鸡蛋）可自主销售，也可由合作社按照保护价收购，并成立岚亚苗鸡养殖专业合作社党支部，对合作社与贫困户签订的合作协议进行监管，定期巡查及时帮助贫困户解决存在的问题，确保产业收益稳定。此外，村两委牵头在安置区背后的集体林地上，按照户均养殖20头生猪的规模统一规划建设1300平方米的猪圈集中养殖基地，并从附近大凹村流转土地3.07公顷，按户均0.13公顷分配给23户搬迁户进行耕种，以满足搬迁户发展传统种植业的需求。

（二）额秧村易地扶贫搬迁安置项目

该项目共搬迁安置了25户（101人）建档立卡贫困户。安置区建成农业光伏扶贫示范项目，为北京市朝阳区帮扶项目。项目总投资2280万元，由泛海集团捐资、汉能集团承建。按照"棚上发电、棚下种植"的立体发展理念，成功构建了"泛海扶贫＋产业扶贫"的"1＋5"扶贫模式（发电收益分配、土地租金、劳务创收、种植带动、旅游观光）。现额秧村已挂牌成立了寻甸光伏农业合作社，在光伏大棚下种植蔬菜、羊肚菌、多肉植物，扩大种植规模、拓宽销售渠道。共建设了68座蔬菜大棚、11座食用菌棚，确保带动额秧村建档立卡贫困彝族同胞，每户实现1万元以上增收。同时，将项目规划为观光农业生态园，培育成生态农业示范园、农民工返乡创业园、绿色食品生产园以及科普教育和农业科技示范园，把彝家生态农产品卖进机关、卖进企业、卖出寻甸。不断建立健全"基层党组织＋合作社＋建档立卡贫困户＋龙头企业"的产业扶贫利益联结机制，充分激发群众的内生动力，实现产业扶贫入户、群众脱贫有路的目标。

二 典型项目产业发展扶贫效益

产业发展的主要作用在于实现农户增收，以确保搬迁农户长效稳定脱贫。山后村项目和额秧村项目是寻甸县易地扶贫搬迁产业发展配套较为完善的两个典型项目。通过实地入户调查43户农户的家庭收入状况，结果显示山后村19户受访农户家庭总收入均值为 27393 元，其中产业发展收入均值达 19197 元（包括生猪养殖收入均值 14026 元、苗鸡养殖收入均值 4171 元、香瓜种植收入均值 1000 元），产业发展收入占家庭总收入的 70.08%（见表 7-2）；额秧村 24 户受访农户家庭总收入平均达 29077 元，其中产业发展收入均值达 12075 元（包括生猪养殖收入均值 2250 元、光伏发电收入均值 7000 元、大棚种植收入均值 2825 元），产业发展收入占家庭总收入的 40.72%（见表 7-3）。

表 7-2 山后村搬迁农户家庭收入构成调查情况

调查农户	家庭总收入（元）	产业发展收入（元）			产业发展收入所占比重（%）
		生猪养殖	苗鸡养殖	香瓜种植	
01	31364	15000	3200	1000	61.22
02	21048	11500	4000	1000	78.39
03	28003	14600	4500	1000	71.78
04	51299	23500	5000	1000	57.51
05	31255	20000	3000	1000	76.79
06	30316	13800	4050	1000	62.18
07	30403	12030	5000	1000	59.30
08	14564	6300	4000	1000	77.59
09	29381	17800	4800	1000	80.32
10	16472	6800	4000	1000	71.64
11	18892	9000	3200	1000	69.87
12	17491	10000	3200	1000	81.18
13	51495	28000	5600	1000	67.19
14	37297	20500	5000	1000	71.05
15	12196	5300	3200	1000	77.89
16	32005	16070	5500	1000	70.52
17	42174	24090	4800	1000	70.87
18	8925	4200	3200	1000	94.12
19	15886	8000	4000	1000	81.83
平均	27393	14026	4171	1000	—

表 7-3 额秧村搬迁农户家庭收入构成调查情况

调查农户	家庭总收入（元）	产业发展收入（元）			产业发展收入所占比重（%）
		生猪养殖	光伏发电	大棚种植	
01	28200	1700	7000	4000	45.04
02	33373	3000	7000	3500	40.45
03	28370	1800	7000	4000	45.12

调查农户	家庭总收入（元）	产业发展收入（元）			产业发展收入所占比重（%）
		生猪养殖	光伏发电	大棚种植	
04	10816	0	7000	0	64.72
05	31731	1700	7000	3600	38.76
06	15593	800	7000	4200	76.96
07	19622	2300	7000	3200	63.70
08	39854	4000	7000	4000	37.64
09	19387	1700	7000	3600	63.45
10	31359	4000	7000	4200	48.47
11	20978	2400	7000	3000	59.11
12	18418	3000	7000	3200	71.67
13	60738	0	7000	0	11.52
14	11388	800	7000	0	68.49
15	21046	4000	7000	4000	71.27
16	26231	3200	7000	3500	52.23
17	44336	4000	7000	3600	32.93
18	57364	3200	7000	4200	25.10
19	22203	1800	7000	3000	53.15
20	17096	1800	7000	2000	63.17
21	33200	4000	7000	4000	45.18
22	12648	2400	7000	0	74.32
23	75150	0	7000	0	9.31
24	18741	2400	7000	3000	66.16
平均	29077	2250	7000	2825	—

由上述两个项目的典型农户调查情况可以看出，产业发展对搬迁农户实现增收均产生了极大的促进作用，43 户整体产业扶贫收入占家庭总收入的比重达 53.73%，具有明显的扶贫效益。同时，产业扶贫基本实现了全覆盖，43 户搬迁户中仅额秧村项目涉及的 2 户因缺乏劳动力而只享受了光伏扶贫收益，其余 41 户均以劳动获益的方式参与到产业扶贫中，占 95.35%，充分体现了产业精准到户的扶贫要义。

第三节　易地扶贫搬迁项目区产业发展的成功经验

寻甸县的 2 个典型项目实践表明，产业发展是搬迁农户实现增收的有效途径。地方政府根据当地的实际情况，因地制宜、科学选择产业发展方向，并积极发动社会各界力量助力产业发展，取得了较为显著的扶贫成效，其成功经验值得进一步学习与探究。

一 长短产业结合，逐步转变产业发展方向

客观而言，产业发展通常需要相对较长的时间周期才可能培育出有持续经营能力的产业体系，有效带动贫困户长效脱贫与致富。然而，搬迁农户自搬迁入住之日起便面临生计问题，发展较长周期的产业难以及时满足搬迁农户的现实需求，因此产业发展的长短结合尤为重要。寻甸县的 2 个典型项目均以传统种养殖入手，将生猪养殖和大棚种植作为其短期的产业发展方式，充分利用搬迁户原有的劳动生产技能，有效缓解了搬迁农户的基本生计需求。在此基础上，2 个典型项目均以乡村旅游作为后期产业发展的重点，着力打造民族文化旅游项目，将第三产业（服务业）作为安置区经济社会发展的高级阶段。额秧村搬迁安置项目中间还引入了光伏产业作为第二产业发展。总体上看，安置区产业发展方式兼顾了传统农牧产业、现代轻工业及现代服务业，产业发展方向开始发生大幅度的转变，产业结构明显得到优化，有效缓解了额秧村安置区产业结构单一的现状。并且逐步沿着乡村振兴战略提出的"产业兴旺"的方向迈进，为后续乡村振兴打下了坚实的基础。

二 多主体协作，助力产业发展

寻甸县典型项目区产业发展是多主体共同协作的结果。在政府的推动下，以产业发展规划为前提，充分发挥村两委的组织、协调作用，最大限度地整合贫困户的劳动力、承包地、林地及产业扶持资金等生产要素，参与到产业发展过程中；积极引入社会力量（企业），提高资金投入水平，提升产业发展所需技术力量和产品销售渠道的畅通性，并成立产业发展专业合作社，对产业发展过程进行监督管理，形成强有力的风险防控机制。整体来看，多主体通力协作，形成了良性互动体系，有效解决了资金、技术、劳动力、土地、产品市场、风险防范等产业发展需面临的关键问题，保障了产业发展的顺利实施。

三 构建利益联结，实现稳定增收

贫困户与新型经营主体（企业、合作社等）之间形成稳固的利益联结机制是保障贫困户稳定增收的前提。寻甸县典型项目区产业发展以利益联结机制为重点，着重提升贫困户在产业发展过程中的参与度与利益分享权利：将 7000 元产业扶持资金或土地等资产入股合作社（企业），实现固定分红；合作社按照市场价 90% 的价格给贫困户提供雏鸡或育成鸡，构建起合作社与贫困户之间的供求利益关系；建立产品订单式管理模式，由合作社负责收购农户的苗鸡等产品，有效解决销售难的问题；定期对搬迁户进行劳动

技能培训，并优先雇用搬迁农户在大棚种植基地从事生产劳动；等等。利益联结促进了扶贫主体之间的良性互动，保证了产业扶贫的持续发展与互利共赢，使贫困户的稳定增收得以实现。

四 以"造血"扶贫为先导，实现产业精准到户

产业精准到户是产业精准扶贫与传统产业扶贫的主要区别，也是扭转传统产业扶贫效益边际递减的根本性举措，解决了以往产业扶贫"大水漫灌""精英俘获"等贫困户被边缘化的失准问题。寻甸县易地扶贫搬迁项目区产业扶贫以精准到户为原则、"造血"式扶贫为先导，劳动获益的产业覆盖面达 95.35%，充分体现了产业精准扶贫的"精准滴灌"原则。

第四节 政策启示

易地扶贫搬迁项目区产业发展是实现搬迁对象长效稳定脱贫的关键举措。与传统产业扶贫模式相比，精准扶贫背景下的产业扶贫应以精准到户为第一要义。增强贫困群众的产业发展参与度和利益分享度，是提高产业扶贫成效的基础。应以"按劳分配"为原则，充分挖掘贫困户的劳动潜能，督促其参与产业发展过程，杜绝不劳而获的"等、靠、要"思想。获利是产业扶贫参与主体的根本诉求，也是保障产业发展长效稳定的根本所在，摒弃以政府为主导的"输血"式扶贫模式，遵循以市场为导向的利益联结机制才能实现各参与主体的良性互动，有效推进产业扶贫的健康发展。

参考文献

[1] 习近平. 脱贫攻坚战冲锋号已经吹响 全党全国咬定目标苦干实干 [EB/OL]. (2015 – 11 – 28) [2019 – 07 – 29]. http://www.xinhuanet.com/politics/2015 – 11/28/c_1117292 150.htm.

[2] 国家发展改革委员会. 全国"十三五"易地扶贫搬迁规划 [EB/OL]. (2016 – 09 – 20) [2019 – 07 – 29]. http://www.ndrc.gov.cn/zcfb/zcfbghwb/201610/W02016103152083 8587005.pdf.

[3] 冯华. 《贫困地区发展特色产业促进精准脱贫指导意见》解读 [EB/OL]. (2016 – 05 – 30) [2019 – 07 – 29]. http://www.scio.gov.cn/34473/34474/Document/1478861/14 78861.htm.

［4］纪丽娟，裴蓓．参与式治理视角下的产业扶贫模式创新——基于陕西 LT 县的扶贫调研［J］．陕西行政学院学报，2015，29（3）：118－121.

［5］黄承伟，周晶．减贫与生态耦合目标下的产业扶贫模式探索——贵州省石漠化片区草场畜牧业案例研究［J］．贵州社会科学，2016，（2）：21－25.

［6］赵向豪，陈彤．中国民族地区功能农业产业扶贫模式研究［J］．农业经济与管理，2018，（5）：40－47.

［7］林万龙，华中昱，徐娜．产业扶贫的主要模式、实践困境与解决对策——基于河南、湖南、湖北、广西四省区若干贫困县的调研总结［J］．经济纵横，2018，（7）：102－108.

［8］陈忠言．产业扶贫典型模式的比较研究——基于云南深度贫困地区产业扶贫的实践［J］．兰州学刊，2019，（5）：161－175.

［9］古川，曾福生．产业扶贫中利益联结机制的构建——以湖南省宜章县的"四跟四走"经验为例［J］．农村经济，2017，（8）：45－50.

［10］胡振光，向德平．参与式治理视角下产业扶贫的发展瓶颈及完善路径［J］．学习与实践，2014，（4）：99－107.

第八章
健康扶贫 "5+5" 模式

第一节　研究目的与意义

实施精准扶贫、精准脱贫的重大政策，已成为推进落实 "十三五" 规划和实现 2020 年全面建成小康社会目标的时代使命[1]。在实施精准扶贫战略中， "两不愁、三保障" 是我国精准脱贫的标准和打赢脱贫攻坚战的总体目标[2]。在 "两不愁、三保障" 中，基本医疗有保障是 "三保障" 的重要组成部分。让群众 "病有所医，医有所保"，保障人民群众身体健康是全面建成小康社会的重要内涵[3]。2013 年以来，中共中央把健康扶贫作为打赢脱贫攻坚战的一项重要举措，做出了一系列重大决策部署。中共十九大把实施健康中国战略上升到决胜全面建成小康社会、开启全面建设社会主义现代化国家新征程的战略部署[4]。可以说，没有全民健康，就没有全面小康。许多研究表明，低收入群体罹患重大疾病的可能性大于高收入群体，贫困人口即使脱贫后也可能面临患病风险，导致再次因病返贫。同时，非贫困户也面临因病致贫而成为新贫困户的风险。贫困与疾病通过许多联结相互影响、反复循环。因此，健康扶贫将是一个长期的重点扶贫方式[5]。健康扶贫是脱贫攻坚战中的一场重要战役，事关群众切身利益，事关脱贫攻坚大局。

寻甸县是全国 592 个国家扶贫开发工作重点县之一，山区、高寒山区占全县总面积的 87.5%，集 "民族、贫困、山区、革命老区" 四位一体。2014 年，全县有建档立卡贫困人口 33358 户 127960 人，贫困发生率为 26.93%。其中，因病致贫和返贫 2743 户 3095 人，因病致贫、返贫率为 8.2%。通过近几年的脱贫攻坚工作，截至 2017 年底，全县 8 个贫困乡、113 个贫困村达到脱贫标准，全县累计减少农村贫困人口 126311 人，贫困发生率由 2014 年的 26.93% 下降到 2017 年末的 0.35%。农村常住居民人均可支配收入由 2014 年的 6113 元增长到 8229 元，城乡面貌发生了巨大变化，农民生活水平显著提高，全县整体达到现行脱贫摘帽的标准，终于摘掉戴了 30 多年的 "穷帽子"，成为云南省首批脱贫摘帽县。2017 年末全县未达脱贫标准的 594 户 1649 人中，因病致贫返贫 208

户 647 人，因病致贫返贫占未达脱贫标准人数的 39.2%。为有效防止因病致贫、因病返贫，根据《昆明市人民政府办公厅关于印发昆明市贯彻落实云南省健康扶贫 30 条措施实施方案的通知》（昆政办〔2017〕144 号）的要求，寻甸县结合本县实际情况，研究并提出了健康扶贫"5+5"工作模式。通过实施这一工作模式，探索出一条符合寻甸县实际情况的健康扶贫之路。截至 2018 年底，寻甸县贫困发生率已进一步降至 0.25%。这一模式极大地改善了群众的就医环境，改善了贫困地区的医疗条件，得到了各族群众的一致认可，提高了群众的满意度和获得感，有效防止了因病致贫、因病返贫的现象发生，也为其他贫困地区推进健康扶贫工作提供了宝贵的经验。本章着力总结和凝练了寻甸县健康扶贫的具体做法、主要成效、成功经验、启示与借鉴，同时，还分析了该模式当前存在的主要问题，并提出了相应的对策和建议，旨在为其他贫困地区的健康扶贫工作提供参考和借鉴。

第二节　健康扶贫"5+5"模式的具体做法

寻甸县在"寻甸县脱贫攻坚指挥部"之下专门设立了"健康救助脱贫攻坚分指挥部"，这一分指挥部紧紧围绕加强医疗服务能力建设、提升公共卫生服务能力等方面，着力实施了"5+5"工作模式，有效防止了因病致贫、因病返贫和因病漏评。

一　建立完善"五重保障"医疗体系

一是基本医疗保险。建档立卡贫困人口在乡镇卫生院住院实施零起付线，按照分级诊疗、转诊转院的规范在定点医疗机构住院。提高城乡居民基本医疗保险的报销比例，合规医疗费用在一级联网结算医疗机构的报销比例达到 95%，在二级联网结算医疗机构的报销比例达到 85%，在三级联网结算医疗机构的报销比例达到 80%。自 2015 年以来，全县建档立卡贫困人口医疗费用基本医疗保险报销 8665.9 万元。

二是大病保险。建档立卡贫困人口大病报销起付线由原来的 2 万元降低为 1 万元，降低了 50%，大病保险最高支付限额由原来的 9.8 万元提高到 18.3 万元。建档立卡贫困人口在自然年度内个人自付医疗费 1 万元以上（含 1 万元）3 万元以内的报销 50%，3 万元以上（含 3 万元）4 万元以内的报销 60%，4 万元以上（含 4 万元）5 万元以内的报销 70%，5 万元以上（含 5 万元）25 万元以下的报销 80%。自 2015 年以来，全县建档立卡贫困人口医疗费用大病保险报销 334.6 万元。

三是民政医疗救助。取消建档立卡贫困人口的民政医疗救助起付线，年度累计救助封顶线不低于 10 万元。自 2015 年以来，全县建档立卡贫困人口医疗费用民政救助

457.2 万元。

四是政府兜底保障。建档立卡贫困人口通过基本医疗保险、大病保险、民政医疗救助报销部分医疗费后，符合转诊转院规范住院治疗费用实际补偿比例达不到90%和个人年度支付符合转诊转院规范的医疗费用仍然超过当地农村居民人均可支配收入的部分，由政府进行兜底保障。确保建档立卡贫困人口住院医疗费用个人自付比例不超过10%，门诊费用个人自付比例不超过20%，年度个人自付累计费用不超过当地居民人均可支配收入。自2015年以来，全县建档立卡贫困人口医疗费用政府兜底保障1288.8万元。

五是临时医疗救助保障。对建档立卡贫困人口和农村低收入人口，其政策范围内的医疗费用，经基本医保、大病保险、民政医疗救助和政府兜底保障等措施救助后，个人年度累计自付部分还有可能造成"因病致贫、因病返贫"的，通过本人申请给予临时医疗救助。原则上每人每年救助金额不超过2万元。自2015年以来，全县建档立卡贫困人口医疗费用临时医疗救助保障384.9万元。

二 落实五项优惠服务政策

一是全员免费参保待遇。建档立卡贫困人口全员参加城乡居民基本医疗保险和大病医疗保险，个人缴费部分由政府全部兜底。建档立卡贫困人口全员享受城乡基本医疗保险和大病保险相关待遇。2017年全县参加城乡居民基本医疗保险和大病医疗保险的建档立卡贫困人口有127957人，达到100%参保，政府补助2303.2万元。

二是"先诊疗、后付费"及"一站式"结算服务。建档立卡贫困人口在"健康扶贫定点医院"（县第一人民医院、县中医医院和16家乡镇卫生院）看病就医实行"先诊疗、后付费"服务，无须缴纳住院押金，直接治疗。"健康扶贫定点医院"均开设"建档立卡贫困人口服务窗口"，实行"一站式"结算服务。医院对各类报销补偿资金统一进行垫付，建档立卡贫困患者只需缴清个人自付费用即可。2017年建档立卡贫困人口看病就医160294人次。

三是大病集中救治服务。建档立卡贫困人口罹患儿童白血病、儿童先天性心脏病、食管癌、胃癌、结肠癌、直肠癌、终末期肾病、重性精神病等9类20种大病的，优先安排集中救治。2017年，全县患9类20种大病的建档立卡贫困人口有1100人，由县第一人民医院联合省、市级医院，按照"病人不动专家动"的原则，实现建档立卡贫困大病患者100%得到救治，做到"一人一档一方案"。

四是家庭医生签约服务。建档立卡贫困人口享受家庭医生签约服务，由家庭医生团队提供基本医疗、公共卫生和约定的健康管理服务。2017年，全县组建家庭医生团队

179 个，签约建档立卡贫困户 127957 人，随访服务 511828 人次。

五是巡回医疗帮扶服务。由市、县级医院派出专家，与乡镇卫生院的医生和乡村医生组成医疗帮扶小分队，定期对建档立卡贫困人口进行义诊、健康指导等巡回医疗帮扶服务。2017 年，昆明市 16 家城市医院与寻甸县 2 家公立医院和 16 家乡镇卫生院建立了长期稳定的结对帮扶关系，派出医疗技术指导人员 1501 人次，接诊贫困患者 12516 人，免费发放药品 88143 元；县级 2 家医院派出医疗技术指导人员 670 人次，接诊贫困患者 5222 人，免费发放药品 51885 元；乡级 16 家卫生院派出医疗技术指导人员 870 人次，接诊贫困患者 8454 人，免费发放药品 15466 元。

第三节　健康扶贫"5＋5"的主要成效

通过实施健康扶贫"5＋5"工作模式，寻甸县的医疗卫生工作得到持续提升，基础设施建设得到不断加强，乡镇卫生院、村卫生室标准化建设达标，设施设备标准化配置到位，极大地改善了群众的就医环境，改善了贫困地区的医疗条件，得到了群众的信任和一致认可，提高了群众的满意度和获得感，有效防止了因病致贫、因病返贫的发生。

一　全面提升了群众的满意度和获得感

全县 2 家公立医院和 16 家乡镇卫生院为"健康扶贫定点医院"设立"贫困人口健康服务窗口"，开通绿色通道方便就诊。建档立卡贫困人口看病就医实行"先诊疗、后付费"服务，无须缴纳住院押金，直接住院治疗，极大地方便了贫困群众看病就医。各健康扶贫定点医院建成"一站式"结算平台，实现了患者医疗费用一次性结算和报销。组建家庭医生团队 224 个，建档立卡贫困户与家庭医生签约 127957 人，签约率达100%。由家庭医生团队为建档立卡贫困人口提供基本医疗、公共卫生和约定的健康管理服务，进一步增强了群众的满意度和获得感。

通过对 20 户大病户 2018 年医药费状况调查表明，这 20 户大病户 2018 年应付医疗费占家庭总纯收入的比例平均为 41.63%，最低为 16.66%，最高达 106.11%（即应付医疗费超过了家庭总纯收入）；按健康扶贫政策报销后，实际支付医疗费占家庭总纯收入的比例平均为 4.11%，最低仅为 1.57%，最高也只有 10.61%，报销比例均达 90% 以上（见表 8 - 1）。

表 8 – 1　寻甸县部分大病户 2018 年医药费状况调查一览

调查农户编号	家庭人口数（人）	家庭纯收入合计（元）	家庭人均纯收入（元）	应付医药费情况		实付医药费情况		报销比例（%）
				应付医疗费（元）	占家庭总纯收入的比例（%）	实付医疗费（元）	占家庭总纯收入的比例（%）	
01	4	21893	5473.25	8090.00	36.95	807.50	3.69	90.02
02	4	19730	4932.50	6675.58	33.83	627.56	3.18	90.60
03	3	11651	3883.67	8744.77	75.06	864.48	7.42	90.11
04	3	17236	5745.33	8755.99	50.80	870.10	5.05	90.06
05	3	24312	8104.00	4290.42	17.65	427.34	1.76	90.04
06	5	29983	5996.60	8350.75	27.85	816.90	2.72	90.22
07	4	16253	4063.25	4109.67	25.29	400.97	2.47	90.24
08	2	13044	6522.00	2515.16	19.28	231.52	1.77	90.80
09	5	26913	5382.60	28556.36	106.11	2855.64	10.61	90.00
10	2	11848	5924.00	5472.48	46.19	537.25	4.53	90.18
11	2	20497	10248.50	17746.02	86.58	1714.60	8.37	90.34
12	3	28403	9467.67	4730.63	16.66	446.65	1.57	90.56
13	4	37402	9350.50	9127.08	24.40	886.29	2.37	90.29
14	4	51039	12759.75	19903.64	39.00	1980.36	3.88	90.05
15	5	27888	5577.60	13233.56	47.45	1313.36	4.71	90.08
16	5	30730	6146.00	5597.50	18.22	539.75	1.76	90.36
17	3	13862	4620.67	2325.54	16.78	217.01	1.57	90.67
18	7	86842	12406.00	25136.14	28.94	2503.62	2.88	90.04
19	2	13862	6931.00	2384.95	17.20	225.00	1.62	90.57
20	4	44696	11174.00	42392.78	94.85	4239.28	9.48	90.00
平均	3.7	27404.2	7235.44	11406.95	41.63	1125.26	4.11	90.14

二　减少了建档立卡贫困户因病致贫、因病返贫的现象发生

通过严格按照"三个一批"（大病集中救治一批、慢病签约管理一批、重病兜底保障一批）进行分类管理，全县建档立卡贫困人口中因病致贫返贫人数核准完成率达到100%，"三个一批"录入全国健康扶贫动态管理系统4468人，其中需要大病集中救治一批985人，已救治985人，救治率100%；需要慢病签约管理一批3481人，已签约3472人，签约率99.7%；需要重病兜底保障一批2人，已兜底2人，兜底率100%。通过实施健康扶贫"5 + 5"模式，寻甸县因病致贫返贫人数已从2743户3095人降至208户647人。截至2018年底，寻甸县贫困发生率已经从2014年的26.93%降至0.25%。

三 医疗卫生工作得到持续提升

寻甸县医疗基础设施建设得到不断加强，乡镇卫生院、村卫生室标准化建设达标，设施设备标准化配置到位，极大地改善了群众的就医环境，改善了贫困地区的医疗条件。通过巡回医疗帮扶服务，偏远地区的贫困户也能得到高水平医生的诊断和治疗。通过激励优秀医学人才向基层流动政策，越来越多的高素质医学人才深入基层，基层的医疗卫生得到了明显的提升，各项工作可以更加高效地开展。

第四节 健康扶贫"5+5"模式的成功经验

一 政府主导与推进是前提和保障

健康扶贫"5+5"模式，是根据《昆明市人民政府办公厅关于印发昆明市贯彻落实云南省健康扶贫30条措施实施方案的通知》（昆政办〔2017〕144号）的要求，在贯彻落实《云南省健康扶贫30条措施》和《昆明市健康扶贫攻坚工作方案》的过程中，寻甸县结合本县实际情况探索出来的一项行之有效的健康扶贫政策措施。整个健康扶贫模式的运转，全部基于政府的支持和推进。所有健康扶贫资金，均由政府投入。如果没有政府的主导，那么这个模式就会不复存在，因此，政府的主导与推进是整个健康扶贫模式实施的前提和保障。

二 五重保障与五项优惠是中心内容

健康扶贫"5+5"模式，指的就是上述五重保障和五项优惠，是这个健康扶贫模式的中心内容。简言之，五重保障包括基本医疗保险、大病保险、民政医疗救助、政府兜底保障、临时医疗救助保障；五项优惠包括全员免费参保待遇、"先诊疗、后付费"及"一站式"结算服务、大病集中救治服务、家庭医生签约服务、巡回医疗帮扶服务。五重保障与五项优惠政策相互衔接、相互支撑，共同推进了健康扶贫工作的开展。

三 注重加强政策宣传引导是关键措施

各级各部门积极制定宣传工作方案，采取群众通俗易懂、喜闻乐见的形式进行广泛宣传，加大宣传工作的力度，提高健康扶贫各项政策措施的知晓率。大力宣传健康扶贫的典型案例和工作成效，营造良好的舆论环境和社会氛围。通过家庭医生签约服务和巡回医疗帮扶服务，把有关的健康扶贫政策宣传到每家每户，驻村工作队、包村干部与帮扶责任人切实做好宣传政策的工作，同时要印发相关的手册。只有政策宣传好了，农户才能了解政策、享受政策、从政策中获得切实利益，注重加强政策宣传是一项不可或缺的措施。

第五节　健康扶贫"5+5"的启示与借鉴

一　通过体制机制创新解决贫困人口看病负担重的问题

鼓励各地组建医疗联合体（医疗共同体），积极开展按人头打包付费试点，按照"超支自负，结余留用"的原则，将区域内建档立卡贫困人口或城乡居民的基本医保、大病保险、医疗救助、兜底保障、家庭医生签约服务费等资金统一打包给医疗联合体（医疗共同体）牵头医院，由牵头医院负责建档立卡贫困人口或城乡居民的医疗卫生服务和医疗保障，并确保建档立卡贫困人口个人年度支付的符合转诊转院规范的医疗费用不超过当地农村居民人均可支配收入。

二　建立激励优秀医学人才向基层流动政策措施

对到县级医疗卫生机构工作的高级专业技术职务人员或医学类专业博士研究生给予每人每月 1000 元生活补助，医学类专业全日制硕士研究生给予每人每月 800 元生活补助。对到乡镇卫生院工作的高级专业技术职务人员或医学类专业博士研究生、全日制硕士研究生给予每人每月 1500 元生活补助，经全科住院医师规范化培训合格的本科生给予每人每月 1000 元生活补助，医学类专业全日制本科毕业生并取得相应执业资格的给予每人每月 1500 元生活补助。县级及以上具有中级以上职称的专业技术人员、具有执业医师资格的卫生技术人员，到乡镇连续工作满 2 年（含 2 年）以上的，从到乡镇工作之年起，给予每人每年 1 万元工作岗位补助。积极争取国际支持，继续实施特岗全科医师招聘计划。鼓励公立医院医师利用业余时间到基层医疗卫生机构执业。

三　注重远程医疗服务体系建设

2018 年上半年，已经完成全县 16 个乡镇卫生院在基础医疗、公共卫生服务、中医药服务、儿童和孕产妇管理信息系统的统一布置，建成县域居民健康档案数据库。虽然寻甸县远程医疗服务体系建设已经取得了一些成效，但是，还要争取在 2020 年前完成全民健康信息平台建设，实现电子病历居民健康档案、全员人口健康等数据的互联互通，实现公共卫生、计划生育、医疗服务、医疗保障、药品供应、行业管理、健康服务、大数据挖掘、科技创新等全业务信息系统应用。同时完成医学影像、临检、心电、病理等管理系统建设，依托省、市远程诊疗系统，建成覆盖县、乡两级医疗机构间信息共享的远程诊疗服务体系。

四　广泛开展健康促进与健康教育

推进健康扶贫首先要解决"未病先防"的问题，这就要求抓好全民健康教育，着力提升贫困地区居民的健康素养。加强健康教育机构和队伍建设，配置健康教育专业工作人员 3 ~ 5 人，构建健康科普宣传平台。实施健康素养促进行动项目，落实健康巡讲、公益广告播放，结核病、艾滋病等传染病，高血压、糖尿病等慢性非传染性疾病，地方病健康教育等工作措施，广泛开展居民健康素养基本知识和技能宣传教育，有针对性地对学生、老年人、慢性疾病患者等重点人群开展健康教育，有效提高居民健康素养水平，指导开展居民健康素养监测工作。到 2020 年，力争居民健康素养水平达到 16%。

第六节　健康扶贫"5 + 5"存在的问题

一　健康扶贫资金投入压力过大

按照脱贫不脱政策的要求，全县有建档立卡贫困人口 130202 人，2017 年省、市、县投入 2535.5 万元，其中县级投入 500 万元。随着建档立卡贫困人口看病就医需求的不断增长，今后所需健康扶贫政府兜底资金将不断增加。2018 年县级拟投入 1000 万元，若省、市投入减少，县级投入将会更多，存在资金投入压力过大的问题。

二　跨区域就诊报销不方便

实施健康扶贫政策后，建档立卡贫困人口在"健康扶贫定点医院"（县第一人民医院、县中医医院和 16 家乡镇卫生院）看病就医实行"先诊疗、后付费"服务，无须缴纳住院押金。实行"一站式"结算服务，全市医保系统自动对建档立卡贫困户患者的医疗费用进行核算，医院对各类报销补偿资金统一垫付，患者只需缴清个人自付费用即可。周边东川、嵩明、禄劝等县区建档立卡贫困户患者会到寻甸县内健康扶贫定点医院就诊，存在"一站式"结算后医院垫付的健康扶贫政府兜底资金向外县区索要困难的问题。寻甸县也存在建档立卡贫困户患者到周边县区就诊，外县医院为避免垫付资金索要麻烦不给予报销的情况。

三　基层医疗机构人员服务能力仍需增强

由于受政策限制，且基层工作条件差、待遇低，高端人才引进困难，即使建立了激励优秀医学人才向基层流动政策措施，很多医学院校的大学生也不愿意从事乡村医生工作，偶有从事乡村医生工作的也流动较快，留不住人才。另外全县 524 名乡村医生中，取得执业助理医师或者执业医师资格的仅有 17 人，其他人员都是经培训合格后取得乡村医生资格，专业技术水平较低，村卫生室整体医疗服务水平不高。

四　目前有两重保障已经不再实施

政府兜底保障与临时医疗救助保障于 2019 年起已经不再实施。关于这两重保障不再实施的原因，有一个重要的背景就是机构改革，是为了适应社会政治经济发展的需要而对党政机关的管理体制、职能配置、机构设置、人员配备以及这些机构人员的组合方式、运行机制所做的较大调整和变革。机构改革之后，民政医疗救助这一部分的工作被划分给医保的相关部门，并且根据省级的有关指示做了调整，五重保障已经实际变为三重保障。

第七节　对策建议

一　加大资金投入，并确保健康扶贫资金用在刀刃上

首先要提高各级政府对健康扶贫工作的重视程度，加大对健康扶贫事业的投入、资金支持，提高贫困患者看病就医的可及性。同时，紧紧围绕精准扶贫、精准脱贫的基本方略，以规范健康扶贫项目的实施、提高财政资金使用效益为目的，建立高效、便捷、安全的项目资金监管模式，确保健康扶贫领域项目的实施落在实处，健康扶贫资金真正用在刀刃上。此外，增加健康扶贫专项资金，以保障贫困群众基本医疗需求，保障医疗机构正常运转。根据健康扶贫需要，积极调整优化支出结构，盘活存量，用好增量，强化健康扶贫资金保障，同时加强资金监管，确保健康扶贫资金规范使用、安全有效。

二　建立异地就医结算机制，加强跨区域相关部门的合作与协作

首先，要建立异地就医结算机制，探索异地就医、就地结算办法。其次，要激励健全联动机制，聚合资源形成合力，有效推动工作任务落实。各级各部门要加强协调配合，形成上下联动、左右衔接的工作格局。提高健康扶贫工作的信息化水平，加强跨区域相关部门之间的信息共享。建档立卡户跨地区就诊时，相关基础数据应及时反馈给建档立卡户户籍所在地的相关部门，相关部门应将外县垫付资金及时报销。

三　加快引进培养高端医学人才，提升医疗卫生服务水平

全面认识医学人才对医疗卫生事业发展的重要意义，为人才引进创造良好的环境。

要主动出击，面向县内外广招人才；要拓展思维，创新人才引进模式，比如说与有关医疗单位、专家签订合同，邀请知名专家前来指导；要"工作留人"，改善工作条件；要"待遇留人"，改善生活环境；要"感情留人"，改善人际环境。增加资金投入以加大对医学高端人才引进的力度，要坚持引进与培养并重，加大对人才培养的投入，提升人才培养的能力。积极招聘和引进医疗卫生人员，加强乡村医生队伍建设，加大对业务能力的培训力度，改善基层医疗卫生设施，通过上级医院的对口帮扶，不断提升基层医疗卫生服务的能力。

四　确保建档立卡贫困户"病有所医，医有所保"

政府兜底保障与临时医疗救助保障虽然已不再实施，但是要确保建档立卡贫困户"病有所医，医有所保"，确保每名建档立卡的贫困人口都能享受到国家、省、市、县各级健康扶贫政策，使每名建档立卡贫困人口"看得起病、医得好病、有钱看病"。在健康扶贫工作上，各相关部门要按照"核心是精准、关键在落实、确保可持续"的工作思路，出实招、做实事、见实效，有力地确保贫困群众看得好病、看得起病、看得上病。

参考文献

［1］刘彦随，周扬，刘继来．中国农村贫困化地域分异特征及其精准扶贫策略［J］．中国科学院院刊，2016，31（3）：269－278.

［2］中共中央，国务院．中共中央国务院关于打赢脱贫攻坚战的决定［M］．北京：人民出版社，2015：1－32.

［3］林永胜．切实解决贫困人口因病致贫返贫问题［N］．中国人口报，2018－07－20（3）.

［4］习近平．决胜全面建成小康社会　夺取新时代中国特色社会主义伟大胜利——在中国共产党第十九次全国代表大会上的报告［M］．北京：人民出版社，2017：1－71.

［5］侯慧丽．健康扶贫的实践与对策［J］．中国国情国力，2019，（5）：55－56.

第九章
"五个一批"破解独居老人扶贫模式

第一节　研究目的与意义

消除（或减少）贫困，是人类社会发展的基本要求[1]。中共十九大报告将脱贫攻坚列为决胜全面建成小康社会的三大攻坚战之一[2]。创新扶贫开发机制，是提高扶贫成效、消除贫困的关键所在。我国农村扶贫工作现已转变为精准扶贫政策。实施精准扶贫、精准脱贫政策，已经成为我国推进、落实"十三五"规划和实现全面建成小康社会目标的时代使命[3]。习近平在《全面贯彻落实党的十八大精神要突出抓好六个方面工作》上指出："在前进道路上，我们一定要坚持从维护最广大人民根本利益的高度，多谋民生之利，多解民生之忧，在学有所教、劳有所得、病有所医、老有所养、住有所居上持续取得新进展"[4]。对于老年人来说，"病有所医、老有所养、住有所居"尤为重要。"病有所医""老有所养"都与"住有所居"紧密相连，无论是住一般的住宅、老年住宅、敬老院、养老院，还是老年医院，"住有所居"都是"病有所医""老有所养"的重要前提[5]。在许多贫困山区农村，经常出现一定数量的独居老人，他们往往是特殊的贫困群体，他们的"住""医"乃至"吃""穿"等问题难以有保障。如何破解独居老人的住房问题乃至脱贫问题，是当今脱贫攻坚战中的一项重要内容。

寻甸县是全国592个国家扶贫开发工作重点县之一、乌蒙山区38个连片扶贫开发县之一。在寻甸县精准扶贫工作中发现，部分贫困的老年人单独居住、单独生活，衣、食、住得不到保障等问题仍然突出。为切实贯彻落实习近平总书记在2015年视察云南省时做出的"加快农村'保命房'建设，脱贫攻坚'不落一户、不漏一人'"的重要指示，实现精准扶贫，有效解决好独居老人的住房问题和生活条件问题，寻甸县不遗余力，按照"精准统计、科学安排、分类实施、快速推进"的思路，经过县、乡两级的共同探索、实践，形成了"五个一批"的工作路径，切实解决了全县4443位独居老人的安全稳固住房问题，走出了一条解决独居老人住房问题的新路子，即通过多方合力、多元参与和多重保障推进"五个一批"建设，使农村独居老人在真正意义上实现"老有所居"。基于实地调研和访谈，本章分析和凝练了寻甸县"五个一批"破解独居老人"老有所居"难题的扶贫模式的具体做法、主要成效、实践经验以及启示与借鉴，为云南省乃至其他类似省（区、市）贫困县解决独居老人"老有所居"难题提供了必要的参考和借鉴。

第二节 "五个一批"破解独居老人扶贫难题的具体做法

一 兜底入住一批，惠民政策全覆盖

寻甸县切实将脱贫攻坚与解决独居老人住房问题相结合，对符合扶贫政策但无建房能力的分散供养特困人群、独居老人，由县人民政府整合资金，有侧重地投入农村危房改造资金，整合民政、扶贫部门资金，根据上级资金使用要求，合理分配，优先保障独居老人建房，并组建施工企业兜底建设 40～60 平方米基本安全稳固住房，按照当地风俗习惯、民族特色设计户型。施工过程中，由村委、户主参与，配合监理方共同加强对施工质量的监管，确保做到人畜分离、厨卫入户、水通电通、配套齐全。近年来，全县累计投入各级建房补助资金达 30 亿元，覆盖 16 个乡镇（街道）174 个行政村 1576 个自然村 93194 户农户危房改造，其中，兜底解决了 1708 户 1708 名独居老人的住房问题，使群众的生活质量得到了进一步的提高。

二 宣教化解一批，敬老孝老扬美德

针对老人子女已有安全稳固住房或子女长期在外、老人仍独自居住在老旧危房中的情况，通过将广播、电视、标语宣传和群众会议、包村挂户干部实地走访等方式有机结合，在全县的村村寨寨开展"赡养尽孝""老吾老以及人之老、幼吾幼以及人之幼"等传统美德宣传教育的主题活动。累计向全县 16 个乡镇（街道）和 44 家县直单位发放"两学三比"活动普法培训教材 5000 本、赡养老人的相关法律法规 35000 份，制作宣传音频并通过"村村响"大喇叭进行播放，为赡养老年人营造浓厚氛围。有子女的老人，动员子女主动承担赡养责任；无子女的老人，动员老人的亲属、邻里与老人共同居住，并由民政、妇联、团委配合，通过行政调解和亲情感化，动之以情、晓之以理、严之以法。累计帮助 2229 位独居老人随子女居住，使子女切实遵照国家法律、法规的规定履行赡养义务，传承敬老爱老的传统美德，让老年人老有所依、老有所养、老有所乐。

三 司法援助一批，暖心服务化纠纷

该县制定《关于进一步保障老年人合法权益加强赡养老人助推脱贫攻坚的实施方

案》，通过政策引导和规范，把老人赡养工作落到实处，并依托县级公共法律服务中心，为老年人增设绿色窗口，为老年人提供一站式服务。自中心成立至今累计为老年人办理法律援助案件 96 件、办理公证 60 件、免费代写法律文书 341 份、解答法律咨询 760 余人次。2017 年，为助力脱贫攻坚工作，组织全县 16 个乡镇（街道）174 个村委会开展赡养老人矛盾纠纷排查工作，共解决涉及老年人住房、赡养纠纷 177 件（其中人民调解 165 件、法律援助 12 件），有效维护了老年人的合法权益。

四 公益救助一批，扶贫助弱享福利

对部分生活起居不能自理的独居老人，寻甸县积极引导老人入住公益福利养老机构，让老人能有人照顾、有人陪伴。但在农村，一些老人思想上有很多顾虑，不愿意入住养老机构，宁愿独自居住，生活十分不便。为此，寻甸县积极开展思想劝慰工作，通过包村挂户上门解说，邻里、亲戚帮劝和老人亲自现场体验，让老人明白救助养老是党的关心、关怀和福利。同时县级每年拨出预算 40 万元投入福利养老事业，从思想上解除老人顾虑，在生活上保障老人衣食无忧、病有所医、老有所乐。目前，已有 203 位老人放下思想包袱，主动入住公益福利养老机构，享受政府关爱、安度晚年。

五 社会帮扶一批，奉献爱心促和谐

寻甸县大力引导、广泛动员社会各界力量开展爱心帮扶，由民政、红十字会、妇联等部门组织社会捐赠。老人需要建房的，组织进行人工、建材的爱心帮扶；对已入住房屋的，组织居家用品、生活必需品的爱心捐助。所有爱心帮扶和捐助，由政府主导，安排专人采取"人对人、户对户"的方式对捐赠的物品、资金进行专项监管。开展"爱心结对"活动，邀请帮扶人定期或不定期到被帮扶人家中，对建房进度、施工质量、物资使用情况进行查看，及时让帮扶人了解、掌握帮建意愿的落实情况，确保帮扶物资专人专用。大力宣传报道帮扶助人的好人好事，营造爱心捐助、扶贫救弱的良好氛围。全县爱心帮扶累计解决了 126 户独居老人的住房问题，让独居老人真正感受到来自政府、社会的温暖。

第三节 "五个一批"破解独居老人扶贫难题的主要成效

自 2017 年初以来，经过在全县 16 个乡镇（街道）174 个村委（社区）范围内全面动员、督促，寻甸县通过"五个一批"政策切实解决了全县 4443 位独居老人的安全住

房问题，取得了独居老人"老有所居"问题的实际突破。实地调研显示，"五个一批"的确为解决独居老人问题提供了一条切实有效的方法。

大多数独居老人，通过对其子女进行道德感化、批评教育、司法干预、签订赡养协议等方式，可以直接解决住房安全和食品安全问题，有效改善生活质量，切实解决居所问题，使得这部分独居老人得以老有所供、老有所居，增强老人的幸福感，提升群众满意度。

在农村独居老人群体中，五保户是一个十分特殊的群体。国务院在 2017 年 2 月 28 日印发的《"十三五"国家老龄事业发展和养老体系建设规划》中指出，要推动农村特困人员供养服务机构、服务设施和服务质量达标，在保障农村特困人员集中供养需求的前提下，积极为低收入、独居、残疾、失能农村老年人提供养老服务[6]。农村五保户一般是指没有劳动能力，也没有经济来源的老、弱、孤、残的农民。其生活由集体供养，保吃、保穿、保住、保医、保葬。由于其无儿无女，其住房问题很大程度上依靠政府的力量。2017 年，寻甸县独居老人中，五保供养对象共 1202 人。根据扶贫政策和寻甸县的实际，五保供养对象的安置分两种形式进行，一种是敬老院集中安置，一种是以村委会为单位，集中与分散相结合安置。供养调查情况表明：中心敬老院集中供养 173 人，分散供养 1029 人。从实地调查供养情况来看，大多五保老人往往习惯自由自在，更愿意生活在熟悉的地方，与乡亲们保持联系，对集中供养接受度仍不是太高。集中供养仍需做大量的思想工作，持续宣传其益处。

为重点解决老人单独居住旧房危房的问题，寻甸县通过脱贫不脱政策、政府资助、兜底建房、成立养老敬老理事会、包村干部和帮扶责任人时时关注等途径，切实保障老人老有所居。到 2018 年 5 月，全县基本解决了老人单独居住旧房危房的问题，"五个一批"扶贫独居老人模式取得了切实成效，使得老年人"老有所养、老有所依"，得以安享晚年，为促进社会和谐、农村全面脱贫、提升群众满意度做出了重要贡献。

第四节 "五个一批"破解独居老人扶贫模式的成功经验

一 广泛宣传，营造氛围

利用广播、电视、微信群等媒体，广泛宣传老年人权益及其法律法规，对孝敬父母、尊敬老人的好人好事进行广泛宣传，对虐待、遗弃和不尽赡养义务的典型案件进行曝光，倡导全社会尊老爱老的社会主义新风尚，大力弘扬社会主义核心价值观和尊老敬老的传统美德。各乡镇综治办、民政办、派出所、司法所等相关单位积极主动，共同参与，做好法治宣传工作，有针对性地普及法律常识，让群众知晓涉及老年人的相关法律规定，明白违法的后果，强化法律意识，增强赡养老人的自觉性。同时，在赡养纠纷的调解过程中，"以案释法""就案释法"，让当事人对违法后果有了更深刻的认识。各乡镇、县直各部门召开干部职工会，宣传关于赡养老人的法律法规，对国家工作人员提出明确要求，带头履行好各自的赡养义务，妥善安置好家庭中的老年人，确保做到"两不愁、三保障"，尤其要有安全稳固的住房。同时，要求本单位有包村联户任务的干部职工，积极配合村委、村组和相关部门做好进村入户的宣传工作。村（居）委、村组干部，包村联户干部利用进村入户、召开各种群众会等机会，对群众进行政策宣讲、法治宣传。各村组强化了村规民约的约束力，将法治元素导入村规民约，把赡养义务写入村规民约，强化规则意识、倡导契约精神、弘扬公序良俗，引导群众自觉履行法定义务、社会责任、家庭责任。县人民法院针对赡养案件，通过"阳光司法""巡回法庭"等形式开展审判活动，对具有普遍教育意义的案件进行公开宣判，做到一个案件教育一批群众。各级各类学校在学生中开展尊老敬老教育，并采取对中小学生发放尊老爱老倡议书、写心得体会等多种形式，充分发挥"小手牵大手"的作用，通过学生影响和感化家长。

二　司法保障，维护权益

政法各部门密切配合，主动积极支持各乡镇开展工作，用法律武器、通过司法途径解决赡养老人中的突出问题，使违法犯罪人员受到惩处、不良社会风气得到有效遏制，使老年人的合法权益得到保障。

经多次做工作，仍然拒绝赡养老人，甚至虐待老人的，可由公安机关依照《中华人民共和国治安管理处罚法》进行处罚；也可以由县法律援助中心或乡镇法律援助工作站（司法所）为老年人提供法律援助，进行公益诉讼，由人民法院（法庭）按照法律规定进行审判；人民法院已做出判决，但有赡养人员不履行法院生效裁判的，可以向人民法院申请执行；对有能力给付赡养费、能够提供安全住房，经法院判决，仍拒绝履行法院生效裁判的，老人（或其他被赡养人）可以向法院申请追究其子女（或其他赡养人）不尽赡养义务的刑事责任。同时，依照《中华人民共和国刑法》规定，拒不履行人民法院生效判决的，对其追究刑事责任。县人民检察院以老年人提出的支持诉讼申请为依据，派员参加庭审，为老年人提供诉讼支持。

三　强化领导，明确责任

县委政法委、县法院、县民政局（县老龄办）、县司法局、县公安局、县教育局、县扶贫办明确专门分管领导、专门科室负责该项工作，做好督促检查，情况收集、汇总上报，配合相关部门做好宣传、纠纷调解等工作。县教育局组织好各级各类学校的宣传教育活动。县政法各部门做好涉及法律事项的业务指导，并按各自职能开展相关工作。

各乡镇（街道）高度重视该项工作，建立了主要领导负责、相关领导督促落实、各职能部门共同参与，目标明确、责任清晰的工作机制，协调各方面力量抓好集中治理工作。实行划片包干责任制，层层落实，为独居老人老有所居提供了有力的组织保障。强化村委会（居委会）的作用发挥，村委会（居委会）把老年人住房保障及赡养问题作为脱贫攻坚阶段的一项重要任务，健全工作机制，确保责任落实、工作到位。县直各部门、各单位履行好各自的主管职责，对干部职工加强教育和督促，发挥好国家工作人员在赡养老人中的示范带头作用。同时，督促本单位包村联户干部做好群众工作。宣传部门做好电视等媒体的宣传报道，既有正面典型案例宣传，又有典型案例警示教育，在全县掀起了一股积极赡养老人的良好社会氛围。

第五节　"五个一批"破解独居老人扶贫难题的启示与借鉴

一　值得学习和借鉴之处

长期以来，农村独居老人问题是农村扶贫开发的棘手问题，各种情况复杂，解决难度大。寻甸县通过积极探索，逐渐建立起一条解决独居老人住房问题的新路子，即"五个一批"模式。从政府兜底、道德感化、司法援助、公益救助和社会帮扶5个方面，通过各政府部门的协同协作，逐村逐户地认真分析、仔细核查，准确统计独居老人的数量，并结合独居老人的实际情况，逐户研究、因人施策，切合实际地制定了分散供养与村委会相对集中供养或敬老院集中供养相结合的合理解决方案。寻甸县的成功实践，为其他贫困地区解决农村独居老人"老有所居"问题提供了借鉴和启示的范例。

二　"五个一批"模式对更高层面的政策制定有着一定的现实意义

在新中国成立后的1953年至1957年出生了大量人口，这些短期内大量出生的人口，如今导致了中国人口将持续大规模地进入养老的阶段，这一过程极大地加速了中国老龄化社会的到来。随着我国人口老龄化进程的加快，养老问题逐渐成为社会关注的焦点[7]。我国实施了30年的独生子女政策，导致了家庭小型化、空巢化等一系列社会问题。这些现象使得中国农村养老问题更加严峻。中国老龄人口快速增加、青壮年人口进城务工、空心村等问题不断出现，也使得解决中国的养老问题迫在眉睫。

目前在我国，"居家养老"与"社会养老"两种观念和模式正在发生着激烈的碰撞和交融。结合社会、经济的转型，介于这两种观念和模式之间的许多新的养老观念和模式也在萌芽和发展[7]。寻甸县"五个一批"解决独居老人老有所居难题的成功实践，为其他地区解决农村独居老人老有所居问题提供了一条新思路、新方法。解决独居老人问题，不仅是政府的责任，更是整个社会的责任，需要政府、社会一起努力推动其发展，深入探索适合中国国情的社会化养老道路。

参考文献

［1］王小林. 贫困测量：理论与方法［M］. 2版. 北京：社会科学文献出版社，2017：1 - 282.

［2］习近平. 决胜全面建成小康社会　夺取新时代中国特色社会主义伟大胜利——在中国共产党第十九次全国代表大会上的报告［M］. 北京：人民出版社，2017：1 - 71.

［3］刘彦随，周扬，刘继来. 中国农村贫困化地域分异特征及其精准扶贫策略［J］. 中国科学院院刊，2016，31（3）：269 - 278.

［4］习近平. 全面贯彻落实党的十八大精神要突出抓好六个方面工作［J］. 求是，2013，（1）：3 - 7.

［5］邹广天. 老有所居　老有适居［J］. 城市建筑，2011，（1）：3.

［6］国务院. "十三五"国家老龄事业发展和养老体系建设规划［EB/OL］.（2017 - 02 - 28）［2019 - 07 - 29］. http：//www. gov. cn/zhengce/content/2017 - 03/06/content_5173930. htm.

［7］付帅光. 基于人口老龄化的中国城镇养老模式探究［D/OL］. 天津：天津大学，2011［2019 - 07 - 29］. http：//kns. cnki. net/KCMS/detail/detail. aspx？ dbcode = CMFD&dbname = CMFD2012&filename = 1012007879. nh&uid = WEEvREcwSlJHSldRa1FhdkJkVG1BdXBvbjR1 RERHVCtydHkwcWd6RFVpcz0 = $9A4hF_ YAuvQ5obgVAqNKPCYcEjKensW4IQMovwHtwk F4VYPoHbKxJw！！ &v = MTIyODRSTE9mWU9SbUZpRG5VN3ZQVkYyNkhMTzRRHZG5McH BFYlBJUjhlWDFMdXhZZUzdEaDFFUM3FUcldNMUZyQ1U = .

第十章

"三讲三评" 激发内生动力扶贫模式

第一节 研究目的与意义

脱贫攻坚现已进入决胜阶段，尚未脱贫的区域均为自然条件极差、发展水平极低的地区，如何让这些地区摆脱贫困，应该用怎样的扶贫模式解决脱贫攻坚难题，关乎我国能否打赢脱贫攻坚战、兑现向世界做出的庄严承诺。

从脱贫攻坚动力产生的主体来看，有两方面推动力：一个是外来推动力，一个是农户内生发展动力，即"输血"和"造血"。从短期来看，贫困地区因历史发展等原因，依靠内生动力无法摆脱贫困，需要外力推动奠定基础，进而激发其内生动力在新的条件下发展；从长期来看，除极少数由于残疾、年龄等因素无法依靠自身生产脱贫的农户外，绝大多数农户要维持脱贫成果、生活进一步改善，只依靠外力推动是不可持续的，必须依靠其内生动力。因此，为使脱贫攻坚成效可持续，经得起历史检验，内生动力是根本。特别是在脱贫攻坚决胜期，由于贫困户生存条件恶劣、自身劳动技能不足、思想觉悟不高，因此通过怎样的扶贫模式激发其内生动力以摆脱贫困是必须认真探讨的课题。

近年来我国脱贫攻坚工作不断向前推进，不仅为全球减贫做出了重要贡献，还在实践中对如何激发贫困群众内生动力积累了宝贵经验。许多学者和党政干部对激发内生动力的相关问题进行了分析和探讨。万维在对渭源县秦祁乡脱贫攻坚工作总结的基础上，提出以精神文化激励人、以智力扶贫带动人、以乡风文明感染人、以基层组织引领人的多措并举激发贫困群众内生动力的扶贫模式[1]；代大梅认为，要充分调动贫困群众脱贫致富的积极性、主动性、创造性，唤起贫困群众自我脱贫的斗志，使其实现从"要我脱贫"向"我要脱贫"的积极转变，并且创新扶贫机制，激发内生动力[2]；曲海燕在对内生动力的概念进行讨论的基础上，分析了内生动力不足的成因，并给出精神文明建设、扶贫干部培训交流、贫困人口参与程度、贫困人口主体地位、激励等5个方面的实现途径[3]；林闽钢在对发达国家和发展中国家采取的激发贫困家庭自我发展能力的措施进行分析梳理后，提出激活贫困者内生动力在政策设计上要以贫困者为核心，在扶贫中要实现贫困治理从被动到主动，根本改变贫困群体被动参与、象征参与或无参与的现状[4]；李霞等总结出贫困户内生动力不足是由思想、本领、环境、政策等4个方面造成的，提升内生动力的路径应该在完善基础设施、做好政策落实、发展特色产业、加大人力资本投入、提升自身素质这5个方面[5]；薛刚分析了内生动力不足的原因，其表现为外在帮扶措施与贫困群众内在需求错位、群众参与不足、勤劳脱贫氛围未形成、群众意愿不强[6]；舒莞香认为内生动力不足是脱贫意识、条件、能力和帮扶措施等4个方面的问题，需要从扶智、提升群众的"造血"能力、精准谋划、加强宣传入手[7]；左停等从空间理论视角下建议拓展贫困农户的发展空间，营造多主体交流合作的空间，增强可选择的、培育性的、非强制性的扶贫政策供给[8]。

综合分析近年来有关精准扶贫激发内生动力问题的文献可以发现，其研究基本放在了对激发内生动力的重要性研究、内生动力的理论基础、内生动力不足的原因、激发内生动力的方法措施和实现路径等问题的分析上，而少有对我国实施精准扶贫政策以来典型贫困县在激发内生动力问题上形成的成功模式的系统研究和经验分析。寻甸县地处云南省东北部，是一个集"民族、贫困、山区、老区"四位一体的国家级贫困县，属于我国乌蒙山区38个连片开发县之一，2014年全县贫困发生率达26.93%。经过几年的精准扶贫工作，2017年末全县贫困发生率降至0.35%，在全省率先脱贫，并能持续稳固脱贫成果，2018年贫困发生率又降至0.25%。这虽然涉及众多的成功因素，但与其独特的"三讲三评"激发内生动力扶贫模式是分不开的。本章对寻甸县"三讲三评"激发内生动力扶贫模式进行了系统研究，并将其中的宝贵经验进行了分析凝练，找寻该模式的内在机理，并对推广该模式的可行性进行了探讨，以期为我国脱贫攻坚事业和全球减贫工作提供参考和借鉴。

第二节　"三讲三评"模式的由来

"三讲三评"激发内生动力活动由寻甸县独创并逐步推广到云南省。

2017年11月15日，中共寻甸县委组织部、寻甸县"挂包帮""转走访"工作联席会议办公室印发了《关于开展脱贫攻坚"双讲双评"活动的实施方案》（寻组联发〔2017〕27号），正式将《关于开展脱贫攻坚"双讲双评"活动的实施方案》印发给各乡镇（街道）党委（党工委）、县委各部委、县级国家机关各办局党组（党委）和总支（支部）、各人民团体党支部、特色产业园区党工委、各国有公司，要求从2017年第四季度开始实施"双讲双评"活动。"双讲双评"的对象是各级各部门选派到各贫困村（社区）的党总支第一书记和驻村扶贫工作队员、全县建档立卡贫困户；"双讲双评"

的内容是"讲帮扶措施、评帮扶成效"(第一书记和驻村扶贫工作队员)、"讲脱贫情况、评内生动力"(建档立卡贫困户)。自 2017 年 10 月试点启动"双讲双评"活动以来,寻甸县将扎实开展"双讲双评"活动作为全面决战决胜脱贫攻坚工作的有力抓手,压实讲评责任、突出讲评实效、扎实推进"双讲双评"活动,为全县如期打赢脱贫攻坚战奠定了坚实基础。

2017 年 12 月 7 日,昆明市农村扶贫开发工作领导小组办公室、昆明市"挂包帮""转走访"工作联席会议办公室印发了《关于在贫困县区开展脱贫攻坚、"双讲双评"活动的通知》(昆贫领办〔2017〕19 号),要求东川区、禄劝县、寻甸县、倘甸与轿子山两区管委会、市级各帮扶(挂联)单位在贫困县区驻村(社区)第一书记、驻村工作队员和贫困户中广泛开展"双讲双评"活动。

2018 年 7 月 11 日,针对一些地方不同程度存在的畏难厌战情绪、"等、靠、要"思想等问题,为促进驻村工作队员充分发挥作用、督促村组干部主动履职担当、激发建档立卡贫困户勤劳脱贫的内生动力,中共云南省委组织部印发了《关于在贫困村开展"三讲三评"工作的通知》(云组通〔2018〕51 号)。"三讲三评"的对象是驻村工作队员、村组干部、建档立卡贫困户;内容是"讲帮扶工作情况(驻村工作队员)、评帮扶成效(村组干部、建档立卡贫困户)""讲履职情况(村组干部)、评履职情况(驻村工作队员、建档立卡贫困户)""讲脱贫情况(建档立卡贫困户)、评内生动力情况(驻村工作队员、村组干部)"。由此,寻甸县独创的"双讲双评"激发内生动力模式由寻甸县率先推动实施,并先后上升到昆明市和云南省层面,并从"双讲双评"演化为"三讲三评",成为全省在脱贫攻坚工作中的一大亮点。

寻甸县从最初探索"双讲双评"激发内生动力模式上升到省级层面的"三讲三评"模式,探索出了一套符合基本县情和贫情的具体工作模式。工作由乡镇(街道)党(工)委统筹,并由乡镇(街道)挂包贫困村的领导班子成员负责落实。每一轮都对驻村工作队员、村组干部、建档立卡贫困户全覆盖讲评,并下沉到村民小组一级。乡镇(街道)挂包贫困村的领导班子成员每月到所挂包贫困村 1 次以上,每次带领村干部深入 2~3 个村民小组主持开展"三讲三评"工作。

第三节 "三讲三评"激发内生动力的具体做法

一 "讲评"的程序

做好前期准备。村组干部、驻村扶贫工作队员要对照"讲评"内容,紧扣群众关心的事,特别是巩固提升脱贫摘帽工作中的难点和问题,广泛听取意见和建议,找准讲评重点，想好解决问题的办法和措施，做好讲评准备工作，理好讲评提纲。村（社区）党总支、驻村工作队员要引导贫困户围绕"讲脱贫情况"的主要内容，细致梳理自身的脱贫情况，诚实地讲述自己的脱贫历程。村（社区）召开会议，研究确定"三讲三评"工作会的召开时间、地点、参会人员、讲评方式等，并及时通知参会人员。

召开"讲评"会议。驻村工作队员讲帮扶工作情况，村组干部、建档立卡贫困户对其帮扶成效情况进行评议；村组干部讲履职情况，驻村工作队员、建档立卡贫困户对其履职情况进行评议；建档立卡贫困户讲脱贫情况，驻村工作队员、村组干部对其脱贫内生动力情况进行评议。

开展民主测评。讲评工作会上，结合实际进行民主测评，按照"好、较好、一般、差"4个等次，分别对驻村工作队员、村组干部、建档立卡贫困户量化打分。在此基础上，由乡镇（街道）挂包贫困村的领导班子成员进行逐一点评，并提出下一步努力方向。

二 "讲评"的内容

"讲帮扶措施、评帮扶成效"。讲评主体为驻村工作队员，要做到"五必讲"，即讲政策宣讲情况、讲解决问题情况、讲队员管理情况、讲近期工作情况、讲未来的发展思路。并要求不讲群众不关心的事、不讲不利于团结的话、不讲无原则的话、不讲自己不懂的政策、不讲无法实现的承诺。

"讲履职情况、评工作成效"。讲评主体为村（社区）党总支书记、副书记，村（居）委会主任、副主任，村务监督委员会主任，村（居）民小组长、村（居）民小组党支部书记。要做到"六必讲"，即讲战斗堡垒作用、讲本村的主要变化、讲公平公正履职、讲惠民政策落实、讲人居环境提升、讲脱贫巩固措施。并要求不讲班子之间的矛盾和主观不努力的问题、不讲违反政策的话、不讲可能激化矛盾的赌气话、不讲难以实现的理想和一时达不到的宏伟蓝图、不讲与本村脱贫或群众急需解答问题无关的政策、不讲不担当的话、不讲假大空不切实际的套话。

"讲脱贫情况、评内生动力"。讲评主体为自建档立卡工作实施以来的全部建档立卡贫困户。要做到"五应说"，即说家庭基本情况、说怎样当上贫困户、说自己脱贫的措施、说脱贫摘帽的内心感受、说脱贫计划和意愿。并要求分片包组的队员及村组干部要积极引导，做好贫困户的工作，让他们敢于大胆发表自己的意见；要引导贫困群众不说历史遗留问题、家庭矛盾、邻里纠纷、没有依据的大额欠款等。

"讲评"的自选内容。在各乡镇（街道）范围内充分排查，根据各村的不同实际，区分特困村、发达村、软弱涣散村等，排出"讲评"重点，按不同类别的村分类讲、分别评。特困村主要讲经济社会的发展思路和方法、带领群众致富的路子；评村内致富带头人，通过学方法、跟着干，让更多的百姓过上好日子；发达村主要讲如何整合资源、凝聚力量，人居环境改善提升、丰富群众精神文化生活、持续巩固发展成果的思路和想法；软弱涣散村主要讲如何提升基层党组织的组织力，强化政治功能和服务功能，履行直接教育党员、管理党员、监督党员和组织群众、宣传群众、凝聚群众、服务群众的职责情况。

三　民主评测和结果运用

评定"讲评"等次。会后，由乡镇（街道）挂包贫困村的领导班子成员组织对驻村工作队员、村组干部、建档立卡贫困户的测评结果进行统计，召开会议集体研究，确定本季度驻村工作队员、村组干部、建档立卡贫困户的讲评等次。对讲评结果实行"星级评定"管理，对综合得分95分及以上的授予"五星"，评定为"好"；综合得分90分及以上95分以下的授予"四星"，评定为"较好"；综合得分80分及以上90分以下的授予"三星"，评定为"一般"；综合得分80分以下不授星，评定为"差"。

"讲评"结果运用。驻村工作队员和村组干部应根据讲评情况、民主测评情况，制定整改措施，采取适当的形式进行公示，接受基层党员群众的监督，切实加强整改。驻村工作队员和村组干部的讲评、测评、整改情况，还要作为年度考核、召回撤换、评先评优的重要依据。原则上驻村工作队员和村组干部两个季度及以上被评定为"五星"的，年度考核才能被评为"优秀"；两个季度及以上被评定为"三星"及以下的，实行召回、撤换。在村（社区）公示栏和村民小组的显著位置，制作贫困户"讲脱贫情况、评内生动力"光荣榜（红榜）及后进榜（黄榜），对于脱贫积极性高、每季度被评定为"五星"的贫困户在红榜上进行公示；对于脱贫动力不足、"等、靠、要"思想严重，被评定为"三星"及以下的贫困户在黄榜上进行公示。充分发挥群众监督作用，营造"自强不息、诚实守信、脱贫光荣"的浓厚氛围。根据实际情况，驻村工作队员和村组干部应指导帮助建档立卡贫困户制定整改措施，抓好跟踪落实工作，激发脱贫致富的内生动力。

第四节　"三讲三评"激发内生动力
模式的主要成效

2017年底寻甸县成功地高质量脱贫摘帽，在成功的背后，"三讲三评"工作的开展起到了至关重要的作用。截至2018年5月底，寻甸县16个乡镇（街道）174个村（居）委会累计组织开展"双讲双评"（后称为"三讲三评"）工作会场1643次，参加讲评的干部、驻村扶贫工作队员有 5257 人次，参与讲评的群众有 55862 人次。通过一场场讲评活动，在决战脱贫攻坚工作中讲出了党员干部以身作则、率先垂范的使命感，讲出了贫困群众自力更生、艰苦奋斗的内生动力，讲出了团结奋斗、攻坚克难的"精气神"，讲出了互帮互助、和谐发展的美好前景，为全县顺利打赢脱贫攻坚战奠定了坚实基础。

一　提升了群众的满意认可度

讲评会上扶贫干部与贫困群众相互点评，互提建议，增进了感情，找到了脱贫摘帽的共同语言。贫困群众更加理解和支持村（社区）党总支、驻村工作队员、村组干部的工作，扶贫干部也看到了贫困群众脱贫摘帽的信心和决定，心往一处想，劲往一处使，同频共振决战脱贫攻坚。通过一轮轮的讲评，寻甸县贫困群众的满意认可度持续提升，在省市脱贫成效考核中，满意认可度由 2016 年的 96% 提升到当前的 98.51%，提升了 2.51 个百分点。

二　调动了一线扶贫干部的工作积极性

将一线扶贫干部"三讲三评"群众满意度测评结果作为季度测评、评先评优、选拔任用的重要依据，让一线扶贫干部的工作成效接受党员群众和挂钩帮扶单位的监督，有效提高了驻村工作队员和村组干部的工作效率。同时，"三讲三评"活动邀请驻村队员、定点挂联帮扶单位参加，既让第一书记、驻村队员看到不足和差距，又让定点挂联帮扶单位看到了帮扶工作的不足，将压力逐级传导，凝聚起贫困群众、村组干部、驻村队员、帮扶单位的工作合力。

三　激发了贫困群众的内生动力

通过综合评议贫困户的脱贫情况，开门点评贫困户的自身脱贫动力，批评教育后进脱贫户、深入细致的交心谈心，让贫困户深切体会到自身存在的问题和不足，知耻而后勇，增强发展动力。

四　让村组干部在脱贫攻坚中找准位置

将第一书记、村组干部纳入测评范围，通过扶贫实绩的真实反映，增强了第一书记、村组干部的工作积极性，督促村组干部找准在脱贫攻坚工作中的位置，带领群众真抓实干脱贫摘帽，有效提升了村党组织凝聚力，破解了基层党组织软弱涣散的难题。

第五节 典型村"三讲三评"活动开展情况

寻甸县金所街道新田社区于2019年3月9日晚上8点整在马嘎村组党员活动室召开了"三讲三评"工作会。社区"三委"成员，驻村队员，马嘎村组建档立卡户，C、D级危房改造户，村小组长等共70余人参加了会议（见图10-1和图10-2）。会上，还对驻村工作队员和村组干部进行了测评（见图10-3和图10-4）。

图10-1 "三讲三评"工作会现场，驻村第一书记
卢绍俊同志发言

图10-2 村民李春云（前排右二）带头发言

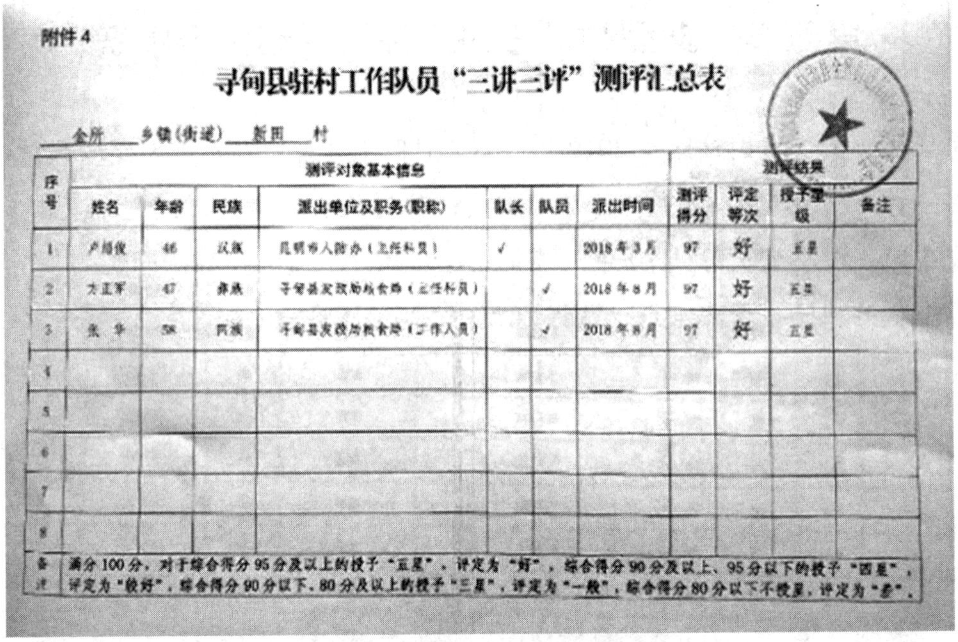

附件4

寻甸县驻村工作队员"三讲三评"测评汇总表

金所 乡镇（街道）　新田　村

序号	测评对象基本信息						派出时间	测评得分	评定等次	授予星级	备注
	姓名	年龄	民族	派出单位及职务（职称）	队长	队员					
1	卢绍俊	46	汉族	昆明市人防办（主任科员）	✓		2018年3月	97	好	五星	
2	方正军	47	彝族	寻甸县发改局粮食局（主任科员）		✓	2018年8月	97	好	五星	
3	张华	58	回族	寻甸县发改与粮食局（工作人员）		✓	2018年8月	97	好	五星	
4											
5											
6											
7											
8											

备注：满分100分，对于综合得分95分及以上的授予"五星"，评定为"好"，综合得分90分及以上、95分以下的授予"四星"，评定为"较好"，综合得分90分以下、80分及以上的授予"三星"，评定为"一般"，综合得分80分以下不授星，评定为"差"。

图 10-3 驻村工作队员测评表

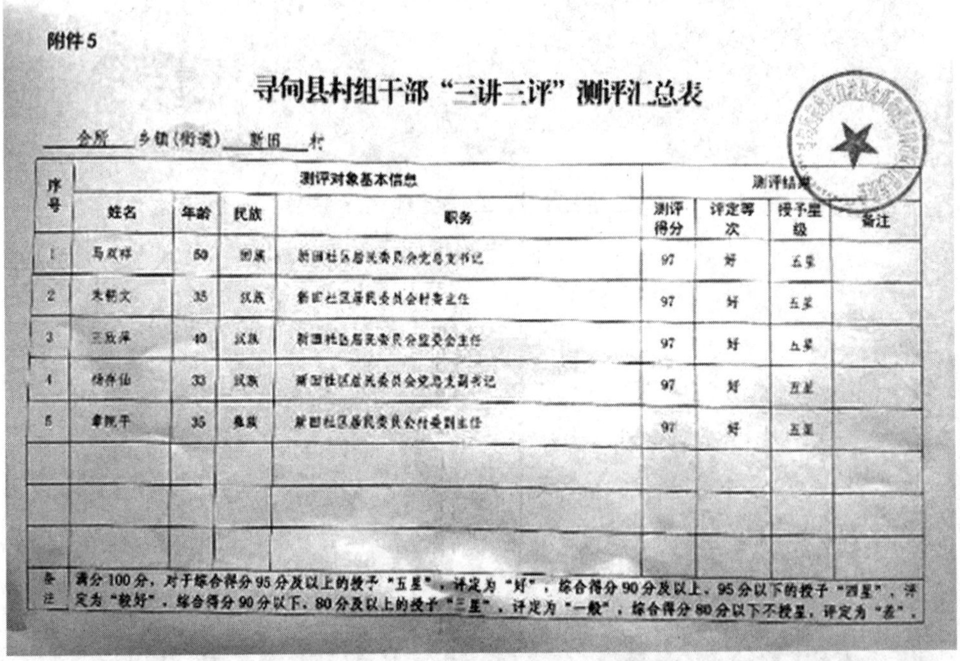

附件5

寻甸县村组干部"三讲三评"测评汇总表

金所 乡镇（街道）　新田　村

序号	测评对象基本信息				测评得分	评定等次	授予星级	备注
	姓名	年龄	民族	职务				
1	马双祥	50	回族	新田社区居民委员会党总支书记	97	好	五星	
2	朱朝文	35	汉族	新田社区居民委员会村委主任	97	好	五星	
3	王双萍	40	汉族	新田社区居民委员会监委主任	97	好	五星	
4	杨春仙	33	汉族	新田社区居民委员会党支部书记	97	好	五星	
5	鲁兆干	35	彝族	新田社区居民委员会村副主任	97	好	五星	

备注：满分100分，对于综合得分95分及以上的授予"五星"，评定为"好"，综合得分90分及以上、95分以下的授予"四星"，评定为"较好"，综合得分90分以下、80分及以上的授予"三星"，评定为"一般"，综合得分80分以下不授星，评定为"差"。

图 10-4 村组干部测评表

为开实、开好这次会，社区干部和驻村队员做了精心准备，对马嘎村组存在的问题提前进行了研判。为避免空话、套话、胡话，他们根据村情，有针对性地把要讲的政策和下一步要采取的措施用群众听得懂的语言拟写了题为"脱贫致富奔小康，坚定信念跟党走"的发言稿。会上，驻村第一书记以近几年马嘎村组在路、房、水、吃、穿、医、教等7个方面看得见摸得着的巨大变化为切入点，生动宣传了"两不愁、三保障"的内容；宣讲了为落实"两不愁、三保障"这一最根本的脱贫指标，包括驻村队员在内的各级党员干部是如何用心用情工作履职的，来启发群众的感恩之心；以讲述村中脱贫致富能手如何顺势而为、自强勤奋的发展事迹来激发群众的内生动力。

在群众发言环节，村民李春云带头发言，激动地说道："过去我家在村子里各方面都算得上是最差的、最穷的，就以盖房子来说，要是政府没有盖房补助（C、D级危房改造补助），我家要4年后才攒得够这4万块钱，最少要10年后才盖得起这样的房子，我们要感党的恩啊！"回族村民马老仙说道："党的扶贫政策这么好，你看看我们村的路，过去一下雨就穿着水鞋高一脚低一脚地踩烂泥巴，现在你看看，越是下雨这个路越是华堂、越是干净，党的政策好，我们感恩呢。"彝族村民黄开秀提出意见："党和政府关心我们马嘎村组，给我们村里送来了洗衣机、电饭煲（社会公益捐赠物资），我们非常感谢，但是我们家也很困难，为什么一样东西都不发给我们家？下次如再有这种好事嘛，要先给我们家发一件呢。"

党支部书记最后就马嘎村组这几年在脱贫路上如何攻坚克难、各种扶贫政策如何落实做了一一梳理，并就下一步工作计划作了讲说：一是积极推动包括生产道路修缮在内的一批民生项目；二是补齐短板，建立健全包括社会公益捐赠物资分发以及社区居委会各项工作事前、事中、事后的监管、监督等制度；三是加强基层党建工作，充分发挥好基层党组织在脱贫致富攻坚战役中的战斗堡垒作用。

第六节　"三讲三评"激发内生动力的机制分析

寻甸县自开展"双讲双评"（后称为"三讲三评"）工作以来，群众的内生动力得到了显著提升。并且通过"讲评"活动，群众更充分地了解了国家政策，农户在脱贫过程中有了更强的获得感。从全过程来看，寻甸县的这一套程序之所以能取得显著的成效，是因为其已经形成了一套激发农户内生动力的机制体系，并在学术上有理论依据。

一　建立了沟通平台

自精准扶贫工作开展以来，基层公共部门工作存在的一大障碍就是与群众的沟通障碍。政策往往是自上而下的，而群众的知识文化水平有限，以及政策传递过程中由于沟通障碍造成的信息失真，都会导致最终扶贫不精准、群众满意度不高的现象。另外，公共部门的唯一价值取向应该是公共利益，但在实际执行中，一些具体政策并没有以公共利益为出发点，这是由于贫困户与基层公共部门工作人员沟通不畅而存在博弈，使得公共利益无法判定。"三讲三评"就给出了很好的解决方案，实际上搭建起了贫困群众与公共部门的沟通平台，双方在平台中取得了互信，扫除了沟通障碍，有利于传达准确的信息，使得脱贫更加精准。

二　激励与监督

通过搭建贫困户与公共部门的沟通平台，能更好地针对一些地方不同程度存在的畏难厌战情绪、"等、靠、要"思想等问题，促进驻村工作队员充分发挥作用，督促村组干部主动履职担当。其中不仅包括了贫困户对驻村工作队员、村组干部工作情况的监督，也包括了驻村工作队员、村组干部对农户是否主动参与脱贫攻坚、是否为享受政策说谎话、"等、靠、要"的监督，还包括了贫困户之间的相互监督，使得贫困户之间形成良性竞争，互相督促和激励。这形成了一个良好的积极向上的氛围，激励着贫困户自力更生、艰苦奋斗，从思想上脱贫，有利于脱贫攻坚的稳定性和可持续性。

第七节　"三讲三评"激发内生动力模式的经验与借鉴

一　多项活动融合一体

在开展"三讲三评"工作中，把村民小组党支部"三会一课"、主题党日、安排脱贫攻坚等工作任务有机融合起来，以此为抓手规范村民小组活动场所的管理和使用，促进村民小组党支部规范化建设，实现基层党建与脱贫攻坚"双推进"、思想教育与工作部署"双融合"。

二　准备工作要充分

在开展前，村（社区）党总支、讲评会议主持人要对开展讲评工作的村组进行研判。重点研判这个村组存在什么问题，要讲哪些政策，采取哪些措施。真正让群众把他们想讲的问题讲出来，把群众的诉求解决好，做足会前准备工作。

三　组织形式要贴近群众生活

在组织形式上，村（社区）党总支、讲评会议主持人要对召开的讲评工作方式进行研判。针对不同的村组或需要解决的问题，灵活采取多种形式，多开院坝会、火塘会、户主会、家庭会、专题会等。群众喜欢哪种形式就采取哪种形式，方便群众，贴近群众。在实际中有的村委会将村民晚上的广场舞与"三讲三评"融合，这样开展更能走进群众，效果更佳。

四　节奏把控要得当

主持人要根据参会人员、讲评对象及需要在讲评时讲清的问题所需的时间长短，控制好讲评时间，不把讲评时间拖得太长，做到会场可掌可控，把讲评工作开展得有声有色。在发言时，要尽量讲群众听得懂的语言、讲群众关心的政策和事、讲群众想听的话，多让群众发言、多评多议，防止干部"一言堂"，防止照本宣科，讲大话、空话、套话。

五　时间和地点选择要恰当

要尽量方便群众，讲评工作尽量进到村组中、群众中，因地制宜选择群众家中院坝内、火塘边等地点进行讲评，时间要尽量选在晚上或农闲时节，少占用群众白天的劳动时间。在方式上，要突出实效，能口头讲清楚的尽量口述，该简化的程序一律简化，除规定外的表册一律不再增加讲评材料。

参考文献

[1] 万维. 多措并举激发贫困群众内生动力 [J]. 发展, 2019, (3): 52–53.

[2] 代大梅. 激发贫困群众脱贫致富内生动力的途径 [J]. 改革与开放, 2019, (2): 38–39.

[3] 曲海燕. 激发贫困人口内生动力的现实困境与实现路径 [J]. 农林经济管理学报, 2019, 18 (2): 216–223.

[4] 林闽钢. 激活贫困者内生动力: 理论视角和政策选择 [J]. 社会保障评论, 2019, 3 (1): 119–130.

[5] 李霞, 李敏. 精准扶贫战略下桂北农村的农民内生动力问题研究 [J]. 河南广播电视大学学报, 2018, 31 (2): 28–32.

[6] 薛刚. 精准扶贫中贫困群众内生动力的作用及其激发对策 [J]. 行政管理改革, 2018, (7): 51–55.

[7] 舒莞香. 如何激发贫困群众发展的内生动力 [J]. 农家参谋, 2019, (4): 14.

[8] 左停, 田甜. 脱贫动力与发展空间: 空间理论视角下的贫困人口内生动力研究——以中国西南一个深度贫困村为例 [J]. 贵州社会科学, 2019, (3): 140–148.

第三篇

寻甸县脱贫攻坚其他典型经验与案例

第十一章
脱贫攻坚其他典型经验

第一节　党建与扶贫"双推进"　凝心聚力促脱贫

寻甸县是一个集"民族、贫困、山区、革命老区"四位一体的国家级扶贫开发重点县[1]。在扶贫开发工作中，全县以脱贫攻坚统揽经济社会发展全局，以实施党建与扶贫"双推进"为重点，切实把农村基层党建工作的重心转移到为脱贫攻坚凝聚人心、汇集力量、夯实基础上来，充分发挥基层党组织的战斗堡垒和党员先锋模范作用，团结带领各族人民群众实现精准脱贫[2]。

一　目标融合，使工作力量在脱贫攻坚一线集中

中共寻甸县委切实把党政一把手脱贫攻坚工作责任制和各级党组织书记抓扶贫的要求融会贯通，把党建与扶贫的目标融合贯穿，凝心聚力全方位对标看齐。

一是强化攻坚领导。实行县脱贫攻坚工作领导小组"双组长"和"挂包帮、转走访"工作联席会议"双召集人"制，成立县脱贫攻坚总指挥部和产业发展、务工增收、异地搬迁、社会兜底等12个分指挥部和16个乡镇（街道）战区指挥部。县级领导坚持在攻坚一线抓落实。

二是整合攻坚力量。开展"万人会战"活动，全县896名驻村队员真蹲实驻、真抓实干、真帮实促；47名县级领导、1800名包村科级领导和11627名机关干部利用下班时间、双休日和节假日，胸前佩党员徽章、头戴小红帽、手持工作手册进村开展包村联户宣传工作，坚持"富口袋"和"富脑袋"并重，通过宣传引导，让贫困群众形成"听党话、感党恩、跟党走、奔小康"的氛围。

三是建好攻坚队伍。坚定不移在脱贫攻坚一线培养使用干部，把优秀后备干部放到脱贫攻坚一线进行考察识别。制定干部结对帮扶贫困户工作实绩考核办法、领导干部包干村民小组脱贫攻坚工作考核办法、加强驻村扶贫工作队员管理八项规定等，压实脱贫攻坚队伍的具体责任，对履职不力的40名队员进行召回处理。同时，县、乡两级党委

坚持每周召开脱贫攻坚周例会，听取汇报、研究工作，做到工作任务一周一安排、一周一督查、一周一通报、一周一销号。

二 固本强基，使战斗堡垒在脱贫攻坚一线筑牢

自实施精准扶贫精准脱贫战略以来，寻甸县积极加大投入，努力夯实脱贫攻坚基层基础。

一是提升基层服务功能。投资4000余万元，完成92个行政村活动场所建设，按照"集中式办公、一站式服务"的要求，大力推进村级为民服务站规范化建设。村干部采取轮流坐班、定点值班等方式，提供便捷服务。加强综合服务平台管理使用，推动111项便民服务事项进入平台办理。投资10140万元，实施503个村民小组活动场所建设，坚持建、管、用相结合，基层党组织的服务功能将得到大幅提升。

二是强化党建功能。加大在农业龙头企业、农民专业合作社、种养殖协会等建立党组织力度，共建立党组织29个，不断扩大党在脱贫攻坚中的组织覆盖和工作覆盖，强化党组织的政治引领和协调服务作用。建立党员领导干部联系指导农村（社区）软弱涣散基层的党组织长效机制，进行整顿提升，不断提高党组织的整体功能和工作水平。

三是推进阵地建设。构建责任体系，建立各级党组织书记和班子成员抓农村基层党建工作责任清单和联系点；构建落实体系，开展农村基层党建综合督查和季度督查活动，覆盖全县所有乡镇（街道）和村（社区），指导和推进农村基层党建工作落实；构建党务工作者培养选拔体系，配齐配强乡镇组织委员和组织干事，自2017年以来，培训基层党组织书记和党务干部4期1000余人次；构建保障体系，落实乡镇（街道）每年8万元、村（社区）党组织每年5万元的党建工作经费，每个村（居）民小组每年1000元的工作经费；按标准落实村组（社区）干部待遇，将村民小组长待遇提高到600元；构建考核体系，健全党组织书记抓基层党建工作述职评议考核制度，把"三会一课"、支部主题党日、党员积分制管理、组织生活会等基本制度落实情况纳入考核，使党内生活制度化、经常化、规范化。

四是培育党建品牌。充分挖掘寻甸民族资源、红色资源，深入实施"寻甸党建走廊"工程，总结提炼基层党建与脱贫攻坚"双推进"的经验做法，成功承办全市抓党建促脱贫攻坚现场会，加大"双推进"工作宣传力度，树好寻甸脱贫典型、讲好寻甸脱贫故事、传递好寻甸脱贫声音。

三 增收致富，使产业扶持在脱贫攻坚一线落实

紧紧抓住产业扶贫这一关键，围绕"乡有主导产业、村有骨干产业、户有增收项

目"的目标，鼓励和扶持专业合作社、大户及家庭农场等新型农业经营主体，大力发展畜、薯、烟、蔬、药、果、渔七大"特色产业"，基本实现了每个贫困村有 1～2 个产业发展项目的目标。推广"党组织＋合作社＋贫困户""党组织＋龙头企业＋贫困户"等做法，确保产业帮扶精准到户到人。

一是以"党支部＋"为引领，细下"绣花"功夫，精准精细帮扶，充分利用贫困户每户 7000 元的产业帮扶资金，依托遴选出的 187 个企业（合作社），实现产业帮扶覆盖所有建档立卡贫困户，为贫困户脱贫奠定坚实的基础。

二是推广"基层党组织＋农村电子商务"，以争创国家级电子商务进农村示范县为抓手，打造"绿色寻甸"农产品牌，鼓励农村基层党组织、党员骨干参与电商创业，带头领办网店等，实现农村劳动力、特色农产品、乡村旅游等在网上推介营销，形成"党建＋电商"脱贫新模式。建成县级电子商务运营中心 1 个，乡镇（街道）电子商务服务站 13 个，行政村电子商务服务点 300 个，20 余家农特产品企业在线交易，扶持增加农民收入。

三是实施集体经济强村计划，推广强基惠农"股份合作经济"，下达扶持壮大集体经济资金 405 万元，按照每个贫困乡镇补助 10 万元、每个贫困村补助 5 万元的标准，加大财政资金补助扶持的力度。全县全面消除集体经济"空壳村"，发展村级集体经济 174 个，实现行政村（社区）全覆盖，贫困村年收入达 2 万~5 万元。

四 骨干带动，使领富作用在脱贫攻坚一线发挥

充分发挥基层党员干部的致富带富作用，为脱贫攻坚注入活力。

一是紧扣脱贫攻坚需要选人，注重从农村致富带头人、复员退伍军人、乡村医生中选拔村党组织负责人。对贫困村党组织负责人定期进行分析研判，及时调整撤换村党组织负责人 9 人。选派村（社区）党总支第一书记 173 人，推广驻村队员微信签到制度。落实村干部"小微权力清单"、为民服务全程代理等制度，健全脱贫攻坚工作目标责任制、年度考核和民主评议机制，促进村干部履职尽责、搞好脱贫。开展"村霸"和"慵、懒、滑、贪"四类村干部专项整治工作，给予 11 人党纪处分。

二是围绕产业发展、培育壮大村集体经济、脱贫攻坚等主题，对全县 174 个村（社区）干部进行全覆盖培训。同时，结合农村党员冬春训，分片对贫困村村组干部进行集中轮训，培训村组干部 2600 余人次，进一步提高村组干部带头致富、带领脱贫的能力。

三是实施农村党员带头致富、带领群众致富的"双带"工程，加大对农村党员创业的支持力度，累计发放基层党员带领群众创业致富贷款 2700 万元，扶持种养殖大户 274 户，鼓励农村党员领办创办专业合作社、种植养殖协会等农村经济合作组织，发展现代

种养殖业、兴办加工业，建立党员创业致富示范基地，示范引领贫困群众增收致富。

四是分类发挥党员优势，划分党员责任区，设立党员示范户、党员先锋岗。在农村党员中开展设岗定责和共产党员亮身份活动，通过云岭先锋夜校、劳动技能培训、千堂党课进基层等培训党员1万余人次，提高广大党员带领群众致富的能力。

五是动员致富带头人自愿组成帮扶协会，做到有脱贫攻坚任务的每个行政村都有1个农村致富带头人帮扶协会。同时，整合资源力量，把贫困户的实际情况与会员的优势结合起来，采取"一帮一""一帮多"和"多帮一"等不同形式，教育、带动并帮扶贫困户通过勤劳增收，实现脱贫目标。

五 教育引领，使内生动力在脱贫攻坚一线激发

坚持扶贫先扶智，从思想教育入手，用持续不断地教育引导，唤起广大党员群众"要发展不要落后、要富裕不要贫穷"的思想自觉和行动自觉。

一是在全县开展学文化、学技能，比就业、比创业、比贡献的"两学三比"活动，充分发挥党员活动室一室多用的功能，开办农民夜校、技能培训学校，完成建档立卡贫困人员转移培训30000余人次，让群众就近学到一技之长，增强内生动力，树立脱贫致富信心。

二是在全市率先开展村（社区）党组织、驻村扶贫工作队员、村组干部"讲帮扶措施、评帮扶成效"，建档立卡贫困户"讲脱贫情况、评内生动力"的"三讲三评"活动。通过"面对面"的形式，增强了脱贫工作的透明度。同时，通过查问题、改问题增进工作效果，在广大干部中大力倡导"用行动说话、用效果说话"的实干作风，用"马上办抓落实"的态度推进脱贫攻坚各项工作落细落小。一场场面对面、毫不避讳的测评，通过"讲评+实干""外力拉+内力赶"，有效促进党建扶贫"双推进"工作，增强基层党组织的凝聚力和战斗力，达到了帮扶干部和贫困户增进了解、共同攻坚的目的，推动形成了心往一处想、劲往一处使、同频共振决战脱贫攻坚的良好氛围。

三是利用暑期动员179所学校5000余名教师、69000余名学生，进行"学生返家宣传、教师入户家访、助推脱贫攻坚"活动。深入开展"自强、诚信、感恩"教育，使贫困群众内生动力得到激发，"我要脱贫"的愿望更加强烈。

四是全面规范实施村规民约（社区公约），引导群众遵守法律法规、社会公德、家庭美德，自觉抵制腐朽落后思想，反对封建迷信，发展清洁能源，改厩改厕，人畜分离，培养文明健康的生活习惯。结合党员志愿服务、党员固定活动日，开展乡镇环境卫生综合整治，创建文明村镇、文明家庭等活动，引导群众移风易俗，建设生活富足、乡风文明、邻里和谐、环境优美的美丽宜居乡村。

第二节 真情帮扶 用心用情践行党的群众路线

寻甸县内有中央、省、市、县（区）315家帮扶力量（含企业、部队及新增的6个行业）开展定点帮扶。2015年10月至2017年12月，"挂包帮"帮扶单位累计投入资金、物资折币3.78亿元，实施脱贫攻坚项目963项，召开脱贫攻坚帮扶专题会议1501次，到点调研13895人次。全县有帮扶干部11627人，结对帮扶全县33358户建档立卡贫困户，人均帮扶贫困户2.9户。

全县有驻村扶贫工作队173支，驻村扶贫工作队员896人，其中党员有705人，兼任第一书记（驻村扶贫工作队队长）173人；男队员737人，女队员159人；40岁以下队员365人，40~50岁队员347人，50岁以上队员184人；中央级队员1人，省级队员1人，市级队员153人，县级队员394人，乡镇级队员309人，大学生村官队员38人。队员总数位居全省第三，全市第一。

自打响脱贫攻坚战以来，寻甸县委、县政府坚决贯彻落实中央，国务院和省、市委，市政府的决策部署，坚持以脱贫攻坚统揽经济社会发展全局，高位统筹、强力推进，建立完善"1+12+16"领导机制，精准实施"七个一批"扶贫项目，并把选优配强驻村扶贫工作队、充分发挥"挂包帮"帮扶力量作为决战决胜脱贫攻坚的有力保障，按照"选得准、下得去、融得进、干得好"的工作要求，坚持因村派人，严管厚爱压实责任，抓实抓细驻村扶贫工作队的管理工作。争取协调"挂包帮"对口帮扶单位真情帮扶，解民忧、扶真贫，调动社会帮扶力量聚焦脱贫攻坚工作。扶贫一线驻村队员真蹲实驻、全职驻村，"挂包帮"单位及帮扶干部真情帮扶、用心用情，以务实高效的工作作风、卓有成效的帮扶成效，践行党的群众路线，心贴心、肩并肩，用坚持不懈的行动让贫困群众感受到脱贫攻坚带来的巨大变化，坚定脱贫摘帽的信心和决心。通过全县干部连续两年的努力奋战，全县农村基础设施焕然一新，致富产业稳定持续增收，群众居住条件明显改善，为全县如期打赢脱贫攻坚战奠定了坚实基础，做出了积极贡献。

一 夯实脱贫攻坚群众基础

群众路线是党的生命线和根本工作路线，贯穿于党的一切工作中[3]。寻甸县在推进驻村帮扶工作伊始，即确立了一切为了群众的价值理念，把造福于民作为价值追求融入驻村帮扶工作中，筑牢夯实脱贫攻坚的群众基础，用心用情驻村帮扶。

一是倾注真情驻村帮扶。想群众之所想、急群众之所急、倾听群众呼声、反映群众诉求是做好驻村帮扶工作的前提和基础[4]。自2015年10月开展"挂包帮""转走访"

工作以来，寻甸县驻村扶贫工作队、"挂包帮"帮扶单位、帮扶干部全面融入脱贫攻坚工作全局。全体驻村队员、帮扶干部放下身段，贴近群众、融入群众，切实将群众的每一件"小事"当作自己的"大事"，用心用情全职驻村帮扶。当来自省、市、县帮扶单位的驻村队员、帮扶干部满怀工作激情的进村入户开展工作时，遇到的第一个困难就是语言交流障碍。柯渡镇木刻驻村工作队队长马东春，第一次到村民家了解情况后，准备向村民宣传国家的相关扶贫政策，动员群众自力更生、克服困难，早日摆脱贫困，但村民听不懂他的话，村主任只好再向群众解释，并给马东春提醒，驻村帮扶工作还得多学学土话，才能和百姓交流，工作也才好开展。马东春记住了村主任的话，努力适应群众语言，及时调整自己的工作方法，很快驻村帮扶工作也得心应手起来，赢得了群众的信任和赞许。驻村帮扶工作中，驻村队员、帮扶干部用真情、动真格、扶真贫。七星镇戈必村驻村工作队队长张号军常把"关系亲不亲，要看用心真不真。谁把群众当亲人，就会赢得民众心"作为工作标准，一驻就是近三年。他始终坚持同人民群众"同吃、同住、同劳动、同学习"，主动融入驻村帮扶工作中，用务实的作风、坚定的决心、奋发的脚步为戈必村脱贫攻坚工作默默奉献。为理清戈必村的发展思路，他带领驻村工作队与村组干部多次召开座谈会，挨家挨户听取群众意见，征询群众对脱贫致富产业的建议，精准掌握了村情贫情，为戈必村制定了特色种植产业发展规划，赢得了戈必村脱贫攻坚发展的先机。同时，张号军发挥来自司法机关的优势，主动化解群众矛盾纠纷，积极为群众提供法律知识普及和服务，当好矛盾纠纷"调解员"，受到群众的赞誉。教育扶贫是治根本、管长远的脱贫举措。大学学费贵，贫困大学生家庭负担重已成为教育致贫的主要原因。北京朝阳区挂职干部张仕华关心寻甸教育扶贫工作，协调对接"泛海公益基金"，每年发放寻甸县贫困大学生就学补贴 1000 万元，连续实施 5 年（2016～2020年）。目前已发放"泛海公益基金" 2000 万元，救助贫困大学生 4000 人次，有效缓解了贫困大学生的实际困难。市人大常委会牵头协调滇中新区、高新区、官渡区、呈贡区、西山区、安宁市等市县区和新希望集团提供 6729 个就业岗位，直接投入资金 370 万元用于帮扶寻甸县发展产业项目，协调 6 个行业 96 家单位对口帮扶寻甸县 16 个乡镇（街道），共投入扶持资金 1.2 亿元，帮助寻甸改善村内基础设施，发展增收产业。正是像马东春、张号军等一批批优秀的驻村扶贫队员脚踏实地、将驻村地点当家，把贫困群众当亲人。像张仕华等一批关心寻甸脱贫攻坚的领导，市人大常委会、泛海集团等一批帮扶单位、爱心企业用心用情真心帮扶，换来了贫困群众的理解和认同，让困难群众看到了希望，为推动全县驻村帮扶工作奠定了坚实的群众基础。

二是把群众利益摆在首位。群众利益是群众生存发展的基本条件。群众对美好生活的向往，就是驻村帮扶奋斗的目标。全县 173 支驻村扶贫工作队，省、市、县 315 家

"挂包帮"单位始终将群众利益放在首位，从一件件好事、实事入手，让群众体会到了实实在在的变化。杨正学、肖正英老两口是鸡街镇极乐村出了名的特困户，虽是建档立卡贫困户，也享受了国家的建房补助，但因两个儿子对家庭土地的分配结果不满意，建好的新房不让老两口居住，老两口依旧住在老旧危房里。驻村工作队队长马栋看在眼里，急在心里。在调查清情况后，他立即找到老两口的两个儿子，从法律、道德、情感方面连续5次跟他们深入谈心，并找到他们家的亲戚朋友，动员一起来做工作。通过多方努力，一家人恢复了融洽关系。同时，马栋关注到老人不愿搬进新房还有一个重要原因就是牲畜圈舍的问题无法得到解决。马栋马上发挥村里成立的"扶贫帮困志愿帮帮团"的作用，一场为"杨奶奶盖猪圈"的爱心众筹活动开始了，3天时间"扶贫帮困志愿帮帮团"共筹集善款4015元，帮助老人在新房旁建起了牲畜新圈舍，老人住房难、赡养难的问题得到了圆满解决。正是通过这一件件"小事"，驻村工作队为群众解决了心中的一个个大"疙瘩"，实实在在维护着群众的利益。

三是关注民生解决困难。民生问题与群众的生存发展直接相关，是群众最关心的问题[5]。驻村扶贫工作队、各级"挂包帮"单位、帮扶干部下决心，动真格，将解决贫困群众的民生问题作为首要工作任务，一件接着一件办，一茬接着一茬干，让老百姓关注的民生难题得到看得见、摸得着的改善和解决。全县47名县级领导、896名驻村扶贫工作队员、1800名包村干部、11627名帮扶责任人头戴"寻甸精准扶贫"小红帽，胸挂工作证，佩戴鲜红党徽（团徽），以良好的工作作风、务实的帮扶措施，攻克重点难点。其一，驻村帮扶坚持以"党支部＋"为引领，大力发展特色产业助脱贫。积极发挥基层党组织和驻村第一书记的作用，"挂包帮"单位倾情帮扶，组织发动群众创建专业合作社、家庭农场等新型农业经营主体，依托自身资源禀赋、产业基础等特色优势，大力发展"一村一品、一村一业"项目，基本实现了每个贫困村有1～2个产业发展项目。深入实施脱贫攻坚与基层党建"双推进"工作，发展壮大农村致富带头人帮扶协会，成立帮扶协会173家，实现所有建档立卡贫困村全覆盖。通过支部党员的示范带动、积极引导，帮助贫困群众找到了致富门路，立起了脱贫志气。其二，驻村帮扶坚持不漏一村、不漏一户，积极推进"七个一批"全覆盖。深入开展"千名志愿者帮扶万名贫困学生"行动，聘请市、县、乡三级驻村扶贫队员124人担任扶贫副校长，帮扶干部367人担任扶贫班主任和扶贫辅导员，使全县建档立卡贫困学生得到爱心关爱。187家县级帮扶合作社（企业）通过"合作社（企业）＋建档立卡贫困户"的帮带模式，与33358户建档立卡贫困户签订帮扶协议，用好用活产业扶持资金，做实"帮""带"措施，拓展贫困群众稳定增收渠道，为贫困户稳定脱贫上牢"保险"。积极发动群众外出务工增收。2017年，全县举行了142个技能培训班22003人，开展了39场供需见面会，批量组织输出 23 次，实现农村劳动力转移就业 32028 人，其中建档立卡贫困户 7210 人；农村劳动力转移收入 83163 万元，建档立卡贫困劳动力转移收入 6004 万元。严格落实"一江一海一区"内贫困户的生态补偿政策和易地搬迁、危房改造、宜居农房建设等各项政策措施。2017 年，直接兑现生态补偿资金 1.61 亿元，其中补偿建档立卡贫困户 2587 万元。在贫困人口中选聘 500 名生态护林员，人均增收 1 万元；选聘 202 名常设护林员，人均增收 8000 元。分类实施医疗救助，贫困人口医疗保险、大病保险覆盖率达 100%。"挂包帮"单位聚焦改善基础设施现状，发挥自身优势，筹集帮扶资金，为帮扶点铺路修桥、架水改电、新增节能路灯、修建活动场所，提升群众的生产生活质量。滇中新区、西山区、经开区、滇池度假区等对口帮扶县区聚焦寻甸脱贫攻坚实际困难，在扶贫资金支持上不遗余力、倾囊相助，帮助清除寻甸脱贫攻坚路上缺乏资金的"拦路石"。其三，驻村帮扶坚持包村联户结对帮扶，全力组织"万人会战"大攻坚。全县 1800 名包村科级领导和 11627 名机关干部自愿放弃双休日和节假日全部进村入户帮扶，896 名驻村队员真蹲实驻，全县 129 所学校 1900 余名教师利用假期入户宣讲扶贫政策，增强了贫困群众脱贫致富的信心和内生动力。连续两年在全县 16 个乡镇（街道）中小学启动以"感恩"为主题的开学第一课系列活动，通过"小手拉大手"，树立"以贫为耻、致富光荣"的理念，调动贫困群众的脱贫热情，持续提升群众满意认可度。

二 激发脱贫攻坚的力量源泉

脱贫攻坚归根到底是群众的脱贫致富，必须紧紧依靠群众来实现[6]。没有群众的参与和支持，没有群众的智慧和力量，全面决战决胜脱贫攻坚就失去了依托，成为无源之水。寻甸县开展驻村帮扶工作以来，始终突出群众脱贫攻坚的主体地位，在群众中开展"自强、诚信、感恩"教育，破除群众"等、靠、要"思想。持续开展"三讲三评"活动，调动驻村帮扶干部的工作积极性，激发贫困群众的内生动力。实施"两学三比"教育活动全覆盖，提高贫困群众脱贫致富的技能素养，增强长效脱贫的致富能力。

一是依靠群众全力推动脱贫攻坚。寻甸县连续开展了"两学三比""三讲三评"系列活动，以"自强、诚信、感恩"主题实践活动为载体，突出驻村扶贫工作队、结对帮扶干部的主体作用。通过一场场主题教育活动，引导广大群众树立自强不息、诚实守信、脱贫光荣的思想观念和感恩意识，在精神上自强、在道德上诚信，为决战脱贫攻坚、决胜全面小康提供强大的精神动力。自开展驻村帮扶工作以来，寻甸在全县各村（社区）党员群众中广泛开展了"自强、诚信、感恩"主题实践活动。驻村队员、帮扶干部结合各村实际情况，从看得见、摸得着的变化入手，用心动情带领群众忆苦思甜，唤起群众对脱贫攻坚带来巨大变化的认同感，激发群众的感恩之情。"自强、诚信、感恩"教育活动的开展，使基层党员干部群众的自强意识、诚信意识以及对党的感恩意识得到了显著提升，有效破除了脱贫攻坚工作中部分基层党员群众"等、靠、要"思想严重以及不讲诚信、自私自利等问题，在全县营造出"自强不息、诚实守信，人人心存感恩、个个遵守道德、户户增收致富、家家和睦相处、村村倡导文明、处处体现和谐"的浓厚氛围。同时，全县"自强、诚信、感恩"主题教育活动除了集中召开会议等形式外，村组干部、帮扶责任人和驻村队员还时常进村入户，深入群众中间，与群众零距离"交心"，引导他们在"帮扶账""实惠账"上算清楚、想明白，从内心深处生发"打铁还靠自身硬""脱贫关键靠自己"的观念，让他们的心热起来，主动支持建设、参与建设。

　　二是调动群众热情、聚力脱贫攻坚。如何避免"数字脱贫""被脱贫"？"三讲三评"给出了最佳答案——在"三讲三评""面试"中，既能有效避免虚假脱贫，又能让村民通过说出自己生活的变化，体会到"摸得到"的获得感。其一，通过"三讲三评"活动，"外力拉＋内力赶"，双驱动助脱贫。"要脱贫就要有产业，村里的养猪场和村委会签订了帮扶协议，两周的时间，我们动员65户贫困户都加入合作社，鼓励他们自己销售，还有种植核桃、稻田养鱼……"在寻甸县首场"三讲三评"活动上，柯渡镇甸尾村村委会的驻村工作队队长杨永刚最先发言。杨永刚话音刚落，建档立卡贫困户董国林站起来，走到发言席说："我怕穷，也不想穷。以前因为媳妇生病、娃娃读书，家里的日子过得苦。去年我家搬进新房，现在还拿到了补贴。我才36岁，我相信有政府帮助，我们一定能脱贫！"董国林的短短几句话，既讲清楚了家庭致贫原因，又对脱贫表了决心。在寻甸县如火如荼开展的"三讲三评"活动中，不仅要把贫困户这个内因的积极性调动起来，还要让驻村帮扶干部这个外因向前推一把，让双因驱动助推贫困户脱贫。同时，"三讲三评"不仅让驻村帮扶干部和贫困户面临一场"考试"，而且让他们成了对方的"考官"。第一书记既要讲清楚当前的情况，又要讲未来如何发展，使村民对现在满意、对远景认可；驻村帮扶干部既讲出脱贫攻坚惠民政策和帮扶思路，又讲出党员干部以身作则、率先垂范的使命感。其二，通过"三讲三评"活动，"讲评＋实干"，搭起干部群众连心桥。寻甸的"三讲三评"，不仅把测评权交给贫困户，还交给普通村民，尤其是村里的党员骨干，让他们对工作队的工作状态、贫困户的脱贫主动性进行评议，对脱贫效果进行评价。在柯渡镇甸尾村村委会的"三讲三评"活动上，张留恩毫不犹豫地在《驻村队员抓脱贫攻坚工作满意度测评表》上"好"一栏打钩。张留恩是甸尾村党总支书记，从1999年起一直在村委会工作，这些年村里的变化他都看在眼里。"去年，村里第一次亮起路灯，今年大家都开始盖新房，贫困户单是养猪一项产业就能实现户均增收3000元。"张留恩说。和过去的干部述职不同，"三讲三评"中多了"面对面"的形式，这样一来既增强了脱贫工作的透明度，又能通过查问题改问题增进工作效果，从而达到驻村帮扶干部和贫困户增进了解、共同攻坚的目的。全县"三讲三评"在广大干部中大力倡导"用行动说话、用效果说话"的实干作风，用"马上办抓落实"的态度推进脱贫攻坚各项工作落细落小。一场场面对面、毫不避讳的测评，通过"外力拉＋内力赶""讲评＋实干"有效促进了党建扶贫"双推进"工作，增强了基层党组织的凝聚力和战斗力。

三是厚植脱贫技能，确保长效脱贫。群众缺乏脱贫致富技能、文化水平低、脱贫动力不足是寻甸县贫困群众的三个主要致贫原因。全县以乡村小学教师、驻村扶贫工作队员为骨干，成立镇、村两级文化技能培训学校，利用村级活动场所和村级完小教室，坚持脱贫攻坚"智""志"双推进，扶贫与扶志相结合。进一步促进第一书记和驻村扶贫工作队员充分发挥作用，组织建档立卡贫困户通过开办文化夜校、举办专题技能培训班，邀请协调用工企业，通过外出务工专场招聘会等形式，实现外出务工需求培训"零缝隙"对接服务，在群众中广泛开展以"学知识、学技能，比就业、比创业、比贡献"为主体的"两学三比"活动。全县16个乡镇（街道）因村施策、因户施教，形式多样的开展"两学三比"教育活动，在高寒山区重点开展花椒种植等特色技能培训，在坝区开展生猪、肉牛养殖培训，加大对贫困群众的教育扶贫、健康救助、建房和产业发展等脱贫攻坚政策培训，着力补齐贫困群众文化知识、脱贫技能短板，增强贫困群众的致富本领，激发脱贫摘帽的内生动力，知党恩、感党恩，凝聚人心，同心协力脱贫攻坚。2017年以来，全县16个乡镇173个村（居）委会共组织开展2600余场次的培训会，贫困群众参加学习培训78000余人次。

三 拓展脱贫攻坚的方式方法

一是深入群众，拉近距离。践行群众路线的关键，就是要到群众中去，倾听群众真实的声音，发现群众的智慧，找到解决问题的办法，这对于决战决胜脱贫攻坚尤为重要。寻甸县在推进驻村帮扶工作中，驻村帮扶干部坚持走村串巷，与贫困群众接上"穷亲戚"。功山镇白龙村驻村工作队队长国显峰，在驻村工作中推行"四民"工作法，即干民活，与群众一起锄玉米、种烤烟，体验群众的劳作疾苦；吃民饭，与群众同吃一桌饭，拉家常，谋出路；睡民床，夜宿群众家，真实走进群众生活，站在群众立场想措施，立规划；解民忧，精准把脉贫困户的致贫症结，争取得到"挂包帮"单位的支持，将有限的帮扶资金用在刀刃上，碾压群众脱贫路上的"拦路石"。国显峰的"四民"工作法，让驻村帮扶工作得到了群众的欢迎和拥护，干群关系和谐融洽，实现从"要我脱贫"向"我要脱贫"的华丽转换。同时，许多从市、县机关选派驻村帮扶的老同志，在脱贫攻坚一线能办事、没架子，用丰富的群众工作经验凝聚起群众脱贫的强大合力。羊街镇多合村驻村工作队队长毕德明，这个 57 岁、在部队磨砺 20 多年的老大哥显得尤为亲切，所到之处总能听到大家亲切地称呼他"老毕"。一张办公桌、一台电脑外加一张单人床，村委会的办公室便是老毕在多合村的"家"。每天清晨 6 点，老毕准时起床，简单用过早餐后便开始了一天的工作：从张家到李家、从修路到建房，村里的每一件事都牵动着老毕的心。老毕说基层工作千头万绪，驻村帮扶干部只有沉下心来，放下架子、把好凳子、当好学子、做好样子，主动作为才能真正帮群众办实事、办好事。因残致贫的李兴彬是多合村典型的贫困户，老毕不仅垫资为其盖新房、建鸽舍，还为其儿子找了一份工作，让李兴彬一家没了后顾之忧。李家的变化只是老毕驻村帮扶以来工作的一个小小缩影，一年多来在老毕的牵头下，落实扶持了 82 户建档立卡贫困户发展养殖和入股分红，变"输血"为"造血"，提升了贫困户持续增收的能力，为全县脱贫攻坚打下了坚实基础。

二是尊重群众共谋脱贫大计。在驻村帮扶工作中，各级驻村队员、市县"挂包帮"单位及帮扶干部充分尊重群众意见，善于将群众意见转化为脱贫攻坚的管用举措，引导群众理解和认同党的脱贫攻坚决策部署，有效杜绝了脱贫攻坚中驻村队员、帮扶干部唱"独角戏"的问题，调动了群众的脱贫积极性。在全县建档立卡贫困户动态管理中，驻村队员、帮扶干部主动担责，自觉融入动态管理工作中，承担起动态管理民主评议的工作重任，组织农户、党员对已纳入建档立卡的贫困户进行民主评议。在评议过程中，驻村队员、帮扶干部充分尊重每一位群众，认真记录每一位群众的评议意见，对每一位群众提出的问题予以细致解答，如实反馈评议结果，力求保持群众民主评议会的"原汁原味"。正是采取了充分尊重群众的办法，才使剔除贫困户这样矛盾尖锐的难题迎刃而解，群众心齐气顺顾大局，凝心聚力助脱贫。在制定产业帮扶措施的过程中，驻村工作队、"挂包帮"定点帮扶单位也充分尊重群众意见，力求将"挂包帮"单位的帮扶意愿与贫困群众有效对接，实现结对帮扶"双满意"。寻甸县林业局派驻柯渡镇新庄村驻村工作队，在进村入户走访时发现，全村 15 个村民小组所种的板栗树普遍遭受病虫害，而连片的板栗园是当地群众脱贫致富的主要收入来源，群众苦于无经验、无办法，只能任由板栗病虫害肆虐。驻村工作队抢抓板栗开花的关键防治期，主动作为，发挥自身优势，深入地头查看虫灾情况，如实统计受灾面积，向"挂包帮"单位协调板栗病虫害防治经费 3 万元，为 800 余户板栗种植户购买防治农药 150 件，组织开展病虫害防治知识培训 2 期，让扶贫措施与贫困群众意愿有效对接。

三是接受群众检验，务求脱贫实效。脱贫攻坚举措在实践中能否行得通，实践的效果如何，需要回到实践中检验，接受群众的监督，得到群众的认可。为确保扶贫项目实施公平公正，驻村工作队、"挂包帮"帮扶单位严格落实县委、县政府的扶贫项目资金公示制度，将建档立卡贫困户享受的产业扶贫资金、村间公共设施建设项目、到户扶持项目逐项登记造册，制作扶贫项目资金公示牌，由驻村工作队员、帮扶干部、村组干部将公示牌张贴到自然村，并在群众中进行宣传，接受群众的监督。对驻村工作队、帮扶干部帮扶工作的成效，寻甸县综合运用"三讲三评"群众满意度测评平台，让驻村工作队、帮扶干部站到台前讲自己的帮扶工作，实实在在晒出自己的帮扶成绩单，挤干帮扶工作中的"水分"，以十足的"干货"赢得群众的认可。通过挂包寻甸的单位和干部的持续努力，全县脱贫攻坚满意认可度持续提升，为全县脱贫摘帽奠定了坚实的基础。

第三节　打好农村致富带头人三张牌
闯出增收致富新路径

在脱贫攻坚工作中，寻甸县以农村致富带头人帮扶协会为纽带，强化队伍建设，构建"头羊＋协会"的农村致富带头人帮扶体系；强化利益联结，拓宽扶贫与扶志、扶智相结合的农村致富带头人帮扶渠道；强化政策支撑，提升农村致富带头人的帮扶动能，闯出了一条农村致富带头人带动贫困群众增收致富的新路径[7]。截至2018年5月31日，带动贫困户合作经营11072户，贫困户累计经营收入775.04万元；流转贫困户832户、土地266.67公顷，带动贫困户就业11380人，促进农户增收500余万元。

一　打好"队伍建设牌"，构建致富带头人帮扶体系

通过遴选"头羊"、树立标兵、成立协会、吸纳会员、壮大队伍，打好"致富带头人队伍建设牌"，构建致富带头人帮扶体系。

一是以"头羊"为班底，建立队伍先行先试。全县遴选了187家龙头企业、种养殖大户、农村专业合作社，作为致富带头人的标兵和致富带头人帮扶协会的班底，先行先试，于2017年6月率先在基础较好的金所街道、塘子街道、羊街镇和河口镇试点成立4个致富带头人帮扶协会。

二是以协会为纽带，壮大队伍建设体系。在全县推广试点经验，先后成立农村致富带头人帮扶协会173个（乡镇级致富带头人帮扶协会16个、村级致富带头人帮扶协会157个），共吸纳会员暨致富带头人3947人，实现了致富带头人帮扶协会贫困村全覆盖，形成了"头羊＋协会"的农村致富带头人帮扶体系。寻甸县在推行农村致富带头人帮扶协会的实践基础上，市级把方向、定思路，明确了农村致富带头人帮扶协会是以经济活动为基础，以帮扶奉献为前提，以扶志、扶智为根本，以实现可持续稳定收入为目标，让每一位帮扶对象感恩党中央、感恩习近平总书记、感恩优越的社会主义制度。

二　打好"利益联结牌"，拓宽致富带头人帮扶渠道

农村致富带头人充分发挥在当地人员熟、人脉广、情况清、示范强的作用，将扶贫与扶志、扶智有机结合，拧紧利益联结机制，带动贫困群众发展产业、就地务工[8]。

一是激发动力助增收。致富带头人对亲朋好友、乡亲邻里动之以情、晓之以理，说服贫困群众改变"等扶"观念，激发贫困群众的内生动力。针对本村本乡贫困群众的致贫原因和家庭背景，对不愿或不能外出务工的贫困群众进行培训，就近、就地、就便在本地企业务工，保障贫困群众获得稳定的务工收入。例如，柯渡镇致富带头人杨忠朝，从农户手中流转土地20.00公顷，利用大棚种植新品种玫瑰花和非洲菊等花卉，带动贫困户141户，其中有35名需要照顾老人或小孩不能外出务工的女性贫困人员到大棚务工摘花，人均年增收16000元。

二是扶智培训促生产。致富带头人利用自身的种养殖基地，累计为8116人次贫困人员免费提供技术培训和现场辅导，手把手教贫困户种养技术，提高贫困人员的劳动技能，同时提供优质良种，破解贫困群众种养技术不过硬、产品上市收入不高的难题。例如，六哨乡致富带头人帮扶协会依托马铃薯繁育基地，向全乡贫困户推广优质种薯、培训种植技术，使马铃薯每公顷增产10.50吨、增收1.20万元。

三是捆绑利益共发展。致富带头人协会围绕本地生态优势、自然环境和产业特性，结合实际发展本土特色产业，与贫困户利益"捆绑"在一起，通过整合贫困户产业发展资金折算入股，保障贫困群众获得稳定的股金分红；通过帮助贫困户代种代养，保障贫困群众获得稳定的销售收益；通过技术培训指导贫困户自种自养并提供销路或保底收购，带动贫困户参与产业发展得到更多收入。寻甸县河口镇16个村委会成立了帮扶协会。致富带头人王宏柏通过其设立在河口镇营河村的琼浆坊养殖合作社和琼浆坊公司，带动13个村委会515户汉、彝、苗族贫困户养蜂，合作社收蜜制作食用蜂蜜和蜂蜜护肤品，通过公司销售，实现全产业链发展。由协会代养蜜蜂的贫困户户均增收1300元，自养蜜蜂的贫困户户均增收3000元左右。同时，还发动群众种植苕子花933.33公顷、油菜66.67公顷，种养殖结合，促进稳定增收。

三　打好"政策支撑牌"，提升致富带头人帮扶动能

强化政策支撑，建立激励机制和风险防控机制，增强农村致富带头人的帮扶积极性和主动性[9]。

一是资金扶持提动能。采用资金入股模式和合作模式的农业企业、合作社、种养大户与建档立卡贫困户签订帮扶合作协议后，可根据自身规模大小、产值以及带动帮扶建

档立卡贫困户的数量享受一定比例的产业扶持资金。组织专家组对企业产值进行评估测算认定，其中产值在 50 万～100 万元且带动建档立卡户 50～100 户的，给予扶持资金 5 万元；产值在 100 万～150 万元且带动建档立卡户 100～150 户的，给予扶持资金 8 万元；产值在 150 万元以上且带动建档立卡户 150 户以上的，给予扶持资金 10 万元。2017 年，寻甸县累计投入扶持资金 555 万元，对 80 个帮扶协会给予了扶持。

二是风险防控有保障。制定《寻甸回族彝族自治县生猪、肉牛、山羊养殖收益（收入）保险扶贫试点方案》，要求帮带贫困群众发展的合作社（企业）购置收益（收入）保险，保费由县级财政承担 70%，企业自行承担 30%，最大程度提升财政资金或扶贫资金的使用安全性，切实维护帮扶农户的切身利益。2017 年寻甸县投保企业合计 71 个，总投保费用 256 万余元，县级财政承担投保费 179 万余元，企业承担投保费 76 万余元，总保险额 5127 万余元。截至 2018 年 6 月 20 日，投保企业在养殖过程中出现非重大疫情正常死亡肉牛 18 头、羊 24 只、猪 118 头，保险公司共赔付企业经济损失 31.27 万元，把企业经济损失降到了最低。

第四节　创新实施产业收益保险
保驾护航群众稳定增收

寻甸县积极创新帮扶方式，制定了《寻甸回族彝族自治县产业扶贫实施办法》（寻贫领发〔2017〕3 号）、《寻甸回族彝族自治县农业产业扶贫实施细则（试行）》（寻政办发〔2017〕28 号），建立"党支部＋企业（合作社、大户）＋建档立卡贫困户"帮扶模式，共遴选帮带企业 187 户，带动建档立卡贫困户产业发展达到全覆盖。其中采取资金入股模式帮带建档立卡贫困户的企业有 80 户。为确保各帮带建档立卡贫困户的企业（合作社、大户）实现正常经营，充分保障贫困户的入股资金安全，结合农业产业生产面临的生产风险及市场价格风险，寻甸县创造性地实施了生猪、肉牛、山羊养殖业收益（收入）保险试点项目。

一　强化组织领导

为顺利推进收益（收入）保险扶贫工作开展，建立收益（收入）保险扶贫工作联席会议制度，成立由分管副县长任组长，农业局、财政局、发改委、审计局、扶贫办、统计局、监管办、保险公司等相关单位主要负责人为成员的收益（收入）保险扶贫工作领导小组，领导小组下设办公室在农业局，由农业局局长担任办公室主任，负责统筹做好收益（收入）保险扶贫工作[10]。各乡镇成立相应的收益（收入）保险协调工作小组，负责协调推进、宣传引导，协助承保机构完成保险标的调查、投保信息收集、企业自缴部分保费收取，以及查勘、定损、理赔等工作。

二　制定收益保险方案

寻甸县在全省首创生猪、肉牛、山羊养殖业收益（收入）保险体系，创造了保险新品种，开辟了金融助推产业扶贫的新局面。制定《寻甸回族彝族自治县生猪、肉牛、山羊收益（收入）保险扶贫试点方案》（寻政办发〔2017〕94 号）。帮带贫困户的合作社（企业）可采取自愿的方式向中标的保险机构购置收益（收入）保险，保费由财政承担70%，企业自行承担30%。如果所投保品种活体连续三个月的市场平均价格低于约定价格（生猪 14 元/千克、肉牛 26 元/千克、肉羊 30 元/千克），保险公司启动差额赔付，生猪价格按照"中国养猪网"发布的昆明市场"外三元"平均价格计算，肉牛、肉羊价格由农业局、发改委、统计局、扶贫办、保险公司、企业代表组成价格调查组，每月进行 1 次数据采集，按时公示和公布，价格保险每季度进行理赔一次，理赔数量按投保数量的 1/4（每年平均分为 4 个季度）计算；养殖过程中出现非重大疫情正常死亡的，按实际重量和约定价格赔偿（死亡率不超过 3%）；在保险期间内，因多次发生保险事故（不含重大疫情和重大自然灾害），累计赔偿金额以实缴保险费的 500% 为限；如果因发生重大疫情、重大自然灾害事故死亡，保险公司全额赔偿。

三　积极动员企业投保

截至 2017 年 12 月，全县收益（收入）保险现已经全部完成并已经生效，投保企业合计 71 个。其中，肉牛企业 26 个，生猪企业 38 个，山羊企业 7 个，71 个企业共帮带建档立卡户 6698 户 21926 人实现产业增收脱贫。全县总投保费用 256.37 万元，县级财政承担投保费 179.46 万元，企业承担投保费 76.91 万元，总保险额 5127.32 万元。

四　从快落实收益保险赔付

《寻甸回族彝族自治县生猪、肉牛、山羊收益（收入）保险扶贫试点方案》的实施，对帮带建档立卡户的企业（合作社）来说，是最有保障性的兜底行为，可完全确保企业健康持续发展；对建档立卡户来说，企业健康持续发展，所入股或合作的资金不仅安全有了根本保证，而且还能如期参与分红、收益保险，实现为寻甸县扶贫攻坚工作保驾护航的目标[11]。自收益保险起保开始，2018 年 1～6 月，收益保险累计赔付金额为 142.5344 万元，为建档立卡贫困户入股资金安全、企业健康发展提供了坚实的保障。

第五节　多措并举　强化就学保障

义务教育保障是脱贫攻坚工作要实现的"三保障"之一[12-13]。据统计，2017～2018 学年，寻甸县共有各级各类学校 293 所，在校学生 85261 人（中小学学生 56576 人），教职工 6473 人（中小学教师 4542 人）。学校占地面积 280.73 公顷，校舍建筑面积 120.3 万平方米。2017 年底实施动态管理后，全县在校就读的建档立卡贫困户学生共计 14484 人，其中小学 9326 人、初中 5158 人。在打赢脱贫攻坚战中，寻甸县发展教育脱贫攻坚分指挥部全面强化"四个机制"，进一步加强全县就学保障措施，让全县义务教育阶段学生留得住，学得好，不因贫辍学。

一　主要做法

（一）强化学生入学工作机制

精准掌握学生底数，完善义务教育学校招生政策，规范招生工作，全面落实就近免试入学制度，全面落实进城务工人员随迁子女在流入地接受义务教育政策，确保所有适龄儿童入学[14]。

一是根据当地中小学校的分布和办学条件，合理制定义务教育阶段学生就近免试入学方案，确保适龄儿童都能入学就读。

二是对尚未入学的适龄儿童少年，由乡镇（街道）人民政府和乡镇（街道）中心学校共同向家长或法定监护人发放入学通知书，督促他们依法送子女入学，完成义务教育。对无正当理由未送适龄儿童少年入学的家长或法定监护人，由乡镇（街道）人民政府给予批评教育，责令限期整改。逾期不改的，由乡镇（街道）司法所出具司法文书，督促其及时入学。

（二）强化学生帮扶工作机制

统筹协调各部门力量，积极构建学校、家庭和社会各界广泛参与的关爱网络，开展多种形式的社会帮扶工作。

一是健全困难学生资助机制，认真落实义务教育"两免一补"、农村义务教育学生营养改善计划等惠民政策，加大对家庭经济困难学生的社会救助和教育资助力度，2014～2017 年共计资助学生 567603 人次，发放补助资金 3.91 亿元。积极争取社会团体、爱心企业、公益组织、爱心人士，开展"泛海公益基金助学"、昆明市城市投资集团资助等公益项目，重点资助高中、大学非义务教育阶段学生。社会各界"捐资助学、关注教育、关爱学生"已经成为教育扶贫的重要组成部分，2017 年社会资助学生 13359 人，捐赠资金 2191.235 万元，保障了贫困家庭不因学致贫、建档立卡贫困户学生不因贫辍学、初中和高中毕业后不因贫困影响继续接受相应阶段教育。确保贫困学生"有书读、安心学"。

二是建立留守儿童普查登记制度，准确掌握留守儿童信息。加强寄宿制学校建设和管理，优先满足留守儿童的寄宿需要。建立留守儿童社会救助制度，为家庭困难和处于困境中的农村留守儿童提供社会救助。

三是妥善解决进城务工人员随迁子女、孤儿、适龄残疾儿童等特殊群体接受义务教育的困难问题。

（三）强化学生动态监测机制

一是县教育局对全县内义务教育阶段学生学籍实行统一管理，按照《云南省中小学学籍管理办法实施细则》的要求，指导学校规范学生学籍建立、变更手续。

二是各乡镇（街道）中心学校每学期开学 30 天内要对本校学生入学、变动、复学、辍学情况进行分析，把农村、边远、贫困、民族地区和流动人口相对集中的地区作为重点监测地区，把初中作为重点监测学段，把流动留守与家庭贫困儿童作为重点监测群体，及时掌握辍学动态，并向教育局和乡镇政府报告辍学情况。义务教育阶段外来务工人员随迁子女辍学的，就读学校的学籍负责人应于每学期末将学生学籍档案转交其户籍所在地县级教育行政部门，并配合做好劝返工作。

三是乡镇（街道）政府（办事处）、村（居）委会与中心学校、义务教育学校建立学生入学、辍学情况通报机制，及时将掌握的适龄儿童入学、流入流出、未到校、流失等情况以及留守儿童信息进行通报、汇总。

四是严格落实县长、乡镇长、村主任、组长、家长和教育局局长、中心学校（含初级中学）校长、村小学校长、班主任、教师的控辍保学"双线十人制"和承包责任制、动态归零督导制，针对学生辍学原因，明确工作措施，加强分类指导，实行"一户一策""一人一案"，确保适龄儿童少年及时复学。

（四）强化就学保障考核机制

将控辍保学纳入县、乡、村领导班子和领导干部的政绩考核指标体系中。把控辍保学作为义务教育均衡发展评估、县乡政府教育工作督导评估的重要指标，实行"一票否决"制。在每学期开学后，要求对义务教育阶段控辍保学工作进行专项督导检查，重点对适龄儿童入学的组织领导、控辍保学及工作措施进行检查，各责任督学每学期都对挂牌督导学校进行检查，并将检查情况向当地政府和上级教育行政部门报告。

二　取得的成效

通过举全县之力，严格落实控辍保学"双线十人制"和动态归零督导制，精准组织入学、精准劝返复学、精准控辍保学，进一步强化对《中华人民共和国义务教育法》《中华人民共和国未成年人保护法》等法律法规的宣传，让家长和学生了解接受义务教育的意义和辍学的危害，保障建档立卡贫困户学生不因贫辍学。全县16个乡镇（街道）义务教育入学率达到了国家规定标准，全县学前3年儿童入园率达96.56%，学前1年儿童入园率达99.68%，小学毛入学率达106.2%，初中毛入学率达107.73%，实现了建档立卡贫困家庭义务教育阶段零辍学。

第六节 "十个一＋"外助内引 助力脱贫攻坚

脱贫攻坚是一场"人人参与、人人有责"的新时代战役。寻甸县坚持把脱贫攻坚宣传发动工作作为推进扶贫开发工作的重要抓手，聚焦"六个精准"的总体要求，用好用足宣传手段，通过深入开展脱贫攻坚宣传发动"十个一＋"工作模式，不断丰富宣传内容、拓宽宣传阵地，广泛凝聚社会力量，形成思想共识。同时激发内生发展动力，确保脱贫攻坚宣传发动工作有声势、有力度、有影响，为全县脱贫攻坚工作注入强劲的精神动力，营造全社会广泛参与的舆论宣传导向和浓厚的脱贫攻坚氛围[15]。

一 健全一种制度

为做好脱贫攻坚宣传工作，寻甸县成立了脱贫攻坚宣传发动分指挥部。县委常委、县委宣传部部长任分指挥长，县委农办、县委外宣办、县财政局、县农业局、县文体广电旅游局、县扶贫办、县文联、县新闻中心各选派一位负责人为成员，各乡镇（街道）宣传委员广泛参与，深入开展精准扶贫、精准脱贫思想教育和宣传发动工作，凝聚社会力量，形成思想共识，为脱贫攻坚工作营造良好的舆论氛围。

自成立之日起县脱贫攻坚宣传发动分指挥部以做好全县脱贫攻坚宣传发动工作为己任，充分发挥宣传引导作用，坚持唱响主旋律、打好脱贫攻坚战，形成全社会共抓、共管、共推的强大声势，在"扶贫扶志"结合上下功夫，充分激发内生动力，宣传发动组织广大贫困地区群众参与到扶贫攻坚工作中来。

县脱贫攻坚宣传发动分指挥部建立工作例会制度。由宣传发动分指挥部办公室牵头，每两周召开一次工作例会，总结阶段性工作开展情况，安排部署下步工作；建立信息共享制度，搭建网络、手机等新媒体信息交流平台，畅通横向和纵向的信息沟通，形成工作合力；建立通报考核制度，每季度汇总各有关单位和部门相关工作开展情况，及时进行通报，鼓励先进、鞭策后进。县脱贫攻坚宣传发动分指挥部力图打造坚持齐抓共管、形成推进合力，完善目标管理、严格督促检查，强化舆论引导、营造良好氛围的脱贫攻坚宣传氛围。

二 组建一支生力军

寻甸县有中央、省、市、县（区）315家帮扶力量（含企业、部队及新增的6个行业）定点帮扶，驻村扶贫工作队173支，驻村扶贫工作队员896人。队员总数位居全省第三，全市第一。

自打响脱贫攻坚战以来，寻甸县委、县政府坚决贯彻落实中央、省、市决策部署，坚持以脱贫攻坚统揽经济社会发展全局，高位统筹、强力推进，建立完善"1+12+16"领导机制，精准实施"七个一批"扶贫项目，并把选优配强驻村扶贫工作队、充分发挥"挂包帮"帮扶力量作为决战决胜脱贫攻坚的有力保障，按照"选得准、下得去、融得进、干得好"的工作要求，坚持因村派人，严管厚爱压实责任，抓实抓细驻村扶贫工作队管理，依靠群众、发动群众、调动群众积极性，扶真贫、真扶贫。

各挂联单位帮扶责任人、包村干部驻村队员配备"一帽、一徽、一证、一手册"，佩戴"寻甸精准扶贫"小红帽、党徽（团徽），胸挂工作证，持帮扶手册全面进村入户，围绕"脱贫政策""三讲三评""五讲五爱""知党恩、感党恩、跟党走""四个一""三深入"等工作要求开展主题实践宣传和脱贫攻坚氛围营造活动。

从群众最关心、与群众利益最密切的问题入手，用群众喜闻乐见、乐于接受的方式，宣讲脱贫攻坚的政策措施、先进典型事迹，努力把工作讲明白、内容讲透彻，发动群众自觉参与到脱贫攻坚工作中来，引导广大人民群众不断增强自强、诚信、感恩意识[12]。帮扶队伍在各村落动员并参与开展村容村貌提升工作，宣讲帮扶政策的同时，集思广益、亲自动手、发挥特长，结合各地特色文化，通过墙体彩绘、标语、文艺表演等灵活多样的工作方式，积极开展脱贫攻坚、孝老爱亲、移风易俗、核心价值观等主题宣传活动，美丽乡村建设效果逐渐显现。

三 开辟一条主战线

围绕开辟打造"一路、一口、一乡（镇）、一村（寨）、一户、一庭院"的宣传主线，寻甸县把加强氛围营造作为脱贫攻坚行动的重要抓手，切实做到统一思想、增进共识、形成合力。

一是统一规划、统一板式，在显著位置设置脱贫攻坚户外大型公益广告牌。在杭瑞高速、渝昆高速、轿子雪山旅游专线等县域内过境交通主干线、高速路上下口、跨线桥、主入城口收费站、公路干道沿线等显著位置设立户外大型公益广告牌35块。

二是市、县、乡、村四级联动，外联内引、全面动员，在全县入城（镇）进乡口、重要路段等显著位置，制作脱贫攻坚宣传标语，脱贫攻坚公益广告，"习总书记谈扶贫"、社会主义核心价值观、"爱祖国、感党恩、跟党走"、民族团结、提升城乡人居环境行动、移风易俗等内容的标语，悬挂2832条、粉刷6808条，喷绘一系列具有本地特色的村寨文化墙体彩绘15953幅（约17140平方米）。组织力量对辖区内的各类过期、脱落标语及时进行更换，全县共清理过期标语和非法小广告8986条。与此同时，在全县16个乡镇（街道）1577个自然村统一设计版面，各制作1块扶贫工作综合性展板，内容包含自然村村情介绍、扶贫工作情况、两幅图说和谐价值观以及"知党恩、跟党走"主题宣传，有效扩大了宣传覆盖面和影响力，确保了乡镇所属广大干部群众知晓、认可、支持、参与脱贫攻坚工作，营造了浓厚的社会氛围。

四 打造一个阵地

寻甸县坚持教育引领，内生动力在脱贫攻坚一线激发。在工作中，寻甸县以脱贫攻坚统揽经济社会发展全局，以实施党建扶贫"双推进"为重点，切实把农村基层党建工作重心转移到为脱贫攻坚凝聚人心、汇集力量、夯实基础上来，充分发挥基层党组织的战斗堡垒和党员先锋模范作用，打造脱贫攻坚宣传阵地。

坚持扶贫先扶智，从思想教育入手，用持续不断的教育引导，唤起广大党员群众"要发展不要落后、要富裕不要贫穷"的思想自觉和行动自觉[16]。

一是在全市率先开展村（社区）党组织、驻村扶贫工作队员、村组干部"讲帮扶措施、评帮扶成效"，建档立卡贫困户"讲脱贫情况、评内生动力"的"三讲三评"活动，通过"面对面"的形式，增强了脱贫工作的透明度。同时，通过查问题、改问题增进工作效果，在广大干部中大力倡导"用行动说话、用效果说话"的实干作风，用"马上办抓落实"的态度推进脱贫攻坚各项工作落细落小。一场场面对面、毫不避讳的测评，通过"讲评＋实干""外力拉＋内力赶"，有效促进了党建扶贫"双推进"工作，增强了基层党组织的凝聚力和战斗力，达到了帮扶干部和贫困户增进了解、共同攻坚的目的，推动形成了心往一处想、劲往一处使、同频共振决战脱贫攻坚的良好氛围。

二是积极开展教育脱贫攻坚"两学三比"活动。以自然村为单位，以村活动场所或村小学为主要阵地，以办夜校为主要方式，以年龄在45岁以下的初中及以下学历村民为主要对象，开展"两学三比"活动，即学文化、学技能，比就业、比创业、比贡献。引导教育贫困户转变观念，提高村民脱贫致富的文化、技能水平，增强群众内生发展动力和自我发展信心，加快脱贫致富步伐。活动注重面向全社会、动员社会各方面力量通过多种形式广泛参与，形成工作合力和舆论声势，并对组织"两学三比"活动情况进行满意度测评，村民满意率达 90% 以上。

三是利用暑期动员 179 所学校 5000 余名教师、69000 余名学生，进行"学生返家宣传、教师入户家访、助推脱贫攻坚"活动，深入开展"自强、诚信、感恩"教育，贫困群众内生动力得到了激发，"我要脱贫"的愿望更加强烈。

四是全面规范实施村规民约（社区公约），引导群众遵守法律法规、社会公德、家庭美德，自觉抵制腐朽落后思想、反对封建迷信、发展清洁能源、改厩改厕、人畜分离，培育文明健康的生活习惯。结合党员志愿服务、党员固定活动日，开展乡镇环境卫生综合整治，创建文明村镇、文明家庭等活动，引导群众移风易俗，建设生活富足、乡风文明、邻里和谐、环境优美的美丽宜居乡村。

五　组织一批媒体声音

组织宣传思想文化系统工作者深入扶贫一线，走进贫困地区，用镜头和纸笔全方位、多角度记录全县各乡镇街道产业脱贫、基础建设、结对帮扶等方面的新举措、新成效、新面貌。

全县刊印《寻甸扶贫》《寻甸驻村扶贫》《媒体眼中的寻甸脱贫攻坚》《寻甸民族文化脱贫攻坚特辑》等专刊，全面反映全县各级各部脱贫攻坚工作进展、工作经验和驻村队员精神面貌，讲好脱贫攻坚的寻甸故事。组织全县 16 个乡镇（街道）主要领导、"七个一批"牵头单位主要负责同志就贯彻习近平总书记谈扶贫重要讲话精神、省委书记陈豪讲话精神，决战决胜"第四个百日会战"进行专题访谈，并推出系列报道。2017 年至 2018 年 6 月，寻甸电视台刊播脱贫攻坚新闻 540 余条，上传昆明电视台播出新闻 185 条；"大美寻甸"官方微信公众号共发布脱贫攻坚相关报道 99 期 180 条；《寻甸手机报》刊发脱贫攻坚相关信息 333 条。在做好县内主流媒体宣传报道的同时，寻甸积极联系协调和配合中央电视台、新华社、《人民日报》、《光明日报》、《云南日报》、《云南经济日报》、《昆明日报》、云南电视台、昆明电视台等中央和省市级所属媒体，集中力量挖掘寻甸脱贫攻坚工作的亮点和特色，聚焦扶贫攻坚重点工作，采取灵活多样的报道形式讲好寻甸脱贫故事，推荐寻甸脱贫攻坚的先进经验和先进典型。先后协调配合央视《走遍中国》"小康路上"栏目组、中央和省市级媒体"扶贫攻坚·林业在行动"生态脱贫攻坚大型采访活动、中央和省市级媒体"新时代＋新气象＋新作为"全媒体走基层等活动，通过图文直播、视频直播、报纸、微信、微博等媒介专题报道寻甸县扶贫一线工作成效和群众反响。各级媒体刊发的《云南寻甸：小小马铃薯　扶贫大产业》《云南寻甸打通绿色生态扶贫通道》《丹桂村借"政策东风"推经济发展》《河口镇酿"甜蜜事业"铺致富新路》《"三同　三统一　三融合"汇聚扶贫强大力量》《寻甸"双述双评"评出希望评出干劲》《云南寻甸苗寨打通脱贫路　深山飘出幸福音》《云南寻甸：苗族群众住新居贺新春》《扶贫路上的"太阳花"》等稿件被多家媒体转载，寻甸脱贫故事得到广泛关注。2017 年至 2018 年 6 月，《人民日报》、新华网等中央级媒体刊发寻甸脱贫攻坚宣传报道新闻稿件 84 篇，《云南日报》《云南经济日报》等省级媒体刊发 370 篇，《昆明日报》等市级媒体刊发 369 篇。

尤其值得一提的是，寻甸县充分挖掘全县各级各部门脱贫攻坚工作中的先进乡镇扶贫干部、先进村组干部、先进包村干部、先进驻村工作队员、先进帮扶责任人、先进帮扶单位（企业）、光荣脱贫户先进典型和倪明真、张号京、刘路稳等人先进事迹，并对全县脱贫攻坚先进典型、案例进行收集、汇总和提炼，通过县电视台、微信、报刊等各种媒体平台进行宣传，用先进事迹鼓舞人，用模范人物引领人，凝聚脱贫攻坚强大合力。

六　制作一批宣传片

县、乡镇（街道）同步制作脱贫攻坚纪实宣传片，集中展示全县脱贫攻坚工作的特色亮点、"七个一批"工作开展情况以及脱贫攻坚中贫困群众生产生活的巨大变化，全方位、多角度地宣传全县脱贫攻坚工作。在纪实的基础上，图文并茂、有声有色地把寻甸干部群众积极开展脱贫攻坚工作的精神风貌和喜人成果展现出来。共制作县级宣传片 2 部、乡镇（街道）宣传片 16 部。

七　举办一场摄影大赛

举办了"我眼里的寻甸脱贫攻坚"摄影大赛，大赛共收到投稿作品 933 幅（组），组委会从中精选出获奖作品 68 幅（组）展出，受到广泛好评。

作品真实记录了脱贫攻坚工作中扶贫干部"雪中送炭"的为民情怀、困难群众"不等不靠"的励志画面，以及通过精准扶贫、精准脱贫带来的新变化、新面貌，集中展示了寻甸县深入推进脱贫攻坚工作取得的阶段性成就，为全县打赢脱贫攻坚战凝聚了强大正能量。

八　汇编一本成就书

全面总结脱贫攻坚中的经验、做法和成效，梳理收集相关文字与图片资料，突出重点、分类汇总，把全县各级各部门深入贯彻落实开展脱贫攻坚工作及社会各界慷慨解囊、大力驰援寻甸的生动鲜活的图片故事汇编成《脱贫圆梦幸福寻甸》图书。通过图文案例，启发新思路、汇集新经验、指导新实践，全面总结全县脱贫攻坚成效。

九　举办一轮文艺扶贫巡演

组织动员文联、老体协、民族协会等各种文艺力量，结合寻甸脱贫攻坚工作中涌现出的先进人物和典型事迹，组织创作编排了一批紧扣扶贫工作的乡村小戏、小品、快板、舞蹈、歌曲等文艺作品，深入全县 16 个乡镇（街道）开展寻甸县"贯彻党的十九大精神　不忘初心跟党走——脱贫攻坚·文化同行"文艺扶贫巡回演出活动，通过多种表演形式潜移默化地宣传扶贫政策、教化人心，唱响主旋律、凝聚正能量，为决战决胜脱贫攻坚营造良好社会氛围。

除了巡演以外，寻甸县还专门举办了"脱贫攻坚寻甸在行动"、寻甸县原创歌曲征集活动，内容围绕表现大美寻甸的独特魅力和展现在脱贫攻坚过程中寻甸各族人民奋发向上、团结和睦，奋力脱贫攻坚、建设美丽家园的主题。通过专家评审的优秀作品，将作为寻甸本土文艺精品项目被策划包装，作为寻甸原创歌曲广泛宣传推广。

十　开展一系列主题实践活动

一是在群众中挖掘选树自立自强、发展产业、外出务工、实现脱贫的先进典型。发挥包村干部、帮户干部、驻村队员的作用，组建"脱贫先进典型宣讲队"，深入基层群众中宣讲，讲述脱贫致富事迹和心路历程，让贫困户学有榜样、赶有目标，增强广大干部群众自觉推进脱贫攻坚的责任意识，形成良好的宣传氛围。

二是开展廉洁脱贫宣讲活动，营造廉洁脱贫氛围。深入全县 16 个乡镇（街道）、55 家县直单位、174 个村委会进行廉洁脱贫巡回警示宣讲，受教育基层党员干部达 12300 人。聘请了 15 名彝语、苗语"双语"教师为廉洁脱贫义务宣传员，对县内 22 个彝族、14 个苗族聚居地区的 1500 余名人员开展"感党恩、听党话、跟党走"主题教育宣传活动，在全县营造"自强不息、诚实守信，人人心存感恩、个个遵守道德、户户增收致富、家家和睦相处、村村倡导文明、处处体现和谐"的浓厚氛围。

三是广泛开展"五讲五爱"主题实践活动。及时组织帮扶责任人在贫困地区基层党员干部、驻村队员、致富带头人、贫困群众中广泛开展"讲党恩爱核心、讲团结爱祖国、讲贡献爱家园、讲自强爱奋斗、讲文明爱生活"主题实践活动，教育引导贫困群众拥戴信赖习近平总书记这个核心，形成加强上下齐心、共同助力脱贫攻坚的思想自觉和行动自觉。

四是深入开展"四个一"活动。即：组织帮扶责任人到贫困户家中深度家访一次，支付伙食费，与帮扶贫困户同吃一顿饭；帮助指导贫困户打扫一次庭院卫生，培养良好的卫生习惯；与贫困户共同劳动一天，拉近与帮扶贫困户的距离；召开一次家庭会议，宣讲扶贫政策，激发贫困群众脱贫摘帽的内生动力，提升群众满意认可度。

五是积极组织志愿者服务团队深入贫困村开展志愿服务活动。在重要时间节点适时组织开展爱心助学、青年电商业务培训等活动，深入基层宣传卫生保洁知识，引导群众讲究卫生、爱护家园，助力脱贫摘帽。

六是全县各级各类学校开展"小手拉大手·助力脱贫攻坚"主题实践活动。活动通过召开脱贫攻坚主题校会、开展脱贫攻坚养成教育活动、脱贫攻坚家访活动等多种形式进行，5000余名教师进村入户开展家访，引导家长要感恩党的好政策、给家庭的脱贫出谋划策、主动投身到脱贫奔小康中去，不等、不靠、不要，自力更生实现脱贫致富。

七是县总工会联合县文联、县书法家协会、县美术家协会在全县职工中广泛开展"中国梦·劳动美·文化扶贫"职工书画比赛，评选出2017年寻甸县职工书画义拍捐赠扶贫公益活动书法作品31幅、美术作品21幅，义拍所得善款定向捐赠给寻甸县扶贫项目，助力脱贫攻坚。

八是开展"脱贫攻坚·送文化下乡惠民活动"。昆明市文联和县委宣传部组织市县知名书法家、摄影家以及文艺志愿者到寻甸县16个乡镇易地扶贫搬迁点开展"脱贫攻坚·送文化下乡惠民活动"，通过为老百姓拍全家福、书写楹联等形式，丰富群众文化生活，拉近与群众的距离，让群众能够参与艺术欣赏，在提高生活质量的同时提升生活的"幸福指数"。

九是各级各部门积极动员社会力量，联系上级帮扶单位、爱心企业、各类社会组织、公益团体等加入脱贫攻坚各项帮扶工作中，组织开展了"实现小小心愿"、"帮助软骨瘤患儿"、"劳模爱心扶贫捐赠和劳模技术技能培训"、回族学会开展爱心捐赠图书等活动。

参考文献

[1] 中共云南省委党校《创造》调研组．打造"四区一城"建设"小康寻甸"［J］．创造，2017，（6）：68-73.

[2] 李自成．党的基层组织在脱贫攻坚中的作用——以临沧市为例［J］．创造，2019，（3）：34-41.

[3] 李先伦，房晓军，王钦广．习近平群众观的深入解读［J］．北京工业大学学报（社会科学版），2015，15（1）：41-45.

[4] 中共遵义市委组织部．创建服务型党组织［J］．中国浦东干部学院学报，2011，5（1）：124-129.

［5］ 黄明哲．中国共产党九十年来解决民生问题的历史经验及其启示［J］．学习与实践，2011，(6)：61－68．

［6］ 许尔君，袁凤香．中国梦视域下的"精准扶贫"［J］．邓小平研究，2016，(5)：66－84．

［7］ 方世川，陈潇潇．民族地区破解"深度贫困"产业融合路径研究——以广西南丹县为例［J］．广西民族大学学报（哲学社会科学版），2018，40 (5)：61－65．

［8］ 豆书龙，叶敬忠．乡村振兴与脱贫攻坚的有机衔接及其机制构建［J］．改革，2019，(1)：19－29．

［9］ 覃娟，梁艳鸿，王红梅．广西决胜脱贫攻坚的困难及对策研究［J］．新西部，2019，(C1)：40－46．

［10］ 谭正航．精准扶贫视角下的我国农业保险扶贫困境与法律保障机制完善［J］．兰州学刊，2016，(9)：167－173．

［11］ 尹绍平，徐丛山．寻甸：创新帮扶模式 推进农业产业扶贫［J］．创造，2018，(12)：56－59．

［12］ 中共中央，国务院．中共中央国务院关于打赢脱贫攻坚战的决定［M］．北京：人民出版社，2015：1－33．

［13］ 国务院．"十三五"脱贫攻坚规划［M］．北京：人民出版社，2016：1－79．

［14］ 王嘉毅，封清云，张金．教育与精准扶贫精准脱贫［J］．教育研究，2016，37 (7)：12－21．

［15］ 刘明福，王忠远．习近平民族复兴大战略——学习习近平系列讲话的体会［J］．决策与信息，2014，(Z1)：8－157＋2．

［16］ 曹艳春，侯万锋．新时代精神扶贫的现实困境与路径选择［J］．甘肃社会科学，2018，(6)：177－182．

第十二章
脱贫攻坚其他典型案例

第一节　巾帼结对子　聚力助脱贫

脱贫攻坚路上，巾帼不让须眉。为充分发挥女科技致富带头人、巾帼创新业带头人、创业女能手在脱贫攻坚中的先锋模范作用，以先进带动后进，以优势带领劣势，切实发动妇女、引导妇女助力脱贫攻坚，帮助建档立卡贫困户尽早脱贫，2017 年，寻甸县妇联创新开展"结对子·促脱贫"结对帮扶活动，以结对子、认亲家的形式，为寻甸县打赢脱贫攻坚战役贡献巾帼力量。

一　基本情况

积极宣传动员自身发展较好且热心帮助他人的 100 名巾帼创新业带头人与 100 户建档立卡贫困户"结对子、认亲家"，帮助建档立卡贫困户想办法、出点子，为贫困户无偿提供资金、技术、岗位、创业指导等服务。全年共开展扶贫政策宣传 50 余次，发放宣传材料 1500 余份，对有创业意愿的贫困户开展创业就业指导 150 余次，吸纳农民工就业 200 余人次。

二　典型做法

（一）典型引路，强化思想引领

深入挖掘近年来培养选树的"巾帼创新业带头人"、"女科技致富带头人"、致富女能手等先进妇女的典型事迹，并制作成《寻甸县"巾帼创新业带头人"事迹》专题片先后在"巾帼创新业·结对促脱贫"启动仪式、寻甸电视台、"春城视窗"栏目寻甸窗口上播放，引起社会各界及广大妇女群众的强烈共鸣，引导广大群众学榜样、争当榜样，大力弘扬了妇女"自尊、自信、自立、自强"精神。通过宣传，积极引导全县"巾帼创新业带头人"以主人翁的姿态积极投身脱贫攻坚主战场。

（二）政策宣传，营造脱贫工作氛围

"巾帼创新业带头人"每月定期或不定期地对结对贫困户进行入户走访。一方面，

详细了解结对贫困户的生产生活情况，与贫困户交心谈心，鼓励贫困户自立自强，帮助贫困户树立脱贫信心，变"输血式"扶贫为"造血式"扶贫。另一方面，围绕推进产业扶贫、创业就业扶贫等内容，充分发挥自身专业知识、行业特点等优势，积极向贫困户宣传党的方针、政策，使扶贫政策入脑入心[1]。

（三）培训指导，增强农户脱贫本领

为提高贫困群众的综合素质和脱贫能力，巾帼创新业带头人积极配合县乡妇联开展妇女创业就业技能培训，结合自己的创业经历，向有创业意愿的贫困户传授创业致富经验，帮助她们掌握创业技能，为外出就业人员讲解劳动法等法律法规及外出务工常识等，有效地推动了妇女创业就业。

（四）多措并举，全力助推脱贫

一是紧抓产业扶贫，充分发挥创新业带头人的产业优势，整合贫困户有利资源，鼓励贫困户加入各村产业扶贫项目，进而带动贫困户发展致富[2]。据统计，参与结对的创新业带头人中有 10 余名带头人承担了当地产业脱贫的重任，截至目前，累计共吸收了 1000 余户贫困户入股公司或合作社。

二是依靠巾帼创新业带头人创办的企业吸纳贫困户就业，就近安置农村剩余劳动力，全年全县共有 50 余家企业累计吸纳 200 余名农民工就业。

三　取得的成效

（一）增强了妇女群众的致富信心

帮扶人的关怀和鼓励，让广大贫困群众感受到了来自社会各界的温暖，增强了广大妇女脱贫致富的信心和决心。贫困户们纷纷表示，自从有了"创新业带头人"这个"亲家"，自己的心事有了倾诉对象、疑惑有了解答导师、困难有了帮扶恩人，自己一定会自立自强，依靠自身能力走出贫困、发展致富。

（二）强化了致富带头人助力脱贫的意识

通过开展"结对子·促脱贫"活动，大力宣传"巾帼创新业带头人"的典型事迹，为广大妇女群众找到了榜样、树立了标杆，让广大妇女群众学有榜样、赶有目标。同时，引导带动了更多的创新业带头人、女科技致富带头人、女能人、女能手主动投身脱贫攻坚战役，为脱贫攻坚凝聚更多力量、贡献更多智慧。

（三）转变了妇女群众的思想观念

受传统思想影响，广大贫困群众参与社会管理的积极性不高，对县委、县政府的中心工作关注不够，对脱贫攻坚工作了解不深，甚至认为脱贫摘帽是政府的事。通过"结对子·促脱贫"活动的积极宣传，脱贫攻坚工作更加深入人心，广大妇女群众对脱贫攻坚有了更深入的理解，思想和行动进一步统一到县委、县政府的决策部署上，为脱贫攻坚的大力开展奠定了基础。

（四）增强了妇联组织的凝聚力

"结对子·促脱贫"活动的开展，不仅搭建了妇女典型与贫困群众交流沟通的平台，还增加了各级妇联干部与贫困群众和妇女典型接触的机会，在工作推进中，全方位地锻炼了妇联干部，有效提升了她们的组织协调能力，积累了工作经验。同时，密切了妇联组织与妇女群众的关系，增强了妇女组织的凝聚力和吸引力，树立了妇联工作品牌。

四　成功经验

"结对子·促脱贫"结对帮扶模式以结对子、认亲家的形式，将巾帼创新业带头人与建档立卡贫困户联系到一起，针对每家每户的不同生产生活情况，开展有针对性的结对帮扶，实现了精准扶贫，促进了建档立卡贫困户脱贫致富。

"结对子·促脱贫"结对帮扶模式针对性强、实施面广且成效明显，充分发挥了妇女典型的先锋模范作用，通过先进带动后进、优势带领劣势，带动贫困群众脱贫致富，在宣传脱贫攻坚工作、凝聚脱贫力量、增强脱贫信心等方面具有重要的作用[3]。

第二节　"16 + 16"市县乡医院结对帮扶

为落实"精准扶贫、精准脱贫"要求，紧紧围绕"两不愁、三保障"目标，抓住事关贫困人口脱贫的健康问题，以提高健康扶贫对象医疗服务保障水平为着力点，根据寻甸县的实际情况和需要及市卫计委要求的帮扶"四个提升"标准开展了"16 + 16"市县乡医院结对帮扶工作。

一　工作目标

逐步建立服务规范、运转有效的市、县、乡、村四级医疗机构之间分工协作、双向转诊的新型医疗服务管理机制，利用县、乡、村三级卫生资源为辖区内"因病致贫、因病返贫"的患者进行健康体检和治疗，依托 16 家市级医院（延安医院、市第一人民医院、市第二人民医院、市第三人民医院、市第四人民医院、市中医医院、市儿童医院、市妇幼保健院、省精神病医院、市口腔医院、五华区医院、盘龙区医院、西山区医院、官渡区医院、昆明同仁医院、云南圣约翰医院）与寻甸县 16 家乡镇（街道）卫生院建立长期稳定的对口支援和协作关系帮助对重特大等疾病进行转诊治疗，努力实现"小病在乡镇（社区）、大病进医院、康复回乡镇（社区）"的就医格局，真正为群众提供安全、有效、方便、价廉的医疗服务。

二 工作情况

（一）实地考察，签订协议

16 家市级医院不定期组织相关专家到寻甸县 16 个乡镇（街道）卫生院进行实地考察，了解卫生院的医疗技术水平和帮扶需求，制定了帮扶计划和帮扶实施方案，并与帮扶的卫生院签订帮扶协议，按协议内容开始实施。

（二）派驻专家定点轮换

根据各医院实际医疗需求，派驻人员根据自己的专业特长对各乡镇卫生院医务人员带教培训，提高常见病、多发病和疑难重症的诊治水平，提升手术率，完善规章制度和操作规范，使医疗质量与安全持续改进[4]。

（三）技术指导

根据卫生院实际医疗需求，16 家市级医院于 2017 年 8 月开始派出专家到卫生院相应科室进行现场指导，累计派出医疗技术指导人员 1501 人次，开展专题讲座、教学查房和疑难病例会诊，集中解决疑难疾病和复杂手术的问题，不断提升卫生院的管理水平和医疗服务水平。

（四）人才培养计划

16 家市级医院与对口帮扶的卫生院共同研究制定详细的、有针对性的人才培养计划，选派骨干或学科带头人的储备力量到甲方进修或跟班学习，为独立开展工作奠定基础，同时提升乡镇卫生院管理干部的能力和水平，累计培训基层人员 2669 人次。

（五）物资捐赠

16 家市级医院与寻甸县 16 家乡镇（街道）卫生院建立长期稳定的对口支援和协作关系，捐赠现金及医疗设备合计 475.4 万元，有效提升寻甸县基层医疗机构的业务能力和硬件水平。

（六）双向转诊

16 家市级医院与 16 家乡镇（街道）卫生院于 2017 年 8 月 22 日开始建立双向转诊机制，依据实际情况开展双向转诊工作。

（七）专家义诊

16 家市级医院内科、外科、妇产科、五官科、中医科专家为 16 家乡镇（街道）卫生院开展免费诊疗活动，共接诊各科患者 12516 人，免费发放药品 88143 元。

（八）健康扶贫工作宣传

16 家市级医院与各乡镇卫生院院长及卫生院医务人员进行了入户访谈、问卷调查、建档立卡等工作，走访慰问因病致贫、返贫的农户。对因病致贫、返贫的贫困人口进行了各项指标核实和健康扶贫政策宣传，提高了群众对健康扶贫政策的知晓率[5]。

三　取得的实效

16 家市级医院定期派出医院职能部门专家到卫生院开展培训、带教指导工作，明显提升医院管理水平。专家驻点卫生院开展技术帮扶工作及各卫生院派出骨干医护人员到对口帮扶医院相关部门科室进修学习，使医务人员医疗服务水平提高，能够更好地为人民服务。16 家市级医院对寻甸县 16 家乡镇（街道）卫生院捐赠医疗设备，有效提升寻甸县基层医疗机构的业务能力和硬件水平。

16 家市级医院在四个提升（医疗管理水平提升、医疗适宜技术提升、检验检测水平提升、医务人员能力提升）方面继续开展对口帮扶，真正做到为贫困患者提供高效、便捷的医疗服务。把健康扶贫做精准、做扎实、做具体，让贫困人口看得上病，看得起病，看得好病。

第三节　扶残帮残　助残脱贫

残疾人是特殊的群体[6]。寻甸县共有各类持证残疾人 18503 人，其中视力残疾 2330 人、听力残疾 1317 人、言语残疾 228 人、肢体残疾 10578 人、智力残疾 775 人、精神残疾 2734 人、多重残疾 541 人，男性残疾人 10491 人，女性残疾人 8012 人，持证残疾人占全县总人口的 2.8%。在持证残疾人中重度一、二级残疾 7617 人，三、四级残疾 10886 人，建档立卡残疾人 5026 人。在脱贫攻坚工作中，残疾人被纳入"四类对象"进行重点扶持。县残联加大工作力度，整合各种资源和资金，让全县广大残疾人享受到了各种扶持政策。

一　主要工作情况

自全县开展脱贫攻坚工作以来，残疾人作为弱势群体受到广泛关注和帮扶，主要工作情况如下。

（一）康复服务

免费实施白内障复明手术 1427 例，无偿发放残疾人辅助器具 1106 件（其中助听器 556 个、轮椅 210 辆），免费为 70 名残疾人装配假肢，实施贫困残疾儿童康复训练和康复救助 305 例，免费为 297 人提供精防康复药和发放住院补助。

（二）教育就业有效推进

开展残疾人职业技能和生产实用技术培训 3300 人次，残疾人及残疾人家庭子女大中专助学 497 人 134 万元、高中生助学 344 人 37.5 万元，扶持残疾人自主创业并实现就业 200 名 81 万元。

（三）扶残助残扎实有效

春节期间慰问贫困残疾人 4000 余人次 137 万元；实施重度残疾人居家托养和机构托养服务 1360 人 170 万元；实施农村贫困残疾人危房改造 599 户 599 万元；开展特困残疾人临时救助 308 人 70.8 万元；实施贫困残疾人家庭无障碍改造暨居家环境改善 895 户 488 万元；扶持残疾人发展种养殖 513 户 122 万元；"全国助残日"期间，走访慰问残疾人和残疾学生 305 人 15 万元，为 200 人免费适配助视器，为 218 人免费验配老花镜 3.5 万元，实施残疾人扶贫基地建设 13 家 52 万元；按照"缺什么、补什么"，投资 20 万元实施残疾人脱贫攻坚补短板项目，切实解决残疾人在脱贫攻坚建房入住过程中的实际困难。

（四）残疾人社会保障全覆盖

把残疾人养老保险、医疗保险纳入社会保障范围，对残疾人的医疗保险实行全额补助。一、二级残疾人养老保险每人每年补助 200 元，三、四级残疾人养老保险实行先缴后补，每人每年补助 100 元。按照"残联审核、民政审定、财政部门核拨资金、金融机构代发到人"的工作要求，积极配合县乡民政部门，认真开展残疾人"两项补贴"审核工作，截至 2018 年 9 月，合计补助 14528 人 696.5 万元。

（五）各级党委政府的关心关爱

在脱贫攻坚工作中，残疾人作为"四类重点对象"被纳入全县脱贫攻坚中统筹安排，在建房补助中享受了 5.1 万元的补助资金支持，广大残疾人从中受益。

二　资金来源及组织实施

寻甸县残疾人各项扶持资金主要是由省市残联和县政府负责、县残联组织实施。对各项残疾人扶持资金的使用都按照上级的文件要求，由县残联制定实施方案，各乡镇（街道）残联报需求数，根据上报的需求数和资金额，综合考虑各乡镇（街道）的实际情况，县残联理事会研究通过后，下拨到各乡镇（街道）残联由村（居）委会专职委员配合实施。县残联对所安排的项目和资金实施情况进行跟踪检查或抽查，确保残疾人各项扶持资金落到实处，真正惠及残疾人。

三　社会效益和成效

通过各种扶持政策的实施，全县广大残疾人均得到了不同程度的扶持，实实在在感受了来自党和政府的温暖。广大残疾人做到了不等、不靠、不要，自尊、自信、自强、自立，立足自身实际，积极想办法发展生产，外出务工，切实增加收入，实现稳定脱贫，为全县脱贫攻坚工作做出了积极贡献。

四　基本经验

一是县委、县政府的重视和支持。残疾人作为弱势群体，得到了县委、县政府的关心、关爱。每年春节，县四班子主要领导都坚持走访慰问贫困残疾人，在助残日期间，县委、县政府分管联系领导都走访慰问贫困残疾人，对残疾人事业发展中存在的困难，县委、县政府及时研究解决，为残疾人事业发展提供了保障。

二是各部门的大力支持和配合。全县二级以上享受低保的残疾人保留低保，建房补助由扶贫、住建、财政、残联统筹全保障。

三是各级残联组织的勤奋工作。

四是残疾人自身的努力。广大残疾人自信自立，内生动力增强，感党恩，为残疾人脱贫提供了动力支持。

第四节　有序输出劳力　助推脱贫攻坚

农村劳动力转移就业具有周期短、门槛低、增收快等特点，也成为寻甸县脱贫攻坚"收入有保障"的显著方式之一。寻甸县委、县政府紧紧围绕中央、省、市的统一部署，树立"输出一人、脱贫一户，就业一个、带动一片"理念，按照脱贫攻坚务工增收脱贫一批和农村劳动力转移就业百日行动工作的要求，坚持把实施"务工增收脱贫一批"作为脱贫摘帽的主抓手，积极与江苏省昆山仁宝集团开展劳务合作，批量输送技能人才。

一　主要做法

（一）认真宣传引导，积极落实政策

一是点对点、面对面精准宣传。充分发挥村委会就业信息员"熟面孔""本地人"优势，挂联单位各级领导干部、驻村工作队员、帮扶干部以及志愿者定期进村入户，利用讲政策、发传单、介绍岗位信息等方式，分析外出务工对经济收入及个人发展的重要性，全力确保宣传无死角。

二是多形式、多渠道精准宣传。在利用传统方式，保证宣传标语全覆盖的同时，县直各部门也利用自身的优势进行务工宣传，如气象信息平台，交通公交车、出租车滚动

显示屏，给环保垃圾桶印字做宣传等形式、渠道，让广大群众耳濡目染、全民知晓。

三是身边人、身边事精准宣传。在全县各个乡镇（街道）组织召开返乡农民工座谈会，对务工增收脱贫工作及相关政策做宣传，邀请农民工代表介绍成功经验，利用新闻媒体赴用工企业实地采访、制作宣传片，介绍企业情况，宣讲增收效果，使政策更加深入人心。

（二）开展就业培训，提升就业技能

一是开展引导性培训。通过对外出务工人员集中培训一天，培训内容包括外出务工基本常识、务工权益及维权渠道、城市生活基本常识等等，提高务工人员的就业生存能力。2017年共培训18150人，2018年共培训18280人。

二是开展职业技能培训。通过委托具有相关培训资质的学校集中培训3～15天，让学员掌握一技之长，提高学员的就业竞争力。2017年共培训6541人，2018年共培训3900人。培训工种涉及农机修理、电焊、家政服务、养老护理、育婴、美容、家畜饲养、茶艺及针对建档立卡贫困人员的种猪养殖、种牛养殖、经济农作物种植、核桃种植、花椒种植等实用专业。

（三）主动对接协调，有组织的精准输出

一是主动对接，互动推进。市级目标任务下达后，寻甸县主动对接江苏昆山仁宝集团、湖南蓝思科技股份有限公司等优秀企业，及云南滇中新区、西山区、度假区对口帮扶单位，及时获取招聘岗位信息，促进寻甸务工增收工作。

二是全面摸底，精准排查。为全面了解全县劳动力资源状况，寻甸县对劳动力就业情况进行了全面摸底调查，各乡镇（街道）负责人、各村（居）委会（社区）工作人员详细登记、分类整合有意向外出务工人员特别是建档立卡贫困人员的年龄状况、文化程度、就业岗位类别、期望薪酬等信息。

三是强化考察，掌握需求。为让有意向外出务工人员获得优质岗位，寻甸县务工增收分指挥部和劳动就业部门通过实地走访、考察用工企业，深入了解企业的工作环境、食宿条件、薪酬福利、岗位需求，为转移输出奠定坚实的基础。

四是分类统计，按需供岗。在精准摸底排查的基础上，精准统计就业信息，确保提供就业岗位"适销对路"。根据农村劳动力的年龄、性别、文化程度、技术专长、就业意向、培训意愿、薪金要求等具体情况，收集提供符合条件的就业岗位。

五是有序组织，批量输出。采取"政府牵线搭桥、企业面对面招工"的方式，由乡镇（街道）、村（居）委会（社区）、村组人员组织开展供需见面会，求职者与企业面对面洽谈、无缝对接。同时，对有外出就业意愿的农村劳动力全程护送，统一乘车批量转移到用工企业，既体现了党和政府的关怀，又有效避免了务工人员中途流失的问题。

2017 年，寻甸县向江苏仁宝资讯工业（昆山）有限公司有序输出 148 人。2018 年，寻甸县向江苏仁宝资讯工业（昆山）有限公司有序输出 112 人。

二　典型案例

本着"真扶贫、扶真贫"的原则，河口镇作为寻甸县劳务输出试点镇，把劳务输出纳入实现全镇脱贫致富的战略计划之中，2017 年 2 月，采取自愿报名的方式，劳务输出 100 余人到江苏仁宝资讯工业（昆山）有限公司工作。

河口镇撒米落村村民王彩娥，水冒天村的建档立卡贫困户陈飞艳、钱慧夫妇为走出大山、摆脱贫困，坚定地踏上了江苏昆山仁宝集团的务工增收致富之路。他们从事的是在生产流水线上负责电脑零件的组装、打螺丝等工作。王彩娥是这批劳务输出的工友中年纪最小的。可是，她已经是一名生产线外的干部了。她的工作是管理生产线上的工友，处理产线异常情况。

正是有了这群工人，仁宝集团的人文关怀才体现得淋漓尽致。"以情感人"一直是公司的宗旨。在食堂，公司开设了各式各样的窗口，为的是满足来自天南地北的同事们的口味。在员工生活区，公司甚至还为想自己做饭的员工开辟了独立厨房。超市、美容美发店、快递收发点应有尽有，为的是能尽可能的方便员工的生活起居。为了满足员工的精神文化需求，仁宝资讯工业有限公司还规划建设了室内运动场、阅览室、舞蹈社等场所供大家使用。

企业招到人，群众赚到钱，这场双赢的合作跨越了时间和地域的限制。仁宝资讯工业有限公司和寻甸政府走出了一条企业发展、贫困户增收致富的精准扶贫道路。仁宝集团这种不忘初心、不昧良心、独具匠心的发展模式让我们不由称赞。希望在这里工作的老乡们早日实现自己的脱贫致富梦，希望河口镇培育的劳务输出的种子能播撒在寻甸广阔的土地上，为寻甸脱贫攻坚孕育出丰硕的果实。

第五节　电商扶贫促增收

寻甸县地处滇东北之要冲，既是典型的农业大县，又是国家级扶贫开发工作重点县、乌蒙山区连片开发县、少数民族自治县、全省 59 个革命老区之一，精准扶贫工作任务重、责任大[7-9]。近年来，寻甸县为扎实开展精准扶贫，坚决打赢脱贫攻坚战，在国家扶贫开发方针政策的指引下，积极创新扶贫开发方式，探索实施"农村电商扶贫"措施，调动社会资金，带动创业，实现脱贫致富。

一　电商扶贫基本举措

（一）健全机构、出台政策

寻甸县成立了由县长任组长、分管副县长任副组长、各相关职能部门主要负责人为成员的电子商务工作领导小组，出台了《关于印发寻甸回族彝族自治县人民政府关于促进电子商务发展的实施意见的通知》（寻政发〔2016〕20号）、《关于印发寻甸回族彝族自治县2017年电子商务扶贫实施方案的通知》（寻政办发〔2017〕52号），成功申报创建2017年国家级电子商务示范县，制定配套《寻甸县电子商务进农村综合示范工作实施方案》《寻甸县电子商务进农村综合示范县专项资金管理办法》。以电子商务进农村综合示范项目为抓手，打造优质、特色农产品为根本，以农产品上行为重点和核心，整合各类服务资源，构建坚实、完善的服务体系为保障，建设完善农村电子商务配送和综合服务网络，打造农村商品流通服务体系，解决配送"最初一公里"的难题，实现"工业品下乡、农特产品进城"双向流通，发挥电子商务拓市场、促消费、带就业、稳增长的重要作用，促进农民增收脱贫。

（二）积极引进知名电商企业

2015年，"京东帮""苏宁易购"等知名电商平台入驻寻甸。

2016年，"淘实惠"、乐村淘农村电子商务企业先后落户寻甸，建成县域服务中心、仓储物流中心及155个村级服务站。

2017年7月，寻甸县人民政府与阿里巴巴中国（软件）有限公司签订框架合作协议，共同推进寻甸农村淘宝项目。目前，村淘县域运营中心已装修完成移交阿里巴巴使用。

（三）搭建电商物流配送平台

全县邮政系统已建设19个邮政营业网点；"万村千乡市场工程"建有2个乡镇配送中心，211个农家店；圆通、中通、汇通、申通等10余家民营快递企业已入驻寻甸；电商平台"淘实惠""乐村淘""全民合伙人"等都分别成立独立的物流部，负责各网点的货物、包裹的配送；阿里巴巴农村淘宝的菜鸟物流入驻寻甸。2018年6月前将建成覆盖县、乡、村三级电子商务公共物流配送体系，将有效解决农村物流"最后一公里"的配送问题。

二　电商扶贫案例

（一）"互联网＋合作社（产业大户）＋贫困户"的电商扶贫模式

通过产业扶持资金入股合作社（产业大户），产业大户利用产业资金扩大生产规模，利用互联网思维包装、宣传产品，产品上线到电商平台进行销售。县农业局遴选农业企业（合作社、大户）140 余户，建档立卡贫困户的产业扶持资金入股合作社（产业大户），合作社（产业大户）的农特产品上线到"邮乐网""拼多多""供销 e 家"等电商平台销售。县邮政公司利用邮政全覆盖的寄递物流优势，由各乡镇服务网点以"邮乐网""拼多多"＋合作社/农户的模式，组织地方特色农产品形成统一品牌、统一包装、统一价格打包对外销售。2017 年通过"邮乐网""拼多多"帮助 39 户贫困户销售雪莲果 300 吨、洋芋 30 吨，销售额达 35 余万元，人均增收 500 元。

（二）依托成功申报国家级电子商务进农村综合示范县项目，推进"电子商务兴边富民三年行动计划"

目前，在 13 个乡镇建设电子商务服务站，155 个村建设电商服务网点。鼓励带动建档立卡贫困人口开设网店，积极探索一店带一户或多户、一店带一村或多村等电商扶贫模式，推动贫困户开展网销。"淘实惠"平台在仁德、七星、金源带动了施永林、张如德、罗芹、肖永福等 4 户建档立卡贫困户开设了网店，每月增加收入 500 余元。

（三）着力抓好智力提升，促进电商扶贫

建立电商培训机制，依托电商培训项目，县电商办牵头有针对性地开展电商培训。2017 年 3 月 27 日至 29 日，邀请了"淘实惠"总部电子商务专业技术讲师到鸡街镇、塘子街道办、七星镇进行培训，培训对象包括返乡大学生，农村青年，有意愿从事电子商务、科技创业人员，参训人员达 200 人次。帮助掌握利用电子商务销售产品的一般流程，并能独立运用电子商务平台开展业务，力争每个贫困村至少培训一名电商应用人才和信息员。

（四）完善电商发展的基础

依托现有的通信服务商，加快推进城乡网络基础设施建设，大力支持无线宽带和光纤接入农村农户，在 2017 年实现全县所有行政村网络全覆盖，为电子商务发展提供畅通、便捷的信息网络。同时加快路网建设，为解决"物流最后一公里"奠定基础。截至 2017 年 12 月，实现了村村通公路，硬化公路通行政村的通畅率达到 80%。

（五）培育农特产品网销品牌，逐步建立农产品上行体系

做好特色产业、特色产品的培育和开发，强化农产品标准化、精深化、差异化加工包装，强化农产品文化内涵，提升农产品档次[10]。在打造农特产品的基础上，借助电子商务平台销售农产品。县供销社牵头制作了"寻甸特色农产品""寻甸映象""寻甸味道"等具有代表性的农产品。帮助企业"艾燕荞麦面专业合作社""木雁养殖专业合作社"分别获得"三品一标"（无公害农产品、绿色食品、有机农产品和农产品地理标志）认证，申报取得"昆明市知名商标""云南著名商标"。

2015 年 12 月 8 日，在"淘宝网"上注册开设"寻甸供销社农产品销售店"，现已实现 30 余个农产品上线销售。

2017 年，与云南农垦集团科技有限公司签订了农产品购销合同，20 余个农产品已上线销售。

2017 年 4 月 1 日，由县扶贫办授权，与南邦山泉有限公司签订了农产品上线"京东"平台合作协议，组织农产品上线销售。

此外，还与云南省供销社对接，依托"供销 e 家""云供销网""云农网"等供销专业电商平台，将寻甸农特产品上线销售。

第六节　建设农村远程医疗平台
共享三甲医院诊疗服务

自古以来，医生看病、病人看医生都是医患双方面对面的诊视，彼此近在咫尺，或吃药，或打针，医生当场开处方，如果遇到疑难重病诊断不清，病人只能长途跋涉寻医[11]。寻甸县山区、高寒山区占全县总面积的 87.5%，交通相对不便[12]。由于基层医疗卫生水平整体不高，疑难重病的群众只能到县级或者省市级医院就诊，不仅麻烦，而且费用过高。特别是建档立卡贫困户患者，一旦到省市级医院就诊就不能享受相关的健康扶贫优惠政策。建设农村远程医疗系统，将提高基层群众的医疗保健水平，有效降低医疗费用，切实解决群众"看病难、看病贵"的问题。

一　远程医疗平台的兴建

随着寻甸县脱贫攻坚工程的实施，先锋镇在昆明市政府和昆明市第一人民医院的帮助支持下，出资 17.5 万元建设双向远程医疗会诊平台，实现昆明市第一人民医院与先锋镇卫生院的远程诊疗，极大地提升了先锋镇卫生院的诊疗水平，方便了当地群众就医，实实在在解决了百姓"看病难"的问题，这也让先锋镇成为全县第一家乡镇级别卫生院开通远程可视医疗服务的乡镇。

该远程医疗系统平台，主要是依托先锋镇卫生院住院部检验科室和互联网，利用昆明市第一人民医院已有的网络平台，对先锋镇卫生院患者的心电监护数据进行实时读取，对疑难放射影像胶片进行扫描、传输，并由昆明市第一人民医院专家远程出具诊断报告。对于那些卫生院无法明确的疾病，就由卫生院联系昆明市第一人民医院申请开通远程视频会诊，让当地患者直接面对面与专家进行交流、沟通，并给出初步诊疗意见。如果患者病情复杂需要转院，这一平台也可以提供挂号及检查预约服务。通过远程医疗系统，先锋镇的就医群众得到三甲医院及时高效的诊疗服务，卫生院的医生在平台上就能得到市级专家的指导，极大地提高了卫生院的诊疗水平。

二　具体案例

（一）案例1

"医生，我住院两周了，但是心绞痛一点都没有得到缓解，和之前来住院的情况大不相同"。在寻甸县先锋镇卫生院，67 岁的老李正在和电脑"对话"。电脑那头连接的是昆明市第一人民医院的远程会诊治疗中心，医院心内科副主任医师边看病历边和患者耐心沟通。昆明市区与先锋镇相隔近 80 千米，但通过一根细细的网线、一台电脑、一台电视、一台扫描仪，昆明专业团队的医疗服务就可以到达贫困山村，老李说："多亏了这个系统，我只要到镇上就能请昆明的专家看病，不仅省钱，更省心。"

（二）案例2

2017 年 4 月 12 日，一名叫马兴富的患者出现心悸、胸闷、气促等症状，医生为患者做了心电图检查，经过图像传输系统，传入市第一人民医院远程心电图室，经专家会诊，诊断为"急性心肌梗死"，立即转诊到市第一人民医院进行手术治疗。患者出院后非常激动地说："要是没有这种先进的设备，我不可能活到今天。"

三　远程医疗的成效

远程医疗不仅让村民在镇上就能得到市级医院的医疗服务，还能帮他们节省很多费用开支。县卫生和计划生育局算了一笔"费用账"，一个转诊的病人如果在镇上看病，按基本医保的标准，只要达到 200 元就能报销 85% 的医疗费用，但市级医院的报销标准是 1200 元，且只能报销 60%。因此，远程医疗能为患者节约更多费用及时间。随着远程医疗的普及，远程医疗会诊、手术演示、培训教学、学术交流、医疗信息服务等活动也将陆续开展。在促进优质医疗资源向基层延伸的同时，将有效提高基层的医疗卫生服务水平，满足人民群众的卫生健康需求。

参考文献

［1］赵敏，王璇，王广斌，等 . 山西省农村贫困劳动力转移就业培训研究 ［J］. 山西农业大学学报（社会科学版），2017，16（8）：47－52.

［2］张玉强，李祥 . 集中连片特困地区的精准扶贫模式 ［J］. 重庆社会科学，2016，（8）：64－70.

［3］黄承伟．习近平扶贫思想论纲［J］．福建论坛（人文社会科学版），2018，（1）：54 – 64.

［4］贾昊男，罗开富，王亚蒙，等．利益相关者视角下的紧密型县乡村医疗服务一体化模式——基于云南省临沧市云县经验［J］．中国农村卫生事业管理，2019，39（5）：309 – 314.

［5］陈成文．牢牢扭住精准扶贫的"牛鼻子"——论习近平的健康扶贫观及其政策意义［J］．湖南社会科学，2017，（6）：63 – 70.

［6］宋宝安，刘婧娇．强调差异性：新自由主义对残疾人社会保障的启示——兼论残疾人特殊社会保障的必要性［J］．社会科学战线，2014，（12）：161 – 167.

［7］许树华，杨丹华，王瑾．谈寻甸县域经济的比较优势和竞争优势［J］．云南电大学报，2011，13（4）：79 – 82.

［8］揭子平．农村"精准扶贫"工作中存在的问题及对策［J］．农村经济与科技，2016，27（17）：218 – 220.

［9］白志群．全面小康社会视角下的昆明市农村扶贫开发问题［J］．中共云南省委党校学报，2016，17（2）：158 – 162.

［10］韩连贵，李振宇，韩丹，等．关于探讨农业产业化经营安全保障体系建设方略规程的思路［J］．经济研究参考，2013，（3）3 – 68.

［11］王福义，缑文海．浅谈远程医疗系统的功能和作用［J］．医学信息，2007，（1）：47 – 48.

［12］合倡纬．寻甸县农村公路建设和管理研究［D/OL］．昆明：云南大学，2012［2019 – 07 – 29］．http：//kns. cnki. net/KCMS/detail/detail. aspx？dbcode = CMFD&dbname = CMFD2012&filename = 1012007879. nh&uid = WEEvRECwSlJHSldRa1FhdkJkVG1BdXBvbjR1RERHVCtydHkwcWd6RFVpcz0 = $9A4hF_ YAuvQ5obgVAqNKPCYcEjKensW4IQMovwHtwkF4VYPoHbKxJw!! &v = MTIyODRSTE9mWU9SbUZpRG5VN3ZQVkYyNkhMTzRHZG5McHBBFYlBJUjhlWDFMdXhZUzdEaDFFUU3FUcldNMUZyQ1U = .

后　记

　　寻甸是一个神奇的名字。其历史悠久，可上溯至夏商周时期，直至 1979 年正式成立的寻甸回族彝族自治县。在历史的长河中，汉、回、彝、苗等 20 多个民族在这块土地上生生不息、团结交融，结成深厚的友谊，形成各民族绚烂多彩的文化，开辟出美丽的家园。寻甸人有着一种不屈不挠、不卑不亢、敢为人先的精气神，在寻甸县不同历史时期的发展建设中发挥着举足轻重的作用，更在新时期脱贫攻坚的火热征程中，星辉熠熠。

　　这个时代，是中国大家庭同舟共济、万众一心奔小康的时代，是中华民族扬眉吐气、屹立于世界民族之林的时代。2015 年 11 月 27 日，习近平同志在中央扶贫开发工作会议上强调："消除贫困、改善民生、逐步实现共同富裕，是社会主义的本质要求，是我们党的重要使命。"他又提出："脱贫攻坚战的冲锋号已经吹响。我们要立下愚公移山志，咬定目标、苦干实干，坚决打赢脱贫攻坚战，确保到 2020 年所有贫困地区和贫困人口一道迈入全面小康社会。"2017 年 10 月 18 日，习近平同志在中共十九大报告中指出："坚决打赢脱贫攻坚战。……要动员全党全国全社会力量，坚持精准扶贫、精准脱贫，坚持中央统筹省负总责市县抓落实的工作机制，强化党政一把手负总责的责任制，坚持大扶贫格局，注重扶贫同扶志、扶智相结合，深入实施东西部扶贫协作，重点攻克深度贫困地区脱贫任务，确保到二〇二〇年我国现行标准下农村贫困人口实现脱贫，贫困县全部摘帽，解决区域性整体贫困，做到脱真贫、真脱贫。"扶贫—脱贫—小康，已成为中华大家庭挂在门厅中堂的座右铭。

　　寻甸 50 多万干部群众，上承党中央、云南省、昆明市的脱贫接力棒，下接本县、乡镇、村、户、个人的扶贫任务，群策群力，众志成城，围绕着"增收、脱贫、致富"的目标，秉持着"小康路上一个都不能掉队"的信念，与亿万中华儿女同呼吸、共命运，撸起袖子加油干，着力在寻甸 3588 平方千米的大地上实践掘进，脱贫攻坚，创造美好生活，使寻甸整体的经济、社会、文化、教育、卫生等发生了翻天覆地的变化。在决战决胜脱贫攻坚、全面建设小康社会的征程中，寻甸人民迈出了新步伐，跑出了加速度,写下了新篇章,创造了奇迹,成功摘掉戴了 30 多年的国家级贫困县这顶"穷帽子"。寻甸的山更绿了,水更清了,路更宽了,屋更敞亮了,笑靥更灿烂了。

作为精准扶贫第三方评估团队的一员,让我最早了解寻甸县贫困状况的,系 2017年 4 月主持云南省人民政府扶贫开发办公室委托的调研项目"云南省贫困人口摸底调查",该项目涉及全省 20 个县的贫困人口摸底调查,其中之一就是寻甸县。通过调研,我发现寻甸县贫困面广、贫困程度深,脱贫攻坚任务很重。2017 年 6 月,中共昆明市委办公厅、昆明市人民政府办公厅发函委托我校承担"昆明市寻甸县贫困退出摘帽预评估"项目。按照该项目工作计划,我于 2017 年 7~9 月率领近 1500 名师生对全县 12.9万户农户开展了认真细致的摸底调查,查找出了该县精准扶贫精准脱贫中存在的主要问题和短板;2017 年 12 月和 2018 年 3 月,我又先后两次组织调研团队对该县存量问题户和短板进行了动态监测。此外,寻甸县人民政府于 2017 年 12 月委托本调研团队开展了《寻甸县 2017 年贫困退出预评估检查》项目。这些项目的开展,一方面让我们调研团队融入寻甸县脱贫攻坚战中,另一方面让我看到了寻甸人民"摆脱贫穷,奔向小康"的坚定信念和进取精神;看到了寻甸干部群众"脱一层皮当美白,掉一块肉当减肥"的拼搏精神;看到了寻甸县不仅实干、苦干、拼命干,以"咬定青山不放松,撸起袖子加油干"的忘我和担当精神聚全县之力决战脱贫攻坚,而且会干、能干、创新干,以"用心、用情、用脑、用智慧"的全心和投入,汇全民之智打造寻甸示范,同时着力构建"扶志、扶智、扶心、扶行"的深远帮扶格局。终于,寻甸人民把戴在头顶上 30 多年的"贫困县"帽子,光荣地摘了下来,扔进历史的橱窗里,完成了历史赋予的精准脱贫这一神圣使命。

2018 年 10 月,寻甸县喜获全国脱贫攻坚奖——组织创新奖!

2018 年 10 月 12 日下午,中共寻甸县委书记何健升同志在县委大楼三楼书记办公室手捧全国脱贫攻坚奖奖杯与我分享脱贫攻坚硕果时,我情不自禁地对何健升书记和寻甸县人民政府扶贫开发办公室朱石祥主任说,我们应该从学术科研的角度写一点什么,把寻甸县脱贫攻坚的特色和创新之处、成功经验、优秀脱贫模式和典型案例写出来,分享给全省、全国乃至世界其他贫困地区,供其参考和借鉴。于是,从 2018 年 10 月开始,经过思考和探索,云南财经大学精准扶贫与发展研究院和寻甸县人民政府扶贫开发办公室组织撰写了《精准扶贫:寻甸县创新扶贫模式研究》这本书。

本书得到了我国多位著名专家的鼓励和支持,我国著名自然资源科学家、中国工程院院士石玉林先生专门题词给予热情鼓励;发展中国家科学院(TWAS)院士、国际地理联合会农业地理与土地工程委员会主席、中国科学院精准扶贫评估研究中心主任、教育部长江学者特聘教授刘彦随热情为本书作序。本书的撰写工作得到了寻甸县扶贫开发领导小组、寻甸县人民政府扶贫开发办公室、寻甸县脱贫攻坚指挥部、寻甸县相关部门、各乡镇（街道）党委和政府的鼎力支持与协助，提供了丰富的基础资料和原始素材，并为课题组人员开展实地调研提供了便利条件。本书的出版得到了社会科学文献出版社的大力支持，将本书列入"中国减贫系列丛书"出版计划；经济与管理分社恽薇社长和总编室蔡莎莎老师给予热情支持和帮助；编辑王楠楠、孔庆梅、程彩彩在本书的编辑加工、印装等诸多方面做了大量的辛勤工作，确保了本书的顺利出版。在此，特向所有鼓励、关心和支持本书撰写与出版的单位和相关人士表示衷心的感谢！

云南财经大学精准扶贫与发展研究院

杨子生

2019 年 7 月 25 日于昆明

图书在版编目（CIP）数据

精准扶贫：寻甸县创新扶贫模式研究／杨子生，朱
石祥主编. -- 北京：社会科学文献出版社，2019.10
（中国减贫研究书系. 案例研究）
ISBN 978 - 7 - 5201 - 5506 - 9

Ⅰ. ①精⋯　Ⅱ. ①杨⋯ ②朱⋯　Ⅲ. ①扶贫模式 – 研
究 – 寻甸县　Ⅳ. ①F127.744

中国版本图书馆 CIP 数据核字（2019）第 193001 号

中国减贫研究书系·案例研究

精准扶贫：寻甸县创新扶贫模式研究

主　　编／杨子生　朱石祥

出 版 人／谢寿光
组稿编辑／恽　薇　王楠楠
责任编辑／孔庆梅
文稿编辑／程彩彩

出　　版／社会科学文献出版社·经济与管理分社 （010）59367226
　　　　　　地址：北京市北三环中路甲 29 号院华龙大厦　邮编：100029
　　　　　　网址：www.ssap.com.cn
发　　行／市场营销中心 （010）59367081　59367083
印　　装／三河市龙林印务有限公司

规　　格／开　本：787mm × 1092mm　1/16
　　　　　　印　张：12　插　页：0.5　字　数：221 千字
版　　次／2019 年 10 月第 1 版　2019 年 10 月第 1 次印刷
书　　号／ISBN 978 - 7 - 5201 - 5506 - 9
定　　价／69.00 元